U0827924

2021
最美基层民警

中共中央宣传部宣传教育局 编

学习出版社

图书在版编目（CIP）数据

2021最美基层民警 / 中共中央宣传部宣传教育局编. -- 北京：学习出版社，2023.2

ISBN 978-7-5147-1169-1

Ⅰ. ①2… Ⅱ. ①中… Ⅲ. ①警察－先进事迹－中国－现代 Ⅳ. ①K828.2

中国版本图书馆CIP数据核字(2022)第140617号

2021最美基层民警
2021 ZUIMEI JICENG MINJING
中共中央宣传部宣传教育局 编

责任编辑：李 琳
技术编辑：胡 啸

出版发行：学习出版社
北京市崇外大街11号新成文化大厦B座11层（100062）
010-66063020 010-66061634 010-66061646
网 址：http://www.xuexiph.cn
经 销：新华书店
印 刷：北京新华印刷有限公司

开 本：710毫米×1000毫米 1/16
印 张：24.25
字 数：270千字
版次印次：2023年2月第1版 2023年2月第1次印刷

书 号：ISBN 978-7-5147-1169-1
定 价：76.00元

如有印装错误请与本社联系调换，电话：010-67081356

前言

为深入学习贯彻党的十九届六中全会精神和习近平总书记关于新时代公安工作的重要论述、在中国人民警察警旗授旗仪式上的重要训词精神，庆祝第二个中国人民警察节，2021 年 12 月，中央宣传部、公安部向全社会宣传发布 2021“最美基层民警”先进事迹。

此次发布的 2021“最美基层民警”，包括魏建力、闫凤冰、王永辉、程新安、隋永辉、林志兴、李涌、杨旭恒、邱军、柳四清、邬松君、于伍生、李振宇、王焱刚、雷冉、狄世俊、多吉白玛、热合曼·艾海提、周荣亮、史先强等 20 名当选者，以及王振生、杨宏峰、王春昱、陈亮、王瑞芳、唐贤权、张恒菖、陈家振、廖福来、余行江（女）、雷俊生、赵新录、梁维科、邓雄杰、翟进、廖洁（女）、刘峥等 17 名提名奖获得者。他们深入践行习近平新时代中国特色社会主义思想，对党忠诚、信念坚定，长期奋战在防风险、保安全、护稳定、促发展第一线，不忘初心、恪尽职守，顽强拼搏、无私奉献，是全国公安队伍在维护安全稳定斗争实践中，在党史学习教育和队伍教育整顿革命性锻造中涌现出的基层先进典型。他们中有默默无闻、扎根群众的派出所民警；有坚毅果敢、铁血柔情的刑侦民警和巡特警，也有攻坚克难、开拓创新的网安、科信民警；戍边卫国、守护国门的移民出入境民警，还有守护百姓出行平安的交管民警、铁路民警以及展现中国警察风采和大国形象的维和民警等。他们虽然岗位不同，但始终以铁一般的理想信念、铁一般的责任担当、铁一般的过硬本领、铁一般的纪律作风，坚决捍卫政治安全、主动维护社会安定、切实保障人民安宁。他们用鲜血、汗水乃至宝贵的生命，忠实践行着对党忠诚、服务人民、执法公正、纪律严明总要求。他们的事迹感人至深，催人奋进，充分展现了党领导的社会主义国家人民警察克己奉公、无私奉献的良好形象。

发布仪式现场采用视频展示、人物访谈、云连线等形式，从不同侧面讲述了他们的先进事迹和工作生活感悟。中央宣传部、公安部有关负责同志为他们颁发“最美基层民警”证书。

广大公安民警纷纷表示，要深入学习贯彻习近平新时代中国特色社会主义思想特别是习近平法治思想，贯彻落实习近平总书记关于新时代公安工作的重要论述、重要训词精神，大力弘扬伟大建党精神，深刻领悟“两个确立”的决定性意义，增强“四个意识”、坚定“四个自信”、做到“两个维护”，以“最美基层民警”为榜样，牢记初心使命、勇于担当作为，埋头苦干、勇毅前行，着力锻造“三个绝对”“四个铁一般”高素质过硬公安铁军，忠实履行党和人民赋予的新时代使命任务，护航新征程，建功新时代！

目 录

contents

2021“最美基层民警”

魏建力

闫凤冰

王永辉

程新安

隋永辉

林志兴

李　涌

杨旭恒

邱　军

柳四清

邬松君

于伍生

李振宇

王焱刚

雷　冉

狄世俊

多吉白玛

热合曼·艾海提

周荣亮

史先强

2021“最美基层民警”提名奖

王振生

杨宏峰

王春昱

陈　亮

王瑞芳

唐贤权

张恒菖

陈家振

廖福来

余行江

雷俊生

赵新录

梁维科

邓雄杰

翟　进

廖　洁

刘　峥

视频·链接

2021

最美
基层民警

ZUIMEI
JICENG MINJING

2021 最美
基层民警

ZUIMEI
JICENG MINJING

魏建力

魏建力：在科技强警的道路上绽放青春之花

魏建力，1995 年 2 月出生，中共党员，2015 年 9 月参加公安工作，现任北京市公安局通州分局警务支援支队四级技术主管，高级信息系统项目管理师、注册信息安全工程师。曾荣立个人二等功 1 次，三等功 2 次，获嘉奖 3 次，获得 2 项国家实用新型专利，5 项软件著作权。

16 岁上大学，24 岁考取了信息系统项目管理师高级资格证书，拥有国家实用新型专利 2 项、软件著作权 5 项……作为北京城市副中心警营青年科技骨干，魏建力秉承改革创新、科技强警的时代梦想，以一名青年党员民警的责任担当，全力投身首都公安科技建设，积极搭建城市管理“科技大脑”，精心打造基层一线“实战利剑”，真情构筑服务群众“高速公路”，为助推公安工作实现质量变革、效率变革、动力变革作出了突出贡献。

用科技追逐梦想，推动警务改革创新

“非常荣幸能够参与和见证这座‘千年城市’的建设发展。”随着北京城市副中心落户通州，如何让科技兴警战略转化为保障副中心高质量发展的强大动力，成为魏建力等首都公安科技青年骨干们面临的重大课题。

下好智慧公安的“先手棋”，必须从顶层设计出发，推动变革、创新发展。魏建力先后3次深入上海、杭州等地开展调研，与100多名信息化专家反复研究论证，还查阅了数十本科技信息化著作和1000多篇论文，最终在团队的共同努力下，形成13万字的《副中心智慧警务规划》，描绘出了北京城市副中心“智慧警务蓝图”，为各项科技信息化项目落地生根奠定了坚实基础。

“城市像人体一样，有其吐纳呼吸的韵律、脉搏起伏的节奏和机体运行的规律。”魏建力运用系统工程思维，与战友们一道，借助人工智能、物联网、数字孪生技术，为城市打通了安全运行的“感知神经”，有效提升了城市多维感知能力。

他带领团队“追着问题走”，创新研发了环保、应急、住建、城管、气象、交通运输等10余类“智慧+”应用，全面服务支撑市域社会治理，治理效能提升了80%以上。他的7项创新成果还获得了国家实用新型专利和软件著作权，工作规划获评北京市第四届“我为改革献一策”A类工程。

用科技赋能一线，提升基层办案效能

初入警营的魏建力，被分配到派出所从事打击办案工作。信息安全专业出身的他，敏锐地看到了基层科技建设的必要性。2017 年的一个凌晨，魏建力和战友锁定了一个盗窃团伙，团伙成员以“不认识”“无联系”“不清楚”等说辞，企图逃脱法律制裁。魏建力尝试通过数据分析的方法取得了关键线索，最终用翔实的证据突破了他们的心理防线，成功将他们绳之以法。

从这件事之后，魏建力就暗下决心，一定要发挥专业优势，做好科技创新工作，“一线警备需要什么，就要创新什么”。走上专业技术工作岗位以后，他依然牢记这句话，始终把服务基层、服务群众作为工作目标。

要服务保障一线执法办案，最重要的就是怎么把那些高大上的系统、模型转化成基层民警“一看就懂、一学就会、一用就灵”的小工具、小方法，让大家想用、爱用。魏建力参与组建了北京市公安局首支科技智能化应用队伍，为基层一线执法办案提供多维度的科技支撑，“要隔着屏幕当好战友的坚强后盾”。

有一段时间，魏建力接到了几条销售假酒的线索。他从“假酒是从哪儿来的”这一问题入手，在“矩阵”体系中深入摸索，不到一天的时间，就形成了研判报告：这是一个至少有 5 辆车、20 个人、6 个窝点的巨大制售假酒犯罪网络！一线侦查员根据他的研判结果，最终成功抓获制售假酒嫌疑人 25 人，打掉制假“黑作坊”10 处，查获假冒白酒 120 余箱、各类假冒标识包材 10 余万套，涉案金额达

3000余万元。案件如此迅速告破，战友都对他的信息研判连连称奇。

原先奔波上百公里的侦查变成了电脑前5分钟的线索分析，为抓捕嫌疑人提供了更加精确的指向。如今，科技手段服务实战已经颠覆性地改变了传统的警务模式。

用科技传递温情，细微之处护航民生

聚焦破小案，服务大民生。“警务科技从来都不是高冷的，它可以传递更多的温情，为群众带来更多的安全感。”

2021年9月的一个晚上，一通急促的110电话，惊醒了值班民警，电话那头是一个12岁的女孩，她带有哭腔地说：妈妈抛下自己和10岁的弟弟不见了，还留下了遗书。情况紧急，接案后，魏建力立即启动警务信息人员查找机制，不到5分钟，取得了一条关键线索：这位母亲在前一天曾反复出现在一座大桥上。由此推测出，她很有可能选择在那儿跳河。一线巡逻车组接到指令后，立即赶到现场，成功将准备跳河的妈妈劝阻下来。坐在电脑屏幕前的魏建力，看着这惊心动魄的一幕，悬着的心终于落下，他用科技拯救了一个家庭。5分钟突破了“大海捞针”的传统寻人模式，也避免了更多的悲剧发生。近3年，他先后协助找回走失人员1200余人次。

2021年5月，多名群众反映，他们可能遭遇了“碰瓷儿”诈骗团伙，“他们都说人没事，但是得赔机器！”接到线索后，魏建力立即开展深入细致的分析研判，并逐步还原了现场真相，很快锁定了嫌疑人的身份，并发现多人已逃往外地。战友们根据他提供的线索，联合多地公安机关一举将这个团伙成功端掉，核实案件60余起，涉案金额 10 余万元。

涉电动车类案件虽说是小案，却关乎着大民生，是直接影响群众安全感、满意度的大事。2020 年 10 月，魏建力研发的模型协助预警，成功抓获了一个盗窃电动车团伙，起获电动车 32 辆，为群众挽回损失 20 余万元。在集中发还电动车仪式上，一位大爷高兴地竖起大拇指点赞说："这帮小伙子们都是好样的！"

用科技自立自强，扎根一线坚守初心

魏建力 90 多岁的姥爷是一位十几岁就参加革命工作的老党员，有着坚定的革命信仰和深厚的家国情怀。老人家曾经坐在炕头戴着老花镜，拿着写满笔记的《习近平的七年知青岁月》语重心长地对他说，要认真学习习近平总书记干事创业的精神！

干事创业，是魏建力的家风传承，更是一份对党和人民沉甸甸的责任。魏建力在上学期间就参加了大学生创新创业大赛，并带领团队研发了新的应用系统，还拿到了国家经费补助。本来有机会从事科技创业的他，为了实现保卫国家网络安全的远大志向，也为了圆儿时的警察梦，毕业时毅然选择报考加入了北京警队。

2018 年，分局一个重大项目亟需科技人才，因为所学专业以及在基层科技创新中的优秀表现，魏建力被选派到科技信息化岗位，让他的专业知识和在基层酝酿的创新想法在这里得以施展，并与全国公安系统二级英雄模范、有着"警营科技哥"美誉的青年科技骨干张旗结为了师徒。在师傅的鼓励和帮助下，魏建力先后考取了高级工程师、联合团队拿到了 2 项国家实用新型专利和 5 项软件著作

◆ 95后的魏建力

权，并考取了清华大学工程管理硕士研究生，他们二人也光荣当选了市局“最美师徒”。

从事科技工作，不仅要有钻劲儿，更要有拼劲儿。2020年春节前夕，新冠肺炎疫情暴发。6年没回家乡探望父母的魏建力，跨年当夜毅然将火车票换成了“请战书”，并先后两次延后婚期投入战“疫”。在他的号召下，单位成立了“科技防控疫情青年突击队”，为疫情防控作出重要贡献。建党百年庆祝活动期间，他和同事们用科技信息化助力圆满完成了安保任务，看着飞过他们头顶的“100”字样，就是对他们忠诚履职、拼搏进取的褒奖。

习近平总书记到清华大学考察时指出，青年要立大志、明大德、成大才、担大任。95后的魏建力，不仅是新时代首都科技警队的接班人，也是广大首都公安青年民警奋进逐梦的一个缩影，他用科技创新筑起了国泰民安的防线，为建设更高水平的“平安北京”保驾护航。站在百年辉煌的新起点，魏建力将和广大青年民警一道，用青春、智慧、汗水创造更多的“北京经验”“北京做法”。

北京市公安局供稿

95后民警魏建力：用警务科技护卫首都平安

◎ 何春中

在2022年1月中央宣传部、公安部发布的2021“最美基层民警”先进事迹中，一名95后榜上有名。

16岁上大学，24岁取得信息系统项目管理师高级资格证书，拥有2项国家实用新型专利、5项软件著作权……他便是北京市公安局通州分局警务支援支队民警魏建力。入警以来，他全力投身首都公安科技建设，搭建城市管理“科技大脑”，精心打造基层一线“实战利剑”，构筑服务群众“高速公路”。

2015年9月，魏建力被分配到派出所工作。信息安全专业毕业的他，敏锐地觉察到基层警务科技建设的必要性。

2017年的一个凌晨，魏建力和战友锁定了一个盗窃团伙，团伙成员以“不认识”“无联系”“不清楚”等说辞，企图逃脱法律制裁。魏建力通过数据分析的方法取得了关键线索，最终用翔实的证据突破了这个盗窃团伙成员的心理防线，并成功将他们绳之以法。

破获此案之后，魏建力暗下决心：一定要发挥专业优势，帮助基层做好科技创新工作，“战友需要什么，就要创新什么”。

魏建力参与组建了北京市公安局首支科技智能化应用队伍，为基层一线执法办案提供多维度的科技支撑。

有一段时间，魏建力接到了几条销售假酒的线索。他从“假酒是从哪儿来的”这一问题入手，运用科技手段深入摸索。不到一天的时间，魏建力就形成了研判报告：这是一个至少有 5 辆车、20 个人、6 个窝点的巨大制售假酒犯罪网络。一线侦查员根据他的研判结果，最终成功抓获制售假酒嫌疑人 25 人，打掉制假“黑作坊”10 处，查获假冒白酒 120 余箱、各类假冒标识包材 10 余万套，涉案金额达 3000 余万元。

原先战友们奔波上百公里的侦查，变成了魏建力电脑前 5 分钟的线索分析，为抓捕嫌疑人提供了更加精确的指向。案件如此迅速告破，战友都对魏建力的信息研判连连称奇。

在魏建力眼里，“警务科技从来都不是高冷的，它可以传递更多的温情，为群众带来更多的安全感”。

2020 年春节前夕，新冠肺炎疫情暴发。6 年没回家乡探望父母的魏建力将回家的火车票换成了“请战书”投入抗疫。在他的号召下，单位成立了“科技防控疫情青年突击队”。

2021 年 9 月的一个晚上，一个 12 岁女孩报警称，妈妈抛下她和 10 岁的弟弟不见了，还留下了遗书。接案后，魏建力立即启动警务信息人员查找机制，不到 5 分钟，取得了一条关键线索：这位母亲在前一天反复出现在一座大桥上。魏建力由此推测：她很有可能选择在那儿轻生。

◆ 魏建力在电脑前分析线索

一线巡逻车组接到指令后，立即赶到现场，成功劝阻准备跳河的女孩的妈妈。坐在电脑屏幕前的魏建力，突破大海捞针式的传统寻人模式，用科技避免了不少的悲剧。近 3 年来，他先后协助找回走失人员 1200 余人次。

随着北京城市副中心落户通州，如何让科技兴警战略转化为保障副中心高质量发展的强大动力，成了魏建力等首都公安科技青年骨干面临的重大课题。

下好智慧公安这步“先手棋”，必须从顶层设计出发，推动变革、创新发展。魏建力 3 次到上海、杭州等地调研，与 100 多名信息化专家反复研究论证，还查阅了数十本科技信息化著作和 1000 多篇论文，最终在团队的共同努力下，形成 13 万字的《副中心智慧警务规划》，描绘出了北京城市副中心“智慧警务蓝图”，为各项科技信息化项目落地生根奠定了坚实基础。

“城市像人体一样，有其吐纳呼吸的韵律、脉搏起伏的节奏和机体运行的规律。”魏建力运用系统工程思维，与战友一起借助人工智能、物联网、数字孪生技术，打通了城市安全运行的“感知神经”，有效提升了城市多维感知能力。

魏建力带领团队“追着问题走”，创新研发了环保、应急、住建、城管、气象、交通运输等10余类“智慧+”应用，全面服务支撑市域社会治理。他的7项创新成果获得国家实用新型专利和软件著作权，工作规划获评北京市第四届“我为改革献一策”A类工程。

魏建力说：“冬奥会临近，站在第二个百年的新起点，我将与首都公安战友前辈们一道，踔厉奋发、笃行不息，不负时代，不负历史，不负人民，一起向未来！”

《中国青年报》2022年1月12日

2021 最美
基层民警

ZUIMEI
JICENG MINJING

闫凤冰

闫凤冰：寒“冰”为剑反诈利刃

闫凤冰，汉族，1978 年 1 月出生，中共党员，1998 年参加公安工作，现任天津市公安局西青分局打击犯罪侦查支队副支队长。曾荣立一等功、二等功各 1 次，三等功 3 次，获嘉奖 4 次。

反诈 12 年，一次次千里奔波、一次次拨开迷雾，他用全部的心血与汗水守护着社会的平安、百姓的安宁。他，就是天津市公安局西青分局打击犯罪侦查支队副支队长闫凤冰。

一颗初心承起神圣职责

2010 年 7 月，天津市西青区中北镇发生一起电信网络诈骗案件，一位居民被人以冒充公检法的方式诈骗 40 万元。当时还在责任区大队工作的闫凤冰受命加入专案组，已经从警 12 年的他凭着丰富的经验，一路追至外省，获得了取款人的信息，在当地反诈民警的帮助下，循踪追至另一省某地，前后用了 4 个多月的时间，最终在一间出租房中将嫌疑人吕某抓获，收缴赃款2万余元。此案是天津市公安西青分局破获的第一起电信网络诈骗案件，成功经验被写入反诈工作教材。

当时，天津市西青区的电信诈骗案件并不多，但亲身经历了破案种种曲折的闫凤冰已经意识到，这种犯罪具有巨大危害性和隐蔽性，他向领导说出了自己的看法并得到认可。不久，针对持续上升的电信诈骗案件，天津市公安西青分局开始组建专业打击队伍，闫凤冰凭借此前侦破案件的成功经验以及守护人民财产安全的责任感，成为这支队伍的“领头雁”。

2012年3月，天津市西青区西营门街一位居民被人以机票退改签的方式诈骗31万元。警方经过分析调查，发现诈骗分子闫凤冰随即带领战友前往抓捕。在外省艰苦工作一个多月，严重的水土不服让他旧病复发，双臂水肿起泡脱皮，钻心般疼。闫凤冰一边吃药止疼一边坚持工作，创新引入综合侦查概念，最终锁定了一个有5名成员的诈骗团伙。团伙成员每次在外拨打诈骗电话，平时则躲在村子里。闫凤冰不急不躁，一面从外围收集证据，一面紧盯他们的行踪，终于在节日期间，将外出娱乐的两名嫌疑人抓获。最终，被骗的31万元全部追回，团伙5名成员均被依法严惩，此案是天津市公安西青分局破获的第一起以机票退改签方式进行诈骗的案例。

这之后，闫凤冰带队相继打掉了很多在全市具有典型意义的电信网络诈骗案件：打掉利用络漫宝实施电诈团伙，抓获利用租赁存储空间实施诈骗分子……每当受害人拿回属于自己的钱款时，就是闫凤冰最满足的时候。作为一名反诈民警，没有什么比看到受骗群众挽回损失更开心的事了，这是他的职业，更是他的使命，为此无论付出多少他都无怨无悔。

一片赤诚守护百姓安康

2014 年 2 月，天津市西青区几名受害人团购春节低价飞机票被骗，总值 20 余万元。在调查案件时，闫凤冰看到了受害人无助又充满渴望的目光，这让他感到一种沉重的责任感，心里暗自下了决心。在摸清嫌疑人的落脚地后，他立即赶赴他乡。此时的异乡，正沉浸在临近春节的喜庆之中，万家灯火万家团圆之外，却是奔波忙碌的闫凤冰和战友们，一杯热水、一碗泡面就是最奢侈的美食。整整两个月的时间，他最终成功锁定嫌疑人并将其抓获，一举破获发生在全国的同类案件 99 起，而受害人也拿回了属于自己的钱款，相互庆祝，却没注意到旁边闫凤冰脸上欣慰的笑容。

2015 年 4 月，天津市西青区一名受害人在网上寻找兼职时被骗 4 万余元。通过网络追踪，闫凤冰将嫌疑人锁定在外省某地，围绕划定的几个地址，闫凤冰带队开始了艰苦的摸排工作。时值盛夏，闫凤冰的双脚因感染丹毒不停渗血，鲜血染透了鞋子。他硬是一瘸一拐地行走在异乡的街头巷尾。最终，在某高层建筑的楼顶，他们将正在作案的诈骗团伙 4 名成员抓获。随后，闫凤冰又连夜奔波，仅仅用了一周的时间，将取款人抓获，最终团伙 5 人全部被绳之以法。

后来有人问闫凤冰，工作至于如此“玩命”吗？他说，对于警察来说，群众的一分一毫都必须全心全意去守护，守不住就是失职。

一腔热血无惧艰难险阻

在电信诈骗案件中，嫌疑人实施诈骗的主要途径是电话和网络，嫌疑人可能身处任何一个地方，所以闫凤冰平均每年都要出差 8 个月左右，足迹遍布全国大中城市。他面对的，绝不仅仅是异乡的陌生和奔波的辛苦，有时还要面对意想不到的危险。

2016 年 1 月，一位受害人的微信被盗，其亲属被骗 15 万元。接报后，闫凤冰当即判断疑犯来自外省某地，随即展开有针对性的工作，很快发现赃款在该省另一地的一家烟酒店被消费。他当即前往，嫌疑人十分狡猾，作案工具交叉使用，经过一个多月的努力，闫凤冰和战友们终于锁定了廖某等 3 名嫌疑人。为了顺利实施抓捕，闫凤冰租了一辆当地摩托车进村侦查。但该地地势险峻、山路崎

◆ 闫凤冰为来访者讲解反诈知识

岖，没有路灯，同事劝他不要去，但他全然不顾，冒着危险几次进村，全面掌握了疑犯的作息时间，制定了周密的抓捕计划。行动那天，凌晨 5 点，闫凤冰带队仅用 20 分钟就将还在睡梦中的疑犯全部抓获。

这样的场面，闫凤冰还经历过很多次，虽然每每事后想起来也会心有余悸，但是对于他来说，面对挑战，人民警察必须勇往直前。

2022 年夏季治安打击整治“百日行动”开展以来，闫凤冰紧盯危害人民群众财产安全的各类电信网络诈骗案件，认真分析辖区发案情况，组织力量向电信网络诈骗案件及“黑灰”产业链发起一波又一波的攻势。

2022 年 6 月，天津市西青区李七庄街发生一起电信网络诈骗案件，天津市公安西青分局迅速开展研判，逐步确定了一个犯罪窝点。该窝点自 2022 年 6 月初，使用归属地为天津市的手机号码，向全市范围内拨打诈骗电话，危害性极强。工作中发现，该团伙成员日常活动无固定规律，活动轨迹跨度大、流窜性极强。闫凤冰指导反诈专班有针对性地开展研判，带领民警在全市范围内开展侦查和摸排走访，最终一举将犯罪嫌疑人许某、李某、周某 3 人全部抓获。后经查证，该团伙非法收购手机卡 40 余张，拨打诈骗电话 1000 余次，涉及本市及外省市案件 7 起，涉案金额达到了 90 余万元。

一身警服彰显使命担当

日复一日的奔波劳碌，年复一年的辛勤付出，家人无条件的默默支持，闫凤冰用实际行动忠诚践行人民警察的职责使命。

2016年春节前夕，天津市发生了以销售摩托车为幌子的诈骗案，受骗者都是准备返乡的外来务工人员，被骗的都是辛苦一年的血汗钱。为了帮他们找回被骗钱款，闫凤冰在判明嫌疑人可能在外省多地活动后，立即出发，一干就是两个月。期间，闫凤冰的女儿右耳失聪，经过检查是腺样体肥大造成感染化脓，如果不及时手术会造成永久性耳聋。闫凤冰心中挂念，但案件侦办正值紧要关头，思量再三，他还是没有放下手中的工作，妻子告诉他："别担心，家里有我。"最终，他成功将两名犯罪嫌疑人抓获，为被骗群众挽回了经济损失。当他押解嫌疑人回津时，孩子早已出院多日。

2016年6月，天津市公安西青分局接市局指令，对已经抓捕的冒充公检法实施诈骗团伙进行侦办，尽管侦办此类案件的经验还不够丰富，但闫凤冰没有打退堂鼓，他带领专案组对扣押的证据进行梳理，除了电话、电脑，就是一堆纸条，都装在一个大袋子里，根本确认不了谁在使用，经过审讯，所有嫌疑人拒不交代。就在案件陷入僵局时，家中也出现状况，患有严重高血压的母亲在送孙女上学途中突然晕厥，醒来后已经不认识人了，经过医院抢救才慢慢恢复，大夫说是高血压引起的，需要住院治疗。此时他也想赶回家中，陪在母亲的病床前，但是眼前较劲爬坡的案子又让他选择了坚守。在他的带领下，经过几个昼夜的连续侦查，最终成功找到该案件突破口，准确锁定每一名嫌疑人在诈骗团伙中的身份和具体实施的案件，在证据面前，嫌疑人全部低头认罪，最终都受到了法律的制裁。

常年的紧张工作和不规律的生活，让40岁出头的闫凤冰已是华发早生，还患有高血压和胃病，但这些他都没有放在心上。对于他来说，打击犯罪、保护人民永远是第一位的。如今的闫风冰，依然拼搏在打击电信网络诈骗犯罪的第一线，职责在身，使命在肩，只要电诈犯罪还在侵害人民群众的利益，他就永远不会停止战斗！

天津市公安局供稿

反诈“利剑”出鞘 涤荡魑魅魍魉

◎ 马凤晴

反诈 12 年，一次次艰难险阻、一次次千里奔波、一次次拨开迷雾，他用全部的心血与汗水守护着社会的平安、百姓的安宁。他就是天津市公安局西青分局打击犯罪侦查支队副支队长闫凤冰。

勇挑重担
取得天津反诈出色成绩

2010 年 7 月，天津市西青区中北镇发生了一起电信网络诈骗案件：受害人误信诈骗电话，向不法分子转账 40 万元。

警情就是命令！天津市公安西青分局迅速成立专案组展开调查，当时还在责任区大队的闫凤冰凭借丰富的办案经验成为专案组的一员。

接受任务后，闫凤冰从嫌疑人作案时使用的电话号码着手，一路追查至外省，获得了取款人的信息。随后，他又在当地警方的协助下，继续追踪至另一省某地，经过 4 个多月的艰苦奋战，最终在一间出租房内将吕某抓获，收缴部分赃款。本案因为发案时间较早，案情典型，被写入了反诈工作教材。

当时，天津市发生的电信网络诈骗案件并不多，但闫凤冰结合自己在办案过程中了解到的情况判断，这种犯罪手段隐蔽、危害巨大，必须予以重视。他向上级阐述了自己的观点并得到了认可。不久后，天津市公安西青分局针对日渐猖獗的电信网络诈骗案件着手组建专业打击队伍，拥有成功破案经验的闫凤冰成为这支队伍的带头人。

2012 年 3 月，天津市西青区一位居民报警，称被人以“飞机延误，须办理退票改签”为由诈骗 31 万元。

闫凤冰根据已知线索判断，嫌疑人很可能位于外省某地。他马上安排民警赶赴该地侦查，同时对诈骗嫌疑人使用的电话号码进行查询。不出所料，两个关联手机号分别归属于外省的两个城市。

很快，赴前方办案的民警传回消息：嫌疑人就在该市活动！闫凤冰当机立断，迅速赶赴该市。工作期间，他出现了严重的水土不服症状，双臂水肿脱皮，钻心地疼，而他硬是靠吃止疼药顶着，连续奋战一个多月，成功挖出了一个 5 人诈骗团伙。

该团伙主犯唐某是当地电信网络诈骗圈子里的“名人”，他非常狡猾，平时躲在村子里不露头。对此，闫凤冰不急不躁，一面从外围收集证据，一面紧盯唐某的行踪，终于在节日期间，将外出娱乐的嫌疑人抓获。唐某心存侥幸，当场开出 200 万元的筹码，请求警方放他一马，被闫凤冰严词拒绝。

最终，31 万元被骗款被如数追回，团伙 5 名成员均受到了依法处罚。这是天津市破获的首起打着“机票退改签”幌子实施的电信

◆ 闫凤冰搜集案件证据

网络诈骗案件。

这之后，闫凤冰带队相继打掉了很多在全市具有典型意义的电信网络诈骗案件：打掉利用络漫宝实施电诈团伙，抓获利用租赁存储空间实施诈骗分子……每当受害人拿回属于自己的钱款时，就是闫凤冰最满足的时候。

全力以赴
守护好群众一分一毫

2014 年 2 月，天津市西青区多名群众团购春节低价机票时遭遇电信网络诈骗。闫凤冰对受害人进行走访，看着他们期盼的眼神，感同身受，暗下决心，一定要尽快破案，追回被骗款。

经初步调查，该案嫌疑人同样来自外省。闫凤冰连换洗的衣服都没带就和战友们一起匆匆赶了过去。临近春节，当地街头张灯结彩，处处洋溢着节日氛围，而闫凤冰等民警迅速投入紧张的工作，忙起来甚至顾不上吃饭，一杯热水、一碗泡面就能凑合一顿。最终，他们成功抓获了嫌疑人，一举破获发生在全国多地的同类案件 99 起，并帮助受害群众追回了被骗款。看到大家挽回损失后兴高采烈的样子，闫凤冰也露出了欣慰的笑容。

闫凤冰说："身为反诈民警，为老百姓追回血汗钱是我最开心的事，这既是职责所在，更是使命担当，受苦受累都值！为此无论付出什么我都无怨无悔。"

2015 年 4 月，天津市西青区一名群众在网上寻找兼职时被骗数万元。闫凤冰经过调查，确定嫌疑人位于外省某地，随即带队赶赴该地，深入几处可疑地点进行摸排。

在该地期间，民警们因为水土不服纷纷起了湿疹，闫凤冰还患了丹毒，双脚不停地渗血，鲜血浸透了鞋子。他咬牙坚持，一瘸一拐地在异乡的街头巷尾奔走，最终在一栋高楼的楼顶抓获了正在实施诈骗的 4 名嫌疑人。根据 4 人的交代，他仅仅花了一周时间，抓获了该团伙负责取款的嫌疑人。最终，该团伙 5 名成员全部被绳之以法。

后来，有人问闫凤冰，工作至于如此"玩命"吗？他说："我是民警，群众的一分一毫都要守护好，守不住就是失职！"

忘我付出
用战绩诠释初心使命

日复一日奔波劳碌，年复一年辛勤付出，家人无条件的默默支持，闫凤冰用心血与汗水守护着社会和谐平安、群众财产安全，但对家人，他有着太多的愧疚。

2016年春节前夕，天津市西青区发生了一起打着“销售摩托车”的幌子实施电信网络诈骗的案件，受害者都是准备返乡的外来务工人员。为了帮受害人追回被骗款，闫凤冰花了两个月时间，辗转两地，全力搜寻嫌疑人的踪迹。其间，家里传来消息：女儿突然右耳失聪，要接受手术治疗。闫凤冰很担心女儿的健康，但案件侦查工作已进入关键阶段，片刻不能分心，他只能将照顾女儿的重任交给妻子。女儿不知情，临进手术室时还一个劲儿地问：“爸爸什么时候来看我？”最后，闫凤冰在外省某地抓获了两名诈骗嫌疑人，为受害人挽回了经济损失。而当他押解嫌疑人回津时，女儿已经出院了。

2016年6月，天津市公安西青分局接到市公安局指令，对一个诈骗团伙进行侦查。闫凤冰带领专案组对相关物证进行细致梳理，但这些物证除了电话、计算机外，只有一大堆纸条，而且都装在一个大袋子里，根本无法确定具体的使用者。

审讯中，所有嫌疑人拒不交代犯罪事实，案件侦查工作陷入了僵局。这时，闫凤冰家里也发生了意外：他的母亲在送孙女上学时突然晕厥，醒来后不认识身边的人了，经过抢救才慢慢恢复。医生说，这是高血压引起的，若不及时救治，会有生命危险。闫凤冰接到消息后，真想马上赶去医院陪伴母亲，但想到未破的案件，他坚定地留在了岗位上。

经过反复思考，闫凤冰转换工作思路，经过几个昼夜连续侦查，终于找到案件突破口，准确锁定了每一名嫌疑人在诈骗团伙中的身份和在案件中具体的实施细节。铁证面前，嫌疑人只能低头认罪，接受法律审判。

因为常年的紧张工作和不规律的生活，闫凤冰患有高血压和胃病，不止一次在工作时发病，但在他心里，永远将工作摆在第一位。如今，闫凤冰依然不知疲倦得在打击电信网络诈骗犯罪第一线拼搏，职责在身，使命在肩，只要电诈犯罪还在侵害人民群众的利益，他就不会停止战斗！

摘自《天津政法报》2022 年 2 月 18 日

2021 最美基层民警

ZUIMEI
JICENG MINJING

王永辉

王永辉：平凡“螺丝钉”

王永辉，汉族，1975年9月出生，中共党员，2008年3月参加公安工作，现任石家庄市公安局桥西分局政治处主任，先后当选全国“最美基层民警”，被评为河北省最美退役军人，优秀退役军人。

王永辉自参加公安工作，特别是2017年12月担任吕建江综合警务服务站主任后，团结带领警务站全体人员，继承和发扬“时代楷模”吕建江同志精神品质，认真履职尽责，维护辖区一方平安，切实增强群众的获得感、幸福感、安全感，用行动践行党的宗旨，出色完成了各项工作任务，把警务站打造成了河北公安爱民为民的标杆性窗口和标志性品牌。2019年4月，他所负责的吕建江综合警务服务站被省委、省政府表彰为“河北省先进集体”；2021年7月，警务站党支部被评为石家庄市“先进基层党组织”；2021年8月，被公安部荣记集体一等功。

警务前移，筑牢安全堤坝

王永辉参加公安工作以来，一直工作在110接处警一线，他始终忠诚于党和人民的公安事业，工作勤恳扎实，赢得了人民群众的信任和支持。因工作表现出色，2017 年 12 月，他被任命为“吕建江综合警务服务站”的第一任主任。带领警务站民警“屯警于街、动态备勤、全天值守”，建立起以警务站为基点，辐射辖区 1.4 平方公里的“出警圈、巡逻圈、防控圈”，按照“有警处警、无警巡逻”的原则，采取车巡、步巡和视频巡查相结合的方式开展巡逻防控，有效挤压了犯罪空间，有力震慑了犯罪分子，辖区治安环境越来越好。工作中，他严格落实《接处警工作规范》《巡控盘查工作规范》等制度规范，加强对民警和警辅人员的教育培训，从接警、处警、交接、巡逻、盘查等全环节狠抓执法规范化，做到执法过程公开透明，程序规范，语言文明，态度理性平和，让群众切实感受到公平正义。2018 年至今，警务站累计接处警 8000 余起，没有发生一起投诉举报或涉警信访问题。遇有急难险重任务，他总是模范带头、冲锋在前，在 2020 年和 2021 年的疫情防控工作中，他主动请缨，参加高速口防疫检查站和火车站出站口防疫检查执勤，发挥了示范表率作用。他大力加强警务站信息化建设，依托六个信息化应用平台，打造了河北全省“智慧型警务站”样板，相关经验得到广泛推广应用。

弘扬吕建江精神，坚守为民初心

王永辉自觉传承“时代楷模”吕建江同志优良作风，带领警务站全体人员牢固树立“以人民为中心”的理念，始终牢记“全心全意为人民服务”的宗旨，不断提升为民服务水平，把群众的每一件小事都当成自己的大事来办，全力提升群众的获得感、幸福感、安全感。多年来，他始终用热心、耐心和诚心对待群众，坚持“多说一句，多做一点，多帮一点”，充分发挥警务站“在民身边、与民为邻”的优势，拓展完善便民利民举措，帮助群众解决了许多实际生活中的难事。2018 年担任警务站主任后，为群众办好事实事 200 多件。2020 年 4 月 16 日，他和同事出警帮助藁城区一位家长，紧急护送误服药品的幼儿送医，赢得了抢救时间，挽救了病危幼儿的生命。2021 年石家庄疫情防控期间，他急群众之所急，想群众之所想，做了很多实事好事，多次客串“跑腿小哥”帮群众取送急需物品；救助流浪的 14 岁山西男孩；安顿流落街头的福建母女二人；把独居老人抬下楼做核酸检测；深夜开私家车送迷路老人回家；等等。该站的事迹被新华社以《小小警务站，满满都是爱》专题报道，中央和省市各级各类媒体也对该站工作进行了广泛报道，警务站被群众亲切地称为“网红警务站”，被群众视为身边的“好邻居、好帮手”。

创新载体，走好网上群众路线

王永辉紧跟时代发展，创新工作方式方法，积极践行网上群众路线。2013 年起，他创新运用微博开展公安工作，把网络作为服务人民群众的新阵地，把为民服务的触角从警务站辖区延伸到千家万户。“时代楷模”吕建江同志生前个人实名微博“老吕叨叨”是他为民服务的网上阵地和加强警民联系的网上窗口，承载着吕建江爱民为民情怀和广大网民对吕建江的深厚情感。吕建江同志去世后，他的个人实名认证微博“老吕叨叨”由王永辉接手。2018 年 1 月 1 日以来，王永辉每天更新发布防范知识和预警信息；发布警方资讯、

◆ 王永辉向小学生讲解吕建江先进事迹

传递警方声音；收集网友意见建议，回应群众关切，线下帮助他们解决实际问题。“老吕叨叨”重启以来，共发布微博8200多条，回复网友咨询求助2000多人次，粉丝数量由2.8万增加到13万，日均阅读量达到5万多次。他还开通了“老吕叨叨”微信公众号、抖音、快手等新媒体平台账号，多渠道宣传公安工作，服务人民群众。2019年12月，“走好网上群众路线典型案例征集展示活动”中，“老吕叨叨”微博入选优秀“党员干部个人案例”。

坚持党建引领，讲好时代楷模故事

王永辉始终坚持以党建引领，自觉传承优秀品质，担任警务站党支部书记期间，他树立“以党建带站建促工作”理念，做到警务站工作推进到哪里、党建工作就延伸到哪里。全力加强党支部能力建设，发挥党员的先锋模范作用，教育引导全站民警牢固树立“以人民为中心”的理念，在全站营造了积极向上、团结协作的浓厚氛围。为了更好地传承吕建江同志优秀的精神品质，王永辉每周一都会组织警务站点名仪式，第一个先点吕建江的名字，大家齐声答“到”。就是为了让大家时刻不忘吕建江，不忘自己是吕建江警务站的一员，不忘自己是吕建江事业的接班人，在思想上、工作上向他看齐，人人都要努力去做吕建江式的好民警。他充分利用传统媒体平台宣传公安工作，自觉主动向群众传授安全防范知识，宣传公安工作。他还全力做好宣传吕建江同志先进事迹有关工作，多次走进中小学、企事业单位宣讲吕建江先进事迹；接待参观考察单位 200 多个、4000 多人次。他用实际行动传承弘扬时代楷模精神，忠实践行共产党员的初心使命。

河北省公安厅供稿

带头做吕建江式的好民警

◎ 尹翠莉

王永辉，2008 年从部队转业参加公安工作，2017 年 12 月，担任石家庄市公安局桥西分局吕建江综合警务服务站主任，继承发扬“时代楷模”吕建江的为民服务精神，把警务站打造成了服务群众的模范窗口。王永辉先后荣获“河北省优秀人民警察”“河北省优秀退役军人”“最美退役军人”等称号，当选“最美基层民警”；吕建江警务站在 2019 年被省委、省政府表彰为“河北省先进集体”，2021 年被公安部荣记集体一等功。

“‘双十一’来了，网购难免遇到退换货，退货退款流程要警惕不法分子的圈套……”11 月 11 日,“老吕叨叨”微博更新了一条“老吕提醒”，微博里的视频介绍了“双十一”常见的退款诈骗类型。

同样是不厌其烦的防骗提醒，同样是设身处地的为民服务，不同的是更新微博的人从吕建江变成了王永辉。

2017 年 12 月，开通河北省首个民警实名微博“老吕叨叨”的原安建桥综合警务服务站主任吕建江因病去世，后被中宣部追授

“时代楷模”称号，安建桥综合警务服务站更名为“吕建江综合警务服务站”，王永辉被任命为首位警务站主任。

接棒后的王永辉有过忐忑，但更多的是在心里和自己较劲，正如他更新的第一条微博写的那样——“继承他未竟的事业，做吕建江式的好民警，擦亮‘老吕叨叨’这个品牌”“这不只是群众的期待，也是我对吕哥的一份承诺。”

王永辉 1999 年从河北科技大学毕业后参军入伍，2008 年从部队转业参加公安工作。提到为什么要选这两种职业，王永辉眯着眼嘿嘿一笑：“哪个男同志在小时候没有一个行侠仗义的‘英雄梦’呢？”

然而，现实中没有“英雄梦”里的刀光剑影、轰轰烈烈，警务站每天面对的是普通老百姓，需要处理的大都是家长里短和鸡毛蒜皮的小事。

帮忙找丢失的孩子、抬行动不便的老人下楼做核酸、将坐轮椅误上高架桥的老人送回家……这些看似普通的小事，每一件都是老百姓的急事、难事，有些甚至还能改变他们的人生轨迹。

“你还记得石家庄疫情防控期间往我们警务站打电话的山东小伙子吗？他当上辅警啦！”王永辉提到这儿，就像说自己的亲人一样兴奋。

2021 年 1 月 14 日 12 时许，王永辉和同事正在警务站内吃饭，突然接到一名小伙子的电话。“你们那里招不招辅警？”小伙子说，他从小就有当警察的愿望，想到吕建江警务站当一名辅警。

听到这话，王永辉先是解释了警务站没有招人的权限，接着鼓励他：“想当警察不见得非要来我们警务站，在哪里都可以为老百姓服务。”

小伙子说出了想来警务站的缘由：他从社交平台上看到吕建江警务站为群众服务的事迹，很是感动，“现在石家庄疫情比较严重，我觉得你们警务站应该缺人，想着去帮忙。”

小伙子朴素的话语让远在400公里之外的王永辉心头一热，瞬间哽咽了。

“感谢他对吕建江警务站的信任，对警察行业的热爱。”王永辉说，每次想到警务站的事迹影响到了别人，他干事的劲头就更足了。

后来，这名小伙子收到当地派出所的招录信息。考试通过后，他如愿成为一名辅警。得知自己成功上岗，小伙子第一时间把这个好消息告诉了王永辉。

◆ 王永辉耐心解答群众疑问

采访中，王永辉向记者提到了最近发生的一件小事——

“一天下雨，行车途中我们遇到一个女孩招手求助。她的雨刮器在路上甩飞了，车上有个新的自己装不上，民警小乔捣鼓一会儿弄好了，女孩很高兴，说了句，‘看到警车警察心里就踏实’。我当时听到这句话特别感动。”

“我们不能辜负老百姓的信任，要让更多老百姓信任我们。”王永辉说。

王永辉接任后，在“老吕叨叨”微博上新设了“老吕寻人”“老吕寻物”“老吕提醒”“警务站日志”等板块。3 年多时间里，“老吕叨叨”微博粉丝数量从 2.8 万增长到 13 万。他还开通了微信公众号、抖音、快手等新媒体平台账号，想尽办法更好地服务群众。

在王永辉的带领下，全站人人争做吕建江式的好民警。门上的扶手套、自制的椅子坐垫、警务站内电视屏幕循环播放的各类提醒……看似不起眼的细节，让来警务站求助或办业务的市民倍感温暖。

惦记群众的人，也被群众惦记着。

除夕夜里，辖区居民给他们端来热气腾腾的饺子；疫情防控期间，警务站一天收到来自全国各地群众的 11 单匿名爱心奶茶；得到帮助的老人面向警务站深情敬礼……

“您觉得少年时的‘英雄梦’现在实现了吗？”记者问王永辉。

“当我们真正给老百姓解决了实际困难和问题的时候，他们说的那声‘谢谢’、露出满意的笑容，让我感到这就是当警察的价值。我觉得，为老百姓服务，就是我的‘英雄梦’。”王永辉边说边抬头望向展览室屋顶那两个象征着“吕”字的窗口。

阳光透过窗口洒下来，满地金光。

《河北日报》2021 年 11 月 21 日

2021 最美

基层民警

ZUIMEI
JICENG MINJING

程新安

程新安：百姓信赖的“110”

程新安，汉族，1963 年 7 月出生，中共党员，1987 年参加公安工作，现任吉林省吉林市公安局昌邑分局延江派出所社区民警，一级警长。相继被评为全省人民满意公务员、崔光日式好民警标兵、十佳优秀社区民警、吉林好人，全市政法标兵、最美创城人标兵、优秀党员标兵，先后荣立个人二等功 3 次、三等功 3 次，他所在的二道江警务室被省公安厅命名为“程新安警务室”。

作为一名普通社区民警，程新安在二道江社区一干就是 34 年，他把群众的烦心事当成自己的家务事，把百姓的安居乐业作为自己的分内事，为百姓做过的好事实事更是不胜枚举。现如今，虽然即将退休，他依然标准不降、默默坚守。

谙熟于心的“活地图”

为尽快熟悉业务、融入群众当中，1987 年，程新安刚入警就把家搬到了二道江社区。34 年来，他的办公桌上总是堆满了社区工作日志和各类图文薄册。这些日志和图册，记录了他的紧张与忙碌，见证了他的奔波与付出。他的足迹踏遍了辖区的每一个角落，真正做到了“行万里路、串千家门、办百家事”。他对辖区的一切了如指掌，如数家珍，成了社区的“活地图”和“万事通”，成了百姓心中的“110”。

为方便群众，他把印有“居家过日子有困难与我联系”的警民联系卡发遍了大街小巷、家家户户，34 年来，累计发放 10 余万张。辖区 4000 余户居民，凡是发生案件、遇上难处、夫妻吵架、邻里纠纷，所有的家事琐事烦心事，第一个想到的就是找“小程”商量商量。34 年过去了，“小程”早已变成了“老程”，但百姓遇到大事小情，最常挂在嘴边的还是那句“到派出所找小程”。由于人熟、地熟、情况熟，每逢辖区发生大要疑难案件，专案组最先想到的就是找“老程”了解情况、征求意见、获取线索；每逢敏感节点，驻街企事业单位都要请他协助开展稳控工作。34 年的勤耕细作，使他逐步成为全市派出所基础工作的行家里手和样板标兵，“三实”信息采集准确率也持续排名全局第一。

困难群众的“贴心人”

把群众冷暖放在心上，帮助那些最需要帮助的人，始终是程新安的心中牵挂。

辖区有个叫吴某林的精神病人，父母双亡、无亲无靠，由于没有任何生活来源，他把家里能卖的东西都卖了，就连过冬的暖器也拆了下来。为了取暖，他把邻居晾晒的衣物、自己捡来的废品，甚至废旧轮胎都拿到屋里烧火，消防队和派出所每月都要出警 10 余次。为解决吴某林的问题，程新安找到了他唯一的远房亲戚，但亲戚来过一次就再没来过。自 1996 年开始，照顾吴某林就成了程新安的“分内事儿”，没想到这一照顾就是 20 多年。他自掏腰包，为吴某林安装地热，送吴某林去敬老院调养，还为吴某林办理了身份证和低保，平时的钱，更是没少往吴某林身上搭。在程新安的不懈努力下，2016 年，终于把吴某林安置到了疗养中心。20 多年来，吴某林把程新安视为最亲最近的人，大老远的就能分辨出程新安的脚步声，程新安每次来他家，他都在日历本上做下记号，家里熏得黑黢黢的墙上写满了程新安的名字。20 多年过去了，程新安照顾吴某林的故事在百姓间口口相传，成为一段佳话。

程新安还有个没有任何血缘关系的“侄女”，也被辖区百姓津津乐道。那年，正在所里值班的程新安接待了两名特殊的群众，一个10多岁的小女孩要给妹妹开入学证明。经询问，女孩的妹妹名叫郑某琳，是非婚生子，出生后，母亲便抛下她走了，父亲常年在外打工，她自幼与年逾古稀的奶奶相依为命，生活艰难不说，因为是“黑孩”，甚至到了上学年龄也无法正常入学。自那

◆ 程新安是社区百姓心中信任的“110”

天起，程新安不仅帮她落上了户口，还当上了她的“家长”，协调学校办理了入学手续，为她减免了学习费用，给她买衣服、送书包，平时添些零用钱，就连孩子的家长会、运动会，程新安也是事必躬亲，人前人后，郑某琳亲切地称呼程新安为“大爷”。许多老师和孩子家长都以为，程新安就是郑某琳的亲大爷。

大显神通的“关系网”

警力有限，民力无边。程新安视辖区群众为亲人朋友，与百姓建立密切联系，织就了一张密不可分的群众关系网。他亲手组建的“三老巡逻队”，坚守了10年之久，成了社区里一道独特的风景线。他手绘“天网工程图”，详细标注了辖区重点部位和视频监控搭建地点，为派出所工作奠定了坚实基础，把这个上万人的开放式老旧小区打造成了发案少、治安好、幸福指数高的平安和谐社区。

有一年春节期间，一名女子在回家途中遇害，一时间网络疯传、群众恐慌，市委、市政府要求迅速破案消除影响。虽经视频监控、现场勘查、重点摸排各条线全力工作，但侦破工作仍无法取得实质性进展。程新安顶着凛冽寒风，不眠不休连续走访居民300余户。在走访到一名女子时，程新安敏锐地发现该女子神情犹豫，在他的引导鼓励下，该女子放下心理包袱说道：“程哥，在我治疗癌症最艰难的时候，是你为我担保办理了大病救助证明材料，帮我渡过了难关。这事儿我只能和你说，你要找的这个人，好像是我对象。”根据这一线索，专案组及时将正欲潜逃的犯罪嫌疑人抓捕归案。该案成为全市社区民警通过基础摸排破获大要案件的经典案例。

危难时刻的“急先锋”

“关键时刻冲得上，紧急关头打得赢。”这是程新安这个公安老兵永不褪色的标签。

2014 年 4 月的一天，一名 22 岁的年轻女子因生活压力大，酒后欲跳楼轻生，半个身子悬在阳台外，楼下围观群众数百人。程新安不顾同事劝阻，主动请缨前去解救。很多同事说，“你年龄大，上去太危险了”。他却说，“我是社区民警，熟悉屋里情况”。他找居民借了个同户型房间，反复测算步数，推演营救时间，顶着危险和压力，悄然破门而入，用三步来到屋内、半步绕过墙垛、四步冲到女子身前，在该女子向楼外跳出的生死一瞬，成功救下该女子，精彩演绎了“生命七步半”的生死救援。

2020 年新冠肺炎疫情暴发后，程新安第一时间请战，成为全局参与发热门诊执勤年龄最大的民警。他穿戴着密不透风的防护装备，衣服一遍遍被汗水浸湿，又一次次被体温烘干。他几近虚脱，仍咬牙坚持，没喊一句累，没叫一声苦，一坚持就是一个多月。轮岗回到辖区，本该调休，他却配合防疫人员劝导密接者集中隔离观察，每天连续工作 10 多个小时。在此期间，所里办理了一起刑事案件，由于嫌疑人体温高，无法送押，只能监视居住。他二话没说，当即承担了这项危险任务，与嫌疑人同吃同住半个月，直到送监羁押。

家人眼里的“工作狂”

程新安不会饮酒，从不外出娱乐消遣，没有任何不良嗜好，他多次放弃提干调岗的机会，把全部精力和满腔热忱放在了社区里。他经常说：“我父母都是厂里的劳模，我入警时的师傅何成实在一个派出所一干就是30年，被评为全国优秀人民警察，他们用一生的经历告诉我，只要把小事坚持做，把简单的事重复做，就没有干不好的活、干不成的事。”

他是这样说的，更是这样做的，34年来，帮扶救助群众、化解矛盾纠纷、奋勇搏斗歹徒、感召逃犯自首、屡破大案奇案、护佑辖区平安……一件件警务、一桩桩实事，印证了他扎根基层、不计得失的朴实情怀。他把单位当成自己的家，兼任所里的材料内勤，除了自己的责任区，他亲手组建治安联防队，还代管过3个空白责任区和27个居民委。现如今，他已不再强壮和年轻，但早来晚走、有活抢着干始终是他的老习惯，就连所里的卫生、修车、通下水等日常小事，他都主动去做。工作之余，程新安20余年精心照顾年过八旬、瘫痪卧床的老父亲，身高一米七多的他，体重从没超过100斤。家里的难处，他从不对外人说起，更没因此耽误工作。为了支持他，妻子提前9年退休，担起了全部家务，为他分担家庭生活压力。

从意气风发到两鬓斑白，程新安接续传承着父辈们的敬业精神，用三十四年如一日的执着坚守，忠实践行着从警之初的铮铮誓言，朴实无华地彰显了一名基层公安民警的忠诚本色！

吉林省公安厅供稿

一腔深情染芳华

◎ 刘力影

水有源，树有根。如果说昌邑区延江街道二道江社区人民群众幸福感、安全感的获取有源头，那么社区民警程新安的坚守和付出就是源头之一。这是当地居民多年的共识。

34年来，程新安恪尽职守，屡破大案要案；心系百姓，百姓事就是自己事，发放联系名片10多万张；疫情来袭，“请安排我上，我能行！”；对0.23平方公里责任片区了如指掌，每天深入辖区各个角落，日平均步行2万步……

时光流转，当年的“小程”如今已变成“老程”。尽管他的身体不再矫健，但那一句“有困难找小程”，却早已成为居民口头禅，经久不变。

与群众心贴心　屡立战功

1987年7月，24岁的程新安来到昌邑公安分局延江派出所，成为一名普通社区民警。为能全身心投入工作，刚一入警，程新安就把家搬到了二道江社区。这一住，就是34年。

早来晚走、有活抢着干是他多年的习惯。58岁的他还兼任材料内勤，主动代管3个空白责任区和27个居民委。

警力有限，民力无边。程新安始终坚持一切依靠群众，与群众真心相待。2014年3月，程新安走访调查一起超市盗窃案，在营业场所组织群众辨认时，一女青年把他拉到一边悄悄说："程叔，这个人我认识，我下午去派出所找你。"女青年如约提供了嫌疑人的真实身份和微信号之后，程新安一举破获了团伙盗窃案20起。2015年，经过程新安一年多艰苦努力和耐心劝导，潜逃13年的朱某某投案自首。有一年春节期间，辖区一女子在楼下被残忍杀害。排查中，程新安顶着凛冽寒风，克服案源线索少、视频资料模糊等困难，走访群众300余家，最终锁定犯罪嫌疑人，并将正在销毁证据准备潜逃的犯罪嫌疑人抓捕归案。

把百姓放心间　慰其冷暖

老百姓的冷暖，始终是程新安的牵挂所在。

辖区一位患有精神障碍性疾病的居民无亲无故，冬天为了取暖把家里的东西烧了个精光。得知情况后，自1996年开始，程新安就照顾他，给其家安装地热，送他去调养，自己没少搭钱。直到2016年，在程新安的协调下，将其安置在疗养中心。有一个小姑娘叫圆圆（化名），与70多岁的奶奶一起生活。程新安不仅帮她解决了户口和入学难题，还当上了"家长"：给她买衣服、书包、资助生活必需品。学校有活动都是程新安去，圆圆管程新安叫“大爷”，许多老师都以为程新安就是孩子的亲大爷。

1988 年，由程新安呼吁组建的由退休老干部、老工人、老党员组成的“三老巡逻队”，如今已成为辖区几十年不变的一道亮丽风景。因为有了巡逻队，辖区各类案件发生率明显下降，发案少，秩序好，群众很满意。

在具体工作实践中，程新安还创造了一个“点式工作法”，即面对百姓时态度好一点、办法多一点、工作再细一点，并被作为典型经验广泛推广。

因为心中有群众，真心实意为群众办事，程新安也赢得了辖区百姓的一致好评。“这些年多亏小程了，他就像自己的孩子一样，我生病送我去医院，家里凡是有个大事小情，儿子第一时间说，找我程哥……”说起程新安的好，圆圆的奶奶赞不绝口。“小程这人特别好，办事公道，把小区管得好……”社区居民李桂英说。

◆ 程新安给作者解释“点式工作法”

34 年来，程新安自费印制、发放联系群众的名片 10 多万张，名片的格式有了稍许变化，但那句“居家过日子有困难与我联系”的暖心话语，一直没变。

擎初心于至上　情深满怀

关键时冲得上、打得赢，是程新安永不褪色的初心。

新冠肺炎疫情出现后，他第一时间请缨出战，成为全局参与发热门诊执勤年龄最大的民警。

防护装备密不透风，衣服一遍遍被汗水浸湿，他从不喊苦叫累，一坚持就是一个多月。轮岗回到辖区，本该调休的他，又主动配合防疫人员劝导密接者集中隔离观察，每天连续工作 10 多个小时。

一次，辖区一名年轻女子因生活压力欲跳楼轻生，酒后骑在阳台上，楼下不少群众围观。当程新安准备去解救时，有同志劝他：“别去了，你年岁大。”但他坚持说：“我是社区民警，屋里情况我熟悉。”

在同户型房间内缜密演练和反复测算步数和营救时间之后，他破门而入，在女子向楼外跳出的生死瞬间，成功将其救下，演绎了一次“七步半精彩救援”。

“打击犯罪是我的天职，为民服务是我的本色。获得人民满意公务员是肯定更是鞭策，我要把为人民服务的精神发扬下去，努力为群众做事……”

亮正义之剑，守万家灯火，在我们看得见或看不见的地方，总有人民警察在默默守护。

程新安的背影静立其中。

《江城日报》2021 年 10 月 16 日

2021 最美
基层民警

ZUIMEI
JICENG MINJING

隋永辉

隋永辉：用爱和执着帮数千个家庭团圆的“寻人警官”

隋永辉，汉族，1971年4月出生，中共党员，2006年11月从部队转业参加公安工作，现任浙江省杭州市公安局西湖区分局警务督察大队一级警长。被公安部授予“全国公安系统二级英雄模范”称号，被中国社会福利基金会评为“最美志愿者”，并获评浙江省最美公务员、杭州市最美退役军人、第十五届杭州市道德模范、第七届最美杭州人。曾荣立个人二等功、三等功各1次。

他是一名军转干部，脱下军装穿上了警服；他是一名刑侦民警，不断提高业务素质，被誉为“红衣刑警”；他是一名老党员，疫情防控期间主动请战坚持在抗疫第一线；他是一名公益达人，业余时间专注公益寻人，始终坚持“人民公安为人民”的宗旨，被誉为“寻人警官”。

勤学苦练，“红衣刑警”的使命与担当

隋永辉从部队转业入警15年以来，始终专注公安业务，努力创

新技战法，早年在“双抢会战”中发挥了骨干作用，后来其独创的“虚拟身份侦查及抓捕法”享誉全市、全省乃至全国，并因此赢得了“红衣刑警”的美誉。

日常工作中，隋永辉专门负责刑侦打处，在许多重特大案件诸如九溪玫瑰园特大盗窃案、高尔夫别墅特大盗窃案、张某泽特大诈骗案等案件的侦破过程中发挥了主要作用。近年来，共侦破各类重大刑事案件100余起，抓获犯罪嫌疑人300余名。2020年7月初，在破获杭州转塘高尔夫别墅特大盗窃案过程中，隋永辉在案发后第一时间进行了现场勘察，走访周边群众，查看现场情况，梳理侦查思路。紧接着通宵工作，通过各种侦查和研判手段，于次日凌晨确定了嫌疑人的身份信息。由于案情重大不容有失，天刚放亮，隋永辉顾不上通宵之后的疲劳，甚至顾不上吃早饭，即刻带领人员驱车赶赴绍兴，对嫌疑人落脚点进行摸排。最终，在案发不到24小时，完成了所有的侦查和取证工作，并将犯罪嫌疑人抓获归案。

作为单位侦查工作的骨干力量，隋永辉担负着各种侦查任务，其中追逃也是一项重要工作。隋永辉一方面充分发挥自身业务强的优势，另一方面发挥自己是启东警务协作平台的常务副站长，有着丰富人脉资源的优势，在自身研判的基础上，协同全国各地的警务资源、各个优质企业或平台，对各类逃犯进行细致研判，3年来共抓获各类逃犯45名。2020年6月的一天，隋永辉在对部分流浪乞讨人员进行身份信息研判时，突然发现陕西咸阳礼泉县救助站内一名被救助人员身份可疑。经过研判，该人的真实身份为白某，四川省金阳县人，于2019年7月在当地作案后逃跑至陕西咸阳，到当地一家救助站寻求救助，面对工作人员的询问则装疯卖傻，企图瞒天过海、长期隐身于救助站内。在确定了该人员的真实身份后，隋永辉即刻电话通知救助站工作人员对该人进行控制，并通知当地公安机关展开工作，同时向四川公安通报情况，最终协助四川警方将该逃犯抓获归案。没料到在进行公益活动的同时，还能意外抓获一名逃犯。

主动请战，“最美杭州人”的战“疫”答卷

“请党组织将最艰巨的任务交给我！”面对突如其来的疫情，隋永辉在请战书中这样写道。根据工作需要，组织将他安排在疫情防控的第一线也是任务最艰巨的杭州绕城转塘检查点，对检查站点的人员进出加强管控，做好进出人员的体温检测、筛查以及疑似病患的劝阻、隔离等工作。他用自己的行动对自己的请战书作出了最好的诠释，他连续上岗 22 天、每天上岗时间超过 12 小时。

针对辖区防控任务重、单位防控点位多的实际情况，隋永辉舍弃自己的休息时间，全身心投入到疫情防控阻击战当中。22 天来，隋永辉每天睡在单位，两点一线就是他的全部。出门时，妻子问他什么时候能回来，他回答道：“我还不知道，因为我不知道疫情什么时候结束。”当时，疫情防控阻击战正处于拉锯攻坚阶段。在杭州绕城转塘检查点，每天都能看到隋永辉忙碌的身影。“在这里需要耐心，难免有些群众不理解，需要细致解释清楚，每一个细节都不能马虎，每一个环节都不敢懈怠，确保万无一失。”隋永辉说。疫情就是命令，防控就是责任。最美杭州人用最美答卷响应了他的最美请战书！

公益寻亲，“寻人警官”的为民情怀

工作之余，隋永辉还致力于社会公益事业，会同全国各地的公安民警一道，通过信息查询、线索传递、异地协作、落地核实以及生物信息比对等措施，帮助被拐卖妇女儿童、离家出走、流浪乞讨以及失联多年的亲友、战友、烈士遗属等，让他们回家、认亲、团圆。7 年来，与央视《等着我》、宝贝回家、缘梦基金等节目组和公益组织机构合作，帮助 3000 多个失散家庭重新团圆。2016 年和 2017 年，分别被中央电视台、宝贝回家志愿者协会和今日头条授予全国第一个打拐寻人个人工作室“隋永辉工作室”，成为全国唯一同时拥有 3 个个人工作室的公安民警。其寻人寻亲的先进事迹得到公安部、民政部、退役军人事务部以及中央电视台的高度好评。

2019 年 2 月 21 日，人民日报和新华社报道了好心人朱新 13 年帮助照料“大侠”的事迹，此消息一时成为各方关注的焦点。看到这篇报道，隋永辉心里首先想到的是：能不能帮助“大侠”回家？如何才能帮助“大侠”回家？隋永辉通过一系列的精细研判工作，基本确定“大侠”的真实身份，之后又联系湖北和重庆两地公安机关，分别采集“大侠”及其父母的 DNA，并由重庆警方进行比对。很快，重庆警方传来消息：DNA 比对成功！当这个振奋人心的消息传播开来之后，中央广播电视总台高度重视，马上派出央视 12 套及缘梦基金有关人员联合组织了线下认亲并进行了电视报道，在外漂泊了 20 多年的“大侠”重新回到了家人的身边。

在公益寻人过程中，隋永辉对于人民群众的求助，总是尽心尽

◆ 隋永辉在工作室向求助者询问情况

力，善始善终。2019 年 3 月，家住杭州富阳的一对老夫妻到转塘派出所求助，希望隋永辉帮助他们找到他们失散 20 年的女儿。隋永辉经过连续多日的工作，最后确定，安徽阜阳的周某高度疑似。隋永辉对夫妻二人进行了 DNA 采集，并请安徽阜阳警方对疑似人员进行了 DNA 采集，交由杭州西湖区公安分局刑侦大队技术 DNA 实验室进行比对，最终帮助这名被拐卖 20 年之久的女子重新回到了父母身边。重新回家的 5 月 11 日，之后成了这一家人的节日。

2020 年 10 月，隋永辉接到杭州市拱墅区一名群众求助，其姐姐周某兰自 1999 年在老家吉林省临江县上大学时被人带至山西，至今音信全无，希望帮助其找回姐姐。接到求助之后，隋永辉做了轨迹查询、DNA 比对、警务协作等大量前期研判工作。在所有的工作全部无果之后，2021 年 3 月 12 日，隋永辉利用周末休息时间，与求助人和志愿者一起赶到了山西长治，通过两天的实地走访，最终在当地公安机关的配合下找到了与家人失散长达22年之久的周某兰，并将其带回了杭州父母的身边。

结合2021年公安部部署的“团圆行动”，2021年1月，西湖分局将隋永辉从派出所调至警务督察大队，专门成立“隋永辉工作室”专职负责服务群众，开展寻人、信访工作。在市、区（县）两级情指中心的配合下，“永辉工作室”对全市近3年来报警失踪的285名人员开展多渠道查找，成功找回100多人。其中，因躲债丢下妻儿离家出走11年的李某虎，因家庭矛盾离家出走足足让老父亲在家等待了6年的倪某军，最终都因隋永辉不厌其烦的沟通交流促成了团圆。

寻人工作的终极目标是天下无拐，万家团圆。隋永辉给自己制订了一个短期目标：2024年之前，帮助1万个失散家庭实现重新团圆，目前已完成了3000多个，他立志努力把实现目标的时间尽量提前。他还给自己制订了一个长远目标：有起点，无终点，将这份工作无止境地做下去，哪怕是以后退休了，也依然是一名党员，依然是一名人民公仆，仍会坚守对党忠诚、服务人民的初心，随时为党和人民奉献出自己的一切。

在部队的时候，隋永辉保家卫国，以自己的血肉之躯筑起祖国的钢铁长城。入警之后，不变的是初心和使命，不变的是全心全意为人民服务的宗旨。在同各种违法犯罪行为作斗争的同时，他希望通过自己的努力，帮助更多的人找到回家的路，让寻亲之路不再遥远，让回家之路不再漫长！

浙江省公安厅供稿

为失散家庭实现“团圆梦”

◎李 攀 蔡尤嘉

月有阴晴圆缺，人有悲欢离合。生离带给一个家庭的痛苦，有时远远超越死别。杭州市公安局西湖区分局民警隋永辉要做的，就是让那些失散的“游子”重新找到回家的路。6年多来，他已帮助几千个家庭重聚团圆。

记者在西湖区公安分局见到隋永辉时，他和往常一样忙碌。刚挂断一个电话，另一部手机里的微信又“叮叮”响起，打开一看，满屏的未读信息。“这些都是全国各地甚至大洋彼岸的求助者发来的寻人信息。”他说。

这么多人为何会把希望寄托在一位素不相识的普通民警身上？2014年，央视《等着我》节目组、宝贝回家寻子网与一个专为全国各地民警提供交流的警务协作平台，共同开展寻人合作。机缘巧合之下，热心公益的平台管理员隋永辉被大家一致推选为联络员。

寻人如同大海捞针，困难重重，隋永辉有什么独门绝技？

2020年10月14日，拱墅区的一位群众找到隋永辉，他说起

22 年前，姐姐周琴（化名）因情感纠纷从老家吉林离家出走，此后便杳无音信。如今，逢年过节，年迈的父母都会在饭桌上默默摆上一副空碗筷，他猜出了老人们的心愿——希望在有生之年再见女儿一面。

这显然是一个无比艰难的寻人求助，失踪人从未办理过身份证，无任何轨迹可循，到全国人口库中进行人像比对，依然无果。但 16 年的军旅生涯和多年的刑侦工作经历让隋永辉练就了一股子不放弃的韧劲和敏锐的洞察力。

和家属 10 多次的交谈中，一个细节让隋永辉的眼中忽地闪过一丝光亮：周琴离家出走后，曾请人代寄过几封信给家人，地址显示在山西的一个城市。“有希望！”他立刻请当地民警协助，竟然找到了当年的寄信人。

◆ 隋永辉的身后，是受助者送来的一面面锦旗

就像从一团乱麻中抽出最关键的那根“线头”，隋永辉又相继找到了和周琴接触过的 10 多位人员。2021 年 3 月 12 日，隋永辉和求助人一起赶到了山西，在当地民警和村干部的配合下，经过 2 天的走访，找到了周琴的住所。看到一家人相拥而泣那一刻，隋永辉一边笑，眼泪一边在眼眶里打转。6 年来，一次次寻找，一次次相逢，一次次感动，带给隋永辉帮助群众寻亲的动力。

因为帮助几千个家庭找回亲人，隋永辉被大家称为“寻人警官”。如今这位“寻人警官”又接到新任务——2021 年 1 月，杭州市公安局梳理出杭州全市近 3 年来的 285 名失踪人员，隋永辉要负责把他们全部找回来。截至目前，他已经成功找回 100 多人。

寻人，总是充满各种未知。隋永辉说，他虽然不能保证找到每一个人，但他希望自己能成为求助者的最后一站，“找到我，我一定会给他们一个答案，一个交代”。这个美好的心愿也得到了上级部门的大力支持。2021 年 4 月，他牵头组建了“隋永辉工作室”。西湖区公安分局对工作室提出“将失踪寻人工作当成一项民生工程来抓，立足本地辐射全国”的更高要求，也为其提供了 DNA 实验室、刑侦、派出所、户籍室等各警种力量支持，他的寻人工作也从过去的“兼职”，成了如今全身心投入的“专职”。

《浙江日报》2021 年 6 月 18 日

2021 最美
基层民警

ZUIMEI
JICENG MINJING

林志兴

林志兴：传承英模精神的爱民“智多兴”

林志兴，1986年12月出生，中共党员，2010年7月参加公安工作，现任福建省厦门市公安局侨英派出所社区警务队队长。被评为“厦门首届十佳社区民警”，先后荣立三等功2次，荣获个人嘉奖5次。2021年，厦门市公安局成立“林志兴个人标兵工作室”，推广“志兴工作法”。

2010年，林志兴入警的第一站就来到灌口派出所，与时任灌口派出所教导员陈清洲“师徒签约”。沿着师父陈清洲的足迹一路前行，他扎根基层一线，首创“近邻110”服务，打造智慧“微警务室”，推动“5+1”综治新模式，争做“清洲式”的好民警；遵循陈清洲“敢创新、重技防”的科技强警理念，他牵头打造全省首个反诈宣教体验馆，探索“六个六”宣传工作法、“12+N”反诈机制、“警察练摊儿”等反诈宣传措施，全力守护群众钱袋子；以陈清洲“群众工作法”为指引，他的脑子里总是被一个个为民服务的“金点子”填满，创新组建“近邻陪调员”队伍，把“移动微调室”搬到群众家门口，把矛盾纠纷化解在萌芽状态，被辖区群众亲切地称为“智多兴”。

传承清洲的“笨功夫”，争当深耕社区警务的“匠心兴”

常人眼里，陈清洲总是被光环笼罩。共和国最美奋斗者、时代楷模、一级英模，2021 年建党百年华诞前夕，又光荣当选“全国优秀共产党员”。以他为原型打造的全省首个“英模会客厅”，列入全省第二批党史学习教育参观学习点、全市公安英模教育基地，每天来访的各界群众络绎不绝。

但在林志兴的记忆里，师父陈清洲却很“笨”。刚拜师那会儿，辖区接连发生几起针对残疾人的诈骗案。陈清洲拉着林志兴赶到残联，要来残疾人名册。“打电话，挨个打！”师父的命令很短，也很急，着实把林志兴吓了一跳。“这也太笨了吧，发个短信提醒不就行了。”陈清洲头也不回地回应道：“别磨蹭了，赶紧打，我们一起打。”

电话没打几个，要么被直接挂断，要么被当成骗子，一顿臭骂。陈清洲越想越急，一把拉上林志兴：“走，通知不到的上门去找。”100 来号人，用了整整 5 天总算挨个通知到了。果然，辖区再也没有发生这类针对残疾人的案件。

“只要辖区能平安，我们苦点累点不算啥。”直到现在，林志兴还把师父这句话牢牢记在心里，也深深理解了师父“笨办法”背后的深刻含义。

跟着师父陈清洲，林志兴在灌口十年磨一剑。2020 年，他受命调到全分局接处警量最大的侨英派出所。这里城中村众多，治安状况复杂，外来人口就有 13 万，占到辖区实有人口的 77%。

几天下来，善于思考观察的林志兴发现，这里案件虽然多，但很多都是因为小问题、小诉求没有及时化解，才酿成“大麻烦”。他创新推出“近邻 110”警务模式，开通“近邻 110”小程序，打造智慧“微警务室”，让“小问题”在“微距离”中清零。

◆ 林志兴创新“近邻 110”便民小程序

“近邻 110”小程序主要包含矛盾纠纷、反诈咨询、社区业务、户籍业务、隐患上报五大业务，将原有的警民联系牌升级融入二维码扫码功能，群众可通过语音留言或者视频拍照将问题实时上传，社区综治中心 24 小时在线解答，并根据群众的诉求，协同社区居委会、综治部门就近就地化解难题。

新模式首先在叶厝社区试水。居民小张楼上的邻居每到晚上总会制造出很多噪声，多次沟通都没有解决。他掏出手机扫了扫张贴在墙上的“近邻 110”二维码，根据程序指引上传了证据视频。没想到，林志兴在后台得知了这个情况，并马上推送给社区党员干部。经过派出所、社区等多方沟通，第二天，楼上邻居就加装了隔音地垫，困扰小张许久的问题终于迎刃而解。

“近邻 110”不但可以解决邻里小事，还可以提供线索。一到夜里，叶厝社区的一家茶叶店经常有不同的人群进进出出，家住附近的李阿姨感觉有点古怪，就通过“近邻 110”反映。林志兴根据这一线索，很快就打掉了以茶叶店为幌子，开设赌场赌博的犯罪团伙。看到茶叶店被查封，李阿姨乐呵呵地说：“有了这个服务真是太便捷了，林警官真是我们的好邻居。”

“近邻 110”自推行以来，将社区党员干部紧紧团结在一起，真正落实近邻共建，实现微治理、微服务，为群众排忧解难。不仅实现矛盾不出村，更是做到矛盾不出楼，家长里短“码”上解决，服务群众实现“邻”距离。

入警 11 年来，林志兴始终用“蚂蚁啃骨头”的韧劲深耕基层社区警务一线，形成一整套实效高效的“志兴工作法”，还潜心研发了近邻社区警务、矛盾纠纷化解、社区反诈宣传、智慧社区应用、社区工作清单 5 门精品课程，通过师带徒、结对帮、跟班练，分享工作经验，带出更多的岗位尖兵。2021 年 4 月，在公安部组织的“派出所大讲堂”上，林志兴作为唯一一名社区民警向全国同行介绍基层反诈工作经验。

厦门市公安局成立“林志兴个人标兵工作室”，组织各所社区民警到标兵工作室交流学习，推广他的社区警务工作经验。

“作为清洲一手带出来的徒弟，清洲精神就像是一颗火种，希望通过自己的一点努力，让这颗火种不断接力传承，注入新的能量，守护辖区百姓平安。”林志兴说。

传承清洲的“潮理念”，
争当创新防骗宣传的“反诈兴”

霓虹初上，厦门集美霞梧步行街上热闹非凡。人海中，一抹“警察蓝”格外引人注目——林志兴带着他的反诈骗宣传队，将宣传单、小礼品摆放在小桌板上，加入“地摊阵营”。“各位父老乡亲，这里走，这里看！参加反诈大闯关，学习防骗小知识，守住您的钱袋子！”不一会儿工夫，摊前挤满了群众，林志兴和队友们组织大家参与防骗游戏、发放宣传品、讲解反诈知识，忙得不亦乐乎。人气爆棚的“反诈地摊”成为这条“网红打卡街”上独特的风“警”线。

近年来，电信网络诈骗层出不穷，反诈宣传虽铺天盖地，但容易大水漫灌，收效甚微。如何让防骗宣传真正走进老百姓心坎，提升反诈“免疫力”？林志兴又想起了师父陈清洲。

陈清洲长期扎根一线，服务对象都是土生土长的农民，很多时候最土、最累的“笨办法”往往最有效。“其实师父骨子里是个‘潮人’，我们年轻人爱玩的手机、电脑、微博，他样样精通，现在还是微博‘网红’级大V。”林志兴回忆到，比如针对那个年代多发的入室盗窃案，师父就自己动手研发了微缩移动门窗、空管插钢筋防盗窗，还组建了防盗“小背包电影队”。

受此启发，林志兴也钻研出一套独特的防骗宣传法。

他提出“分类施策，靶向宣传”，创新“六个六”宣传工作法，制作菜单式的“反诈工作手册”和“12+N”反诈清单，针对不同人群、职业、年龄、圈层精准覆盖。为了更“接地气”，他开拓思路，大胆创新，反诈“金点子”层出不穷。

走进侨英派出所防骗宣教体验馆，智能化的场馆让人耳目一新：戴上VR眼镜与骗子“斗智”、防骗教学“一招制敌”、互动趣味抢答涨“骗术”……诈骗全过程智能模拟呈现，让群众在“沉浸式”体验“被骗”的同时，学习反诈“制敌招数”。他发挥融媒体集群优势，按照“一住户一群友”的原则，挨家挨户着手组建“反诈微信群”，探索“智慧反骗二维码”、“拯救朋友圈”、“反诈线上直播课堂”、“最暖房东”评比、“反骗千群计划”等，让反诈宣传时时在线；他针对不同人群、不同节点推出“反诈爱心驿站”“反诈鸡蛋”“反诈月饼”“反诈喇叭”“反诈停车牌”……各类“花式反诈”走心又上头，受到辖区群众热捧，让百姓在潜移默化的宣传中接种“防骗疫苗”。

2021年3月，公安部在厦门召开现场会，反诈骗精准宣防“厦门经验”走向全国，利用大数据发现潜在受害人精准实施拦截的做法，为反诈工作打开新思路。“‘雷达’预警是第一步，我们派出所民警快速找人，成功劝阻，才能把‘雷’排掉。”为了提升劝阻拦截的效率，林志兴不断总结经验，梳理“四快一好”技战法，有力服务实战。5月17日，预警发现辖区群众周女士疑似正在被冒充公检法诈骗，不接民警电话还将手机关了机。林志兴一边联系指挥中心对周女士信息二次研判，一边组织群防力量进行搜寻，成功在一宾馆内将正准备转钱的周女士拦下，此时，她正在向对方报银行卡号、密码，以便“查验资金”，卡号已经报了 9 位数！

从线上到线下，从工作到生活，在林志兴的努力下，辖区群众防诈反诈意识蔚然成风，电信网络诈骗警情连续 3 年呈两位数同比下降，2021 年诈骗警情数下降 25%，林志兴带领的社区队共劝阻潜在被骗群众 2515 人，减少群众经济损失上千万元。3 项反诈制度、35 种反诈宣传品、一本满是干货的“社区反诈宣传宝典”，林志兴为基层反诈工作打造出全新样板！

传承清洲的“婆婆嘴”，
争当根源化解矛盾的“调解兴”

刚到灌口时，当地车多人多，但交通设施却十分薄弱，仅 2006 年，交通事故数就突破千起。陈清洲靠着一张“婆婆嘴”，把亮灯工程报告一份份送到各级各部门、一个个请示汇报。说哑了喉咙、磨破了嘴皮子，把路灯修进了村里，换来重大交通事故下降 50%。

如今，徒弟林志兴不仅有师父的一张“婆婆嘴”，还通过组建“近邻陪调员”队伍，让“婆婆嘴”传得更远、更高效。

在矛盾纠纷化解工作上，林志兴结合“枫桥经验”，发动开创性思维，将党建和群防群治力量融为一体，组建“近邻陪调员”队伍，探索基层矛盾纠纷多元化调解，努力推动搭建“社会调解在先，法院诉讼在后”的递进式矛盾纠纷分层过滤体系，将大量矛盾纠纷化解在萌芽状态。

“近邻陪调员”队伍采用“1+1+1+N”的调解方法，即由1名专职调解员、1名民警、1名专家、若干近邻陪调员组成调解团队。目前近邻陪调员一共有34名，队伍成员有企事业单位领导、小区物业管理人员、房东、学校老师、老干部、老党员、部分“调解能手”，以及懂法律的志愿者等。林志兴根据矛盾的类型，邀请不同职业的近邻陪调员共同参与调解，真正做到发动群众、组织群众、依靠群众、服务群众的模式。

住了多年的两位老邻居，因窗户搭建问题产生口角，继而发生肢体冲突。原本只是一件小事，因不断翻起“旧账”，矛盾越积越深。林志兴掌握情况后，带领乡贤“近邻陪调员”上门，与公证调解员、社区“两委”干部积极走访双方家庭，聆听双方矛盾纠纷，通过“溯源追踪”，耐心劝解，最终和谐化解矛盾，邻里再现守望相助暖心画面。

“守土有责”和“矛盾不上交”是化解矛盾的“最后一米”目标。除了联动各方的调解队伍，林志兴以综治中心为纽带，以网格化管理为依托，延伸公证调解阵地作用，建立了“移动微调室”，做实群众的“连心桥”。

林志兴在构建叶厝社区人民调解委员会、总结鹭江公证处驻侨英派出所“公证+”警调联动中心的成功经验基础上，建立了“公证+”驻叶厝社区调解室、“驻企”“驻校”“驻村”流动调解点，形成人民调解、公证调解、警企联调、警校联调、上门调解、预约调解、司法调解的多元矛盾调解机制。

务工人员小郭在网上看到中介的招聘信息，便从江西来到厦门打工。但到了公司工作一段时间后，才发现工作待遇和承诺时不同，小郭感到被骗，但又联系不上中介。人生地不熟的小郭，最终选择报警寻求帮助。林志兴在了解后，明白如果按正常流程走，小郭耗不起也等不起。于是林志兴主动联系中介让其到派出所，同时也发挥警企联调机制，让“移动的微调室”走进企业，仅用3个小时，就解决了小郭的劳务劳资问题。

福建省公安厅供稿

群众眼中的“智多兴”

◎ 叶蔚蓉

2022 年 1 月 10 日，中宣部、公安部发布 2021“最美基层民警”先进事迹，厦门市公安局集美分局侨英派出所社区警务队队长林志兴成功当选，他也是福建省唯一获得该称号的民警。

1 月 13 日，记者在侨英派出所见到了林志兴，他正在为前来办事的群众忙碌着。

扎根基层 12 年的林志兴，身上有着多重角色：同事眼中干练、有担当的“反诈兴”，群众口中热情、有求必应的“智多兴”，调解桌上细细聆听、耐心劝解的“婆婆兴”。

林志兴缘何能获得“最美基层民警”称号？透过这 3 个标签，我们可以多维度了解一下这位最美的基层民警。

标签一：创新防骗宣传的“反诈兴”

“侨英街道有‘侨三多’——商圈多、工厂多、流动人口多，反诈骗的形势严峻复杂。”如何让防骗宣传真正走进老百姓心坎，提升反诈“免疫力”？林志兴钻研出一套独特的防骗宣传法——“分类施策，靶向宣传”。针对不同人群、职业、年龄、圈层，他创新“六个六”宣传工作法，策划制作“反诈工作手册”，根据自己在基层工作多年的反诈经验拓展诈骗宣传，全面精准覆盖。

“无论什么反诈宣传方式，只要我们林队想得出，没有做不到的。”李艺英是反诈骗宣传队的精干力量，提起林志兴，她用了一个词来形容——“百变少年”。

“百变少年”这词从哪说起？李艺英给我们举了个例子——在反诈宣传上，林志兴的“金点子”总是层出不穷。如，在中秋节、“双十一”等不同节点推出“反诈爱心驿站”“反诈鸡蛋”“反诈月饼”“反诈喇叭”“反诈停车牌”……这两年来，林志兴创新设计了

林志兴在反诈爱心驿站向环卫工人开展反诈宣传

35种反诈宣传品，各类“花式反诈”走心又“上头”，受到辖区群众热捧，被称为是最“接地气”的民警。不仅如此，林志兴还发挥了融媒体集群优势，按照“一住户一群友”的原则，挨家挨户着手组建“反诈微信群”，让反诈宣传时时在线。

从线上到线下，从工作到生活，在林志兴的努力下，辖区群众防诈反诈意识蔚然成风，电信网络诈骗警情连续3年呈两位数同比下降。尤其是2021年，林志兴带领的社区队共劝阻潜在被骗群众2515人，减少群众经济损失上千万元，诈骗警情数下降25%。

标签二：深耕社区警务的“智多兴”

2020年，林志兴调到全分局接处警量最大的侨英派出所。“这边城中村众多，光是外来人口就有13万，占到了辖区实有人口的77%。”初到侨英派出所，林志兴就翻出了所里近年来的警情记录，发现警情虽然多，但很多都是小问题、小诉求——楼上楼下因声响、晒被子等各种问题发生矛盾了、住户钥匙丢了、老人找不见了、小区居民和物业关系紧张了……诸如此类，各种“鸡毛蒜皮”的琐事没有及时化解，就引发了“大麻烦”。

如何才能让这些小问题不发酵？爱琢磨的林志兴想到了可在现有的警务模式下进行优化创新，推出“近邻110”警务模式，开通“近邻110”小程序，通过智慧“微警务室”让小问题、小诉求在“微距离”中清零。

“楼上住户经常夜间发出生活噪声，休息已成困扰，希望你们能帮忙解决。”这边，居民小张刚通过张贴在墙上的“近邻110”二维码，将困扰已久的问题反映到了后台。那边，林志兴马上在后台将这个情况推送给社区党员干部，由派出所和社区上门与楼上住户沟通商量。第二天，楼上住户就在家里加装了隔音地垫，困扰小张许久的噪声问题就这样轻松化解了。

“家长里短扫码就能解决了。”如今，“近邻 110”小程序包含了矛盾纠纷、反诈咨询、社区业务、户籍业务、隐患上报五大业务，将原有的警民联系牌升级融入扫码功能，群众只要通过语音留言或视频拍照将问题实时上传，社区综治中心不仅 24 小时在线解答，还会根据群众的诉求，协同社区居委会、综治部门就近、就地化解难题。

标签三：源头化解矛盾的“婆婆兴”

林志兴在同事和群众眼中，还有一个响当当的昵称——“婆婆兴”。这里的“婆”不是婆婆妈妈的“婆”，而是苦口婆心的“婆”。

对于这个昵称，林志兴笑称：“作为一名社区民警就是要‘竖起耳朵听，苦口婆心劝’。”

两位多年的邻居，因窗户搭建问题发生口角，还引发了肢体冲突，甚至放下狠话，“都不要好过了”。林志兴掌握情况后，就带领乡贤“近邻陪调员”上门，耐心将“旧账”梳理清楚。“都是街坊邻居，和和气气的多好？该道歉道歉，该礼让礼让，我们要用正确途径解决问题。”可“旧账”梳理起来，也不是那么容易的。第一次上门，两位老邻居都觉得对方不通人情，矛盾难以化解。

“劝一次不行，那就多劝几次。”林志兴把这事记在心头，每天瞅准时间登门。一见当事人开门就笑脸相对，开始“念叨”起来。前前后后上门了6次，两位老邻居这才各退一步，和谐化解矛盾。

这也是侨英派出所“近邻陪调员”多元化调解新模式的一次实际应用。

“在社区，很多纠纷都是些鸡毛蒜皮的小事，但如果我们不主动一点，就有可能导致矛盾激化，甚至发生民转刑事件。”为了把矛盾纠纷化解在萌芽状态，林志兴把“主意”打到了辖区党建和群防群治的力量上，根据矛盾的类型，邀请不同职业的近邻陪调员共同参与调解。“我们的‘近邻陪调员’成员有专职调解员、责任民警、小区物业管理人员、房东、学校老师、老党员等成员，还有懂法律知识的志愿者。”林志兴说。

问及如何理解“最美基层民警”中的“最美”二字，林志兴表示：“作为一名社区民警，我平时的工作就是与群众打交道，虽然日常工作很平凡、很平淡，但是我想，只要努力在工作中将这些平凡、平淡的事情做到极致，那就是最美。”

《福建法治报》2022年2月8日

2021 最美

基层民警

ZUIMEI
JICENG MINJING

李 涌

李涌：平凡担使命 热血铸英魂

李涌，汉族，1966年11月出生，中共党员，2005年9月参加公安工作，生前任山东省青岛市公安局交通警察支队同三高速公路大队二中队中队长。2021年10月3日凌晨，李涌在执行国庆安保高速公路巡查任务中，为解救涉险酒驾驾驶员，不慎坠落桥下，壮烈牺牲，年仅54岁。李涌在部队期间曾荣立个人三等功2次。荣获山东省先进工作者、全省敬业奉献模范、全省“我最喜爱的十佳人民警察”、青岛市优秀共产党员、青岛市劳动模范等称号，荣立个人一等功1次、二等功3次、三等功2次。牺牲后，李涌被评定为烈士，追授“全国公安系统一级英雄模范”称号；2021年11月18日，青岛市委宣传部授予李涌“青岛楷模”称号。

为救执法对象壮烈牺牲

“快回来！”呼喊声划破漆黑的长夜，照亮了群众“生”的方向，也成了自己奉献忙碌一生的最后“写照”。

2021 年国庆节，举国欢庆，到处一片热闹非凡的景象。时间来到 10 月 2 日夜，与市区的灯火辉煌不同，此时在远离繁华与喧嚣的高速公路上，只有川流不息的车辆和车灯留下的条条光影，一直延伸到看不见的尽头。在这无数光影中，那频繁闪烁的警灯格外耀眼，青岛交警 24 小时在岗在位，时刻保护着群众的安全出行，而李涌正是他们其中的一员。

突发情况打破了夜的平静！此时已是 3 日凌晨 1 点多，高速公路上的车流也已变得稀疏，夜更加地安静，四周似乎一片沉寂。此时，同三高速公路交警大队二中队中队长李涌和辅警张成功正驾驶警车在沈海高速公路上巡逻。当他们巡逻至沈海高速公路上行 675 公里 +122 米处，发现一辆黑色轿车违法停放在应急车道内，遂停车表明身份，上前进行盘查。经盘问，李涌发现该车驾驶人涉嫌酒后驾驶，准备依法对其进行酒精检测。驾驶人拒不配合，从护栏空隙穿越至护栏外侧，扒住桥面，致半身悬空，随时可能坠落。

执法瞬间变成了施救！李涌常年在此处巡逻，知道该处为涵洞桥，一旦坠落，将造成严重后果。为保护驾驶人的人身安全，李涌不顾个人安危，上身探出护栏，一把抓住驾驶人，往上拖拽，同时大喊：“快回来！”“拽不住了，快！快！”辅警张成功立即冲上来，配合李涌紧紧扣住驾驶人的手腕，驾驶人因此脱离了险境，李涌却因为驾驶人极力挣脱失去了重心，从护栏边翻落，不幸跌落到护栏外涵洞桥下排水沟处，头部着地。

英雄长眠，警魂长存！辅警张成功见李涌坠落，立即到桥下进行施救，并迅速上报情况。1 点 45 分许，120 急救车到达事发现场，医护人员现场检查，发现李涌已无生命体征，迅速将其送往医院，经抢救无效，李涌同志壮烈牺牲。

从施救中的“不放手”到翻落时的“松开手”，他将“生”的机会留给群众，自己独自面对危险与死亡。黎明到来，黑暗退去，英雄的事迹就像天边迸射出的阳光一样迅速传播，引发了社会强烈反响。各大网站纷纷刊载，微博、微信哀思之情铺天盖地，几个小时内阅读量就达到了数万次。很多网友留言表示：“痛心！太突然了！”“好交警，一路走好！”“向和平年代最可爱的，奋战在一线的同志致敬！”社会各界干部群众对他的牺牲感到震惊和痛心。他生前更多的事迹也逐渐被人熟知，铸就了他平凡一生的伟大。

19 年军旅生涯屡获殊荣

“难忘从军志，无悔赤诚心！”19 年军旅生涯成就了李涌的坚毅性格、一身正气，激励他不忘初心，践行使命担当。

1986 年 10 月，李涌参军入伍。从一名普通的战士，逐渐成长为一名优秀的军官。任某军区某团后勤处运输股助理员期间，他坚持高标准、严要求，做到不怕苦、不怕累，完成任务出色，工作成绩突出，在年均行车超过 20 万公里的情况下，连续 6 年取得事故“零发生”的好成绩，被某军区记个人三等功。

在某军区司机训练大队的组建过程中，他作为管理处的管理员，带头发扬特别能吃苦、特别能战斗的精神，时时干在前、事事抢在前，特别是在大队组织的基础设施攻坚“大会战”中，带领战士们日夜奋战在工地一线，确保了各项建设任务的如期完成，成为全体官兵心目中的一面旗帜，被某军区记个人三等功。

调任训练处参谋后，他扑下身子抓管理，以身作则当表率，在制定大队各项管理规定的过程中，坚持因人、因训、分时、分事、求实、求效“十二字”原则，并注意在执行过程中“接地气”“听兵声”，为大队管理的制度化作出了重要贡献。升任一中队中队长后，他在工作中注重训练细节、严把考核尺度，与学兵同堂听课、同车操作、同卷考试，在生活中为人正直、待人宽厚、替人着想，与学兵同吃住、同劳动、同娱乐，学兵们对他既有敬畏之心，又有爱戴之情。

对于军用车辆驾驶，他始终保持着浓厚的兴趣和钻研的劲头，不仅精于总结和创新，而且乐于交流和分享，更擅长调动业务骨干们的智慧和潜力，在实践中摸索出了一整套训练办法，并带出了一支能训善管的教官队伍。2003 年 3 月至 2005 年 9 月，一中队的学兵合格率达到 100%，中队被某军区评为基层管理先进单位，他本人被所在军区某部授予“后勤岗位练兵先进个人”荣誉称号。

退伍从警成光荣典范

“全心全意为人民服务！”简单而沉甸的承诺贯穿从警生涯、辉映平凡一生，大爱无痕彰显为民情怀。

2005 年 9 月，李涌从部队转业成为一名交通民警，改变的是身份与环境，不变的是他一心为民的赤诚情怀。从警 16 年，他始终坚守在公安交通管理第一线，坚持干一行、爱一行、钻一行，用自己的实际行动，传承着军人的忠诚本色，全心全力践行着“对党忠诚、服务人民、执法公正、纪律严明”的总要求，是新时代青岛交警的光荣典范，更是大家口中的“活雷锋”。

他精于创新，规范执法促和谐。任四方交警大队人民路中队副主任科员期间，李涌便开始根据“三勤工作法”（疏导交通勤于动手、纠正违法勤于动嘴、巡逻疏导勤于动脑）提前预判情况，提前解决拥堵问题，创新性地干好每一件事情，充分发挥交警现场灵活指挥的特点，而不是简单重复信号灯做动作。李涌在日常工作中还善于发现问题，解决问题。当时，由于部分道路施工调流，抚顺路东向西方向高峰时段车流量剧增，虽然有民警的指挥，大多车辆还是不能在两至三个信号周期通过路口。李涌在经实地调研的情况下，及时提出在确保安全的情况下，抚顺路东向西方向（安达路—山东路）车辆高峰时段可越双黄线借用对行一排车道行驶，用锥形反光筒将抚顺路东向西行驶的车辆占用对行一条车道，抚顺路通行能力大大增强。针对当时刚刚实行的《交通事故快速处理办法》，为方便广大驾驶员及时领取相关材料，李涌又及时在岗边设置了便民服务箱，里面放置了交通安全宣传材料、简易事故处理事故协议书、便民条以及急救用品等，极大地方便了群众出行便利。其间，李涌认真研究岗区交通特点，先后向中队提出五项安全便民的通行方法，经实施后，在保证人、车交通安全的前提下，路口通行能力提高了 30%，后均被大队编入规范化执勤八项便民措施中推广实施。同时，为坚决贯彻公安部关于 17 种轻微交通违法行为以教育为主的指导思想，他根据以往掌握的心理学方面的知识和人们参与交通的行为习惯，将哨音与肢体语言相结合运用在执勤中，首创了 10 种“温馨提示手势”。“温馨提示”手势被广泛推广后，马路上开车打手机、吸烟、不系安全带的驾驶员少了，由此引发的事故、拥堵情况也少了，广

◆ 李涌用"温馨提示手势"指挥交通

大驾驶员文明守法行车的自觉性明显提高，城区主干道通行率明显提高。中央广播电视总台《午夜新闻》《午间新闻》《法治在线》栏目纷纷报道，法治日报、北京青年报、半岛都市报、齐鲁晚报、青岛早报等多家媒体争相报道，新浪网、人民网、北方网、齐鲁网、青岛新闻网等网络媒体大量转载，网民竞相跟帖称赞，社会各界好评如潮。

勤奋敬业，"哪里堵了哪就有李涌"

青岛是个雨量大的丘陵地形沿海城市，要求交警在疏导交通时要灵活应对。在担任市北大队辽源路中队副中队长期间，李涌将在部队研究过的涉水驾驶方法应用到交警工作中，加上自己平时积累的一些城市道路排水经验，在下大雨时派上了用场。

每年下暴雨时，在市北辽源路中队周边辖区，道路积水最深的地方，你都会看到李涌在马路牙子边上低头忙碌。尤其当周边道路交通瘫痪、市政人员无法赶到现场的时候，交警李涌总会出现。他会冒着瓢泼大雨，蹚着没膝深的污水，弓着腰，下手摸雨箅子，沿着路边一步一步地摸着走，把路段沿线能够打开的雨箅子盖全掀开，手指经常被雨箅子盖的边缘划破，鲜血直流，他不顾疼痛和被感染的风险继续干。遇到紧急情况，他还会组织群众自救，群众一起把“抛锚”在水中的车辆推到路边，自己再站到水最深的地方当路标，指挥引导车辆快速通行。曾经有一位路过的老人用 DV 拍下了李涌的排水经过，送给了青岛电视台，老人对记者说：“如果我们的公务员，都能像他那样为人民服务，这个社会就更和谐了。”

每年下大雪时，李涌都会出现在胶宁高架路的上坡路段，发动驾驶员相互推车自救。有时，他甚至自己趴在车头上，用增加车前部重量的方法，避免轮胎打滑，一辆一辆地引导近百辆车顺利通过。驾驶人常说：“哪里堵了哪里就有李涌的身影，李涌在哪，哪里很快就会不堵了。”这就是李涌，一个眼里容不下险情、看到群众受苦可以不顾个人安危冲上去的人民交警。在车水马龙的工作环境里，类似的例子数不胜数。作为一名长期坚守道路一线的执勤交警，最多时一年磨透了 3 双制式皮鞋。平时除了要应对暴雨灌顶、大雪弥漫、夏日酷暑，最难熬的是冬天湿寒，哨子能直接黏到嘴唇上。若再遇上路堵了，忙了一身汗才疏导开交通，再一停下来，汗湿的衣服贴在身上，凉气直往脊梁骨钻。还有雾霾天气、噪声污染，以及车辆自燃、翻车事故、抢劫案件等各种突发险情，不论遇到任何困难，李涌始终顶得住、冲得上、打得赢，成为青岛公安交警的一面旗帜。

面对威胁不畏惧，秉公执法刚正不阿

李涌勤于学习，提升素质重实战，积极参与到动态交通管理工作。工作中，他和同事从交通事故当事人那里听到最多的四个字是“真没想到！”为了更好地保护、挽救交通参与人的生命和财产安全，李涌坚持认真履职、秉公执法，敢于较真，不怕得罪人。无论是执法对象或企业老板想通过请客、给钱送礼等方式接近李涌，都会被他严词拒绝。

李涌经常讲：“我执勤执法就是在挽救交通参与人的生命，即使当事人不接受我的观点，他也应该尊重一名认真工作的人。”对执法对象则说：“您若遵章守法，我就是为您服务；您若是违法，我必须秉公执法。”有个别被李涌处罚过的人当面威胁，也有跟踪数月的，他毫不畏惧，最后被处罚人只能无功而返，心服口服。从警以来，李涌共下达交通违法通知书 5 万余张，现场处罚 2.1 万余起，暂扣违法机动车 2235 辆，查处酒后驾驶 247 人、超载 830 余起、查扣假牌证 251 起，行政拘留 145 名伪造、变造号牌或无证驾驶机动车当事人，完成各类交通安保任务 390 余次，处置简易事故 1060 余起，全部做到了秉公执法、刚正不阿。

善于宣传，最后一条微博提醒安全

李涌善于宣传，营造氛围促平安。为从根本上提高交通参与人的安全意识，他还把为群众讲普法宣传课当成本职工作。用他自己的话说：“我有幸转业进入交通警察队伍，能够借助本职工作，从事挽救交通参与人生命、保全其家庭、维护一方社会交通秩序平安和谐的工作，感到无比自豪。在深爱着交通指挥岗位的同时，更爱上这普法宣传的三尺讲台。”为强化宣传效果，他利用工作之余自费 1 万元学习了三维动画制作技术，并将所学应用到了实际授课的课件中。入警至今，李涌以多媒体方式为主，授课 400 余次，受教育人数达 14 万余人次。其间，他还分发交通安全宣传卡、信等 1.75 万余份，多次组织志愿者进行交通安全宣传活动，积极通过报刊、广播、电视和网络宣传交警工作，已有 200 余家省、市级报刊采用过李涌编写的稿件、配图或照片，受到社会各界的一致好评。

到高速公路任职后，他更是把高速公路沿线群众和高速公路交通参与人的生命安全放在首位，通过到高速公路沿线学校、幼儿园宣讲交通安全，帮助孩子们在心中树牢交通安全意识，摒除沿线居民交通安全陋习，让文明交通意识和高速公路交通安全意识植根于村镇居民心中，共同守护高速公路安全。他还开通了“交警李涌”微博，用图文的方式宣传交通安全，及时为网友答疑解惑，拥有粉丝 2.5 万余名，信息被转发评论点赞 14.9 万次，而他发布的最后一条微博正是 2021 年 10 月 2 日上午提醒驾驶人节日期间安全出行。

乐于助人，“好人”形象入人心

李涌乐于助人，融洽关系得民心。入警以来，他能够始终坚守对党的信仰，无条件服从组织的领导和工作安排。不论在工作还是在生活中，他坚持用党的组织纪律来约束自己，深入践行党的宗旨，忠实履行党员义务，始终用心服务人民群众，让群众感觉到党员就在他们身边。李涌之所以能够将人民群众时刻装在自己心上，这与其不断加强党性修养和品德积累是分不开的。多年来，李涌在警车上设置了便民服务箱，装上创可贴、速效救心丸等急救药品，还有铁铲、简易工具箱、灭火器、蓄电池连接线、青岛地图等物品。这些年，他先后100多次遇到公共隔离护栏损坏、群众车辆抛锚等问题，总是及时地为民解忧。这些年，他先后11次帮助群众扑灭机动车自燃，用烂了11份青岛地图为无数群众指路，33次为载有危重病人的车辆开路，确保将病人送到医院，充当应急送血车3次，有时还直接参与救治。这些年，他累计献血上万毫升，捐赠3万余元助学、救灾、帮困。李涌还是荣获全国义务献血铜奖的青岛市义务献血志愿者、义务捐献造血干细胞志愿者、青岛好司机团队的志愿者，他的“好人”形象深入人心。

“大音希声，大爱无言。”李涌的一生平凡而简单，一辈子只在做一件事，那就是履职尽责、爱岗敬业。李涌的一生光辉而璀璨，一辈子都在做一件事，那就是服务人民、奉献社会。他是交通警察的旗帜，是人民公安的典型，是我们每个人心中的英雄，他用平凡担当起职责使命，用热血熔铸了公安英魂！

山东省公安厅供稿

一生追求是奉献

◎ 肖家鑫　李　蕊

不少山东青岛市民都见过这位交警：下雨天时，他总会站在积水最深的地方指挥交通。有人问他，你为什么偏站水深的地方？他说，自己站在那儿，司机可以看到积水深度，通行时心里就有数了。

他在微博上拥有 2.5 万余名粉丝。2021 年 10 月 2 日，他还发布了一条微博，提醒驾驶人注意安全。遗憾的是，如今，青岛就算下再大的雨，也见不着他的身影了，他的微博也不会再更新了。

他叫李涌，生前系山东省青岛市公安局交警支队同三高速公路大队二中队中队长。10 月 3 日凌晨，李涌在控制涉嫌酒驾逃逸人的过程中不幸牺牲。10 月 24 日，山东省人民政府追认李涌为烈士。

“把危险留给自己，把生的希望留给别人”

凌晨 1 点多，李涌和辅警张成功正在巡逻，一辆黑色轿车引起他们的注意：这辆车违法停放在应急车道内，没开闪光灯，也没放三角警示牌。

两人立刻上前盘查，敲了敲窗户，车内没有反应。李涌往里面一瞧，驾驶人竟在睡觉。“醒醒！”两人喊醒了驾驶人，车门一开，净是酒气。

发现驾驶人涉嫌酒驾，李涌拿出酒精测试仪。突然，驾驶人挣脱开来，从护栏空隙穿越至护栏外侧，扒住桥面，半身悬空，随时可能坠落。

“快回来！”李涌上身探出护栏，一把抓住驾驶人，用力往上拖拽，大声呼喊着，“拽不住了，快！”

张成功迅速冲上来，配合李涌紧紧扣住驾驶人的手腕。驾驶人脱离了危险，却在极力挣扎中，导致李涌失了重心，从护栏边翻落跌至桥下，不幸牺牲。

“李涌常年在这里巡逻，明知下面就是涵洞，还是毫不犹豫地伸出援手。他就是这样一个人，在关键时刻把危险留给自己，把生的希望留给别人。”同三高速公路交警大队协理员纪尚松说。

李涌牺牲后，网友纷纷在他的微博下留言：“致敬马路上的英雄，守护百姓到生命最后一刻。”“提灯人化作灯芯照亮黑暗，从此隐于晨曦破晓之中。”

“我们会将您爱岗敬业的精神继续发扬”

李涌日常执勤时，总是轻快地跑着小碎步，不时地吹起小哨子，动作标准利落，手臂打得绷直。市民都说，这个交警真厉害，指挥起来一点都不板，看见他一天心情都好了！

2005 年 9 月，李涌从部队转业至青岛市公安局交通警察支队，先后在原四方大队人民路中队、市北大队辽源路中队工作。2017 年 6 月，至同三高速公路大队工作。转岗不转作风，他说：“咱是军人出身，指挥起来就得有军人的样子。”

他喜欢钻研。在他的办公桌上，摆放着一张手绘辖区地图，清楚标着点位路况等信息。“从 2017 年起，李队开始绘制辖区地图。直到国庆执勤回来那天，他还在完善上面的标识。”张成功说，队里来了新人，李队就拿着这张地图教他们熟悉路况。有了这张地图，就可以精准安排警力。

许多市民都对他的执勤印象深刻：肩膀处一扣，斜下方一拉，代表请系好安全带；拳头一攥一张，提醒正确使用灯光；司机配合到位时，他会微笑着竖起大拇指……堵车时，好多司机一看到他，都说“李队来了，一会就通了”。

这是他将哨音与肢体语言相结合，首创的 10 种“温馨提示手势”。这些年，“温馨提示手势”被广泛推广，马路上违法现象少了，由此引发的拥堵、事故也少了。

“温馨提示手势”火了，还被纳入青岛警察博物馆的展览内容。但他给布展负责人发短信，恳求把关于自己的内容删除：“我在 2014 年 7 月就曾经找过支队和大队领导，提出‘组织上不要再给我荣誉了，建议把荣誉多给其他民警，我依然会用心干好工作’。”

工作之余，李涌还自费学习制作动画课件，义务讲课，普及交通安全知识。几天前，一名学生画了幅手抄报，上面写道：“李涌叔叔，清晰记得您在 2019 年为我们带来的讲座，这一切好像就在昨天。请您放心，我们会将您爱岗敬业的精神继续发扬！”

“服务人民、奉献社会，这就是他的人生信条”

“5月22日上午，将车从修理厂提出来，直奔中心血站。经化验，可抽2个单位的血小板，我就献了2个单位的。我献血，能够挽救他人的生命，值！”2012年，李涌在微博上写道。

血站工作人员调取了李涌的献血记录：20多年来，他无偿献血总量达上万毫升，荣获“金奖证书”。他说，要用自己的热血，帮助更多需要的人延续生命。

李涌是“青岛好司机”公益组织的最早参与者。遇到故障车辆，他会主动上前救援。他常备便民服务箱，里面装有各种急救药品，还有千斤顶、扳手、青岛地图等。他说，这些不光自己用，还要给老百姓提供方便。

李涌总是随身携带便民服务箱，支援故障车辆

这些年，他先后11次帮助群众扑灭机动车自燃，用烂了11份青岛地图为群众指路，33次为载有危重病人的车辆开路送到医院……“他做的好事太多，说不完的。服务人民、奉

献社会，这就是他的人生信条。”纪尚松说。

从警 16 年来，他的执法服务“零投诉”。他说：“我只是青岛千千万万交警中的一员，但我代表了青岛交警的形象，代表了青岛文明交通的形象。我们的职责，就是为生命保驾护航，我觉得非常骄傲和自豪。”

在李涌女儿的眼里，爸爸是一个充满阳光的人。他喜欢拍照片，还偶尔赋诗：“中秋路旁驻守，双鸭水中伴游。只待广寒宫阙，照亮畅达归途。亲朋欢聚团圆，把酒莫再驾车……”

如此热爱生活的人，生命定格在了 54 岁。“他伸出援手，把生的希望留给别人，自己却献出了宝贵生命。他的选择在我们意料之中，因为他的心里永远装着别人。”曾与李涌共事过的薛海涛说。

如今，同三高速公路交警大队二中队成立了“李涌党员先锋突击队”。他的便民服务箱，成了同事们的标配。大家说，要一棒接一棒，成为他那样的好交警。

《人民日报》2021 年 11 月 1 日

2021 最美
基层民警

ZUIMEI
JICENG MINJING

杨旭恒

杨旭恒：人民群众身边的“超级英雄”

杨旭恒，汉族，1989 年 2 月出生，中共党员，2011 年 11 月参加公安工作，现任河南省新密市公安局副局长。被授予郑州市平安建设先进个人等称号，荣立个人三等功 1 次。

杨旭恒从警 10 年来，始终坚守从警初心，把人民利益重如山、誓死不渝捍如磐作为矢志信念，心系使命、严以自律，踏踏实实、任劳任怨，慎始如一地战斗在公安工作第一线，先后参与破获各类刑事案件 230 余起、抓获各类犯罪嫌疑人 170 余人，特别是先后参与侦破“2014.11.3”故意杀人案、“2015.5.20”特大杀人案等重大案件 10 余起，在派出所工作的一年时间内调处纠纷 100 余起、服务群众 130 余人次。特别是 2021 年郑州遭遇历史罕见特大强降雨，造成严重洪涝灾害，在人民生命财产安全受到重大损失的危急关头，杨旭恒舍生忘死、奋勇上一线，多次冲向洪魔，救助群众 51 人，在被洪水卷走，在河道里漂了 10 余个小时后奇迹生还。他的事迹被人民日报、新华社等官方微信及法治日报、中国青年报、人民公安报、大河报等中央、省市媒体争相报道，引发了强烈的社会反响，广大人民群众称赞他是执着的奇迹、信念的力量，洪水冲不垮的“堤坝”，人民群众身边的“超级英雄”。

好学上进爱钻研　案件侦破冲在前

杨旭恒从警校毕业入警后，被组织分配到全国先进公安局——新密市公安局工作，成为一名刑侦民警。他从先进群体中感受到了示范的标杆、激励的力量，很快就成长为刑侦大队的业务骨干。

2014 年 11 月 3 日 14 时许，超化镇东店村一女子被人杀害在家中。当时正值 APEC 会议召开前夕和郑州市农村“两委”换届选举期间，该案的发生在社会上造成恶劣影响，省市领导要求快速破案。郑州市公安局迅速抽调刑侦、网监、科通、情报及辖区派出所等 80 余名民警组成专案组，全力进行案件攻坚。杨旭恒作为专案组成员，和同事先从被害人社会关系入手，通过反复排查，发现该女子洛阳籍情人贾某嫌疑较大。时机稍纵即逝，3 日 17 时许，他马不停蹄，迅即与侦查员火速赶赴贾某老家，扑空后他马上转变侦查思路，对贾某亲属展开调查，发现其和五姐贾某霞感情深厚，且于案发后保持联系，又迅速赶到贾某霞家中但仍未发现贾某踪迹。杨旭恒没有气馁，从贾某和其五姐通话话单入手，反复分析研判贾某活动轨迹；通过多警种协同作战，终于查出贾某可能的藏匿地，在三门峡将其成功抓获。经突审，贾某对犯罪事实供认不讳。鉴于杨旭恒在案件侦破中发挥的突出作用，郑州市公安局专门为其记个人三等功 1 次。

从事刑侦工作 4 年来，杨旭恒边学习边提升，先后参与侦破各类刑事案件 200 余起，由于勤奋努力，很快由刑侦新兵成长为刑侦尖兵、业务骨干，并于 2016 年 9 月被优先提拔为新密市公安局大隗派出所副所长，不久后又调任合成作战指挥中心副主任。

抗洪抢险忘生死　执着信念创奇迹

2020 年 7 月，新密市公安局调整杨旭恒到城关派出所担任副所长。从调解邻里的矛盾纠纷，到关心辖区群众的安危冷暖，从构建辖区立体化社会治安防控体系，到践行“脚板 + 科技”的新时代“枫桥经验”，杨旭恒以实际行动奋力践行着“警察在，平安在；警察在，正义在；警察在，幸福在”的矢志信念和价值追求，到城关派出所一年来，他就累计化解矛盾纠纷 30 余起，为民办实事 50 余

◆ 杨旭恒走访辖区群众

人次，还成功劝投1名公安部部督逃犯，赢得了辖区群众的广泛赞誉。

信念创造奇迹，执着催发力量。杨旭恒的英勇壮举，在2021年7月的抗洪抢险战斗中再次彰显和迸发。7月18日至20日16时，郑州地区遭遇历史罕见的特大强降雨，降雨量超过有气象记录以来的历史极值，新密市2天的累计降雨量更是高达512.7毫米。杨旭恒所在的城关镇派出所辖区，因双洎河段周边道路冲毁严重、险情频发，多个村组群众被困，人民群众生命财产安全受到严重威胁。险情就是命令。20日14时07分，杨旭恒和同事魏宏建紧急赶往受灾最危险的城关镇东瓦店村，冒着深达1.6米的暴雨洪流，克服重重困难，迅速将受困的30余名群众安全转移至当地村部，在将群众妥当安置后，他闻令又迅即前去解救翟沟村金河湾小区被洪水围困的群众，和同事在警车被冲走的情况下，毅然立于急流之中，救下一名女子及其车内的孩子。喘息未定，杨旭恒又发现十几名群众被困洪水中情况危急，他立即向指挥部报告情况，协调铲车救援被困群众，是时暴雨如注，洪水迅速上涨、流速更急，救援的铲车被急流淤泥困死熄火，他又及时报告情况，指挥增援的一台大钩机和铲车，以身试探水情，终于将被困群众成功安全转移。

在连续奋战3个多小时后，7月20日17时许，杨旭恒不顾疲劳，再次出警前去解救附近被困在树上、屋内的多名群众和被困于一座废弃工厂房顶的1名民警、2名辅警。在处警回到所里时，杨旭恒在听到新密市公安局通报灾情，动员党员领导干部上一线的指示后，又再次主动请缨：我是党员，我最熟悉辖区情况，我先上！

7月20日19时许，杨旭恒乘坐水陆两栖救援车，携带救生圈、救生绳等装备，带领一名村干部赶往事发地域。他用一根绳子的两端捆系在自己和村干部腰间，随时做好应急遇险的充分准备，当行驶将至事发地域时，洪流急浪瞬间将车辆裹挟冲进主河道，司机跳车逃生，而他和村干部杨全则被卷入夜色笼罩的暴雨急流中，连续的浪头拍打和呛水，使他几次意识模糊，但求生的欲望、过硬的素质，时刻提醒他自己身边还有一名生死未知的村干部。

“不能死、不能死……”信念的力量，让杨旭恒很快冷静下来，他在急流中呼喊村干部、反复拽拉绳子，发现村干部杨全还活着。在黑暗的洪流中，杨旭恒带着杨全相互鼓励、相互呼喊，时沉时浮。在被冲走近 3 公里，越过 3 个河道、3 个村子，数次在急流中险些撞上桥墩的情况下，杨旭恒依然没有放弃自救，凭着过硬的警务素养和在全警大练兵中接受的泅渡训练，他想方设法让头部浮出水面，并不停用手在洪水中寻找可用的救生物品，终于在急流中无意间抓到了一根电线，杨旭恒拼尽全力握紧电线，虽因在水中漂流速度过快未能成功，手也受了伤，但好在借助这一拽之力，杨旭恒两人脱离了主河道，加上又幸运地遇到河道的一个急流回浪，一下子把他们甩到 40 多米的河道对岸浅水处，虽然水位依然高至下巴，但他已经可以用脚在淤泥中探着滑行，恍然间摸到了一根两手合握粗细的塑料管子，他提醒杨全紧紧抓住，两人依靠这根管子，协力稳住身体。

黑暗急流中，他隐隐看到一个顶部微露的桥墩状物，凭着他利用“一村一警”建设及平时的用心以及他对辖区情景情况的了然于胸，精准判断出了所处方位，这让他又增添了不少自救信心。他们抓住着那根救命的管子，向附近一处废弃化工厂缓慢靠近，历时一个多小时，终于到达化工厂附近一处若隐若现的柱状物顶部，他和杨全在筋疲力尽中相互帮扶，总算爬了上去，坐下来虽然水达腰部，但总能喘口气了。此时失温、饥饿和体力消耗让二人身体极度疲劳。一次又一次难耐睡意袭来，他提醒坚决不能睡，坚持不能放弃自救，特别是感到63岁的杨全已经浑身发抖，坐都坐不稳时，他鼓励杨全振作起来，不停地和他说话聊天，相互鼓励。凭着惊人的毅力与信念，在21日5时左右，借着微亮的天色，他们看到了不远处的厂区办公楼，再次携扶着向办公楼靠近，区区的100多米路，因体力精力几乎耗尽，他们走了近1个小时。在化工厂办公楼，他又发现了同样被困的5名群众，他将受困群众组织在一起，安抚情绪，耐心等待救援并用群众的手机一次又一次地拨打紧急呼叫，一直中断的通信网络终于有了回音，他向110指挥中心报告了位置，此时距离他们失联已经10多个小时。

成功获救，奇迹生还，再次彰显了杨旭恒惊人的信念及力量，更彰显了杨旭恒作为一名共产党员、一名人民警察的情怀与担当，他用青春、热血乃至生命，再次书写了人民利益重如山的铮铮誓言！

河南省公安厅供稿

洪水“冲不垮”的英雄民警

抗洪抢险忘生死，执着信念护平安。2021 年 7 月 20 日，在河南郑州特大暴雨中，他舍生忘死、奋勇上一线，多次冲向洪水，救助群众 51 人。在被洪水卷走的危险中，他在河道里漂了 10 余个小时后奇迹自救生还……

他被广大人民群众称赞为：执着的奇迹、信念的力量，洪水冲不垮的“堤坝”，人民群众身边的“警察英雄”，他就是现任新密市公安局副局长、四级警长，一级警司警衔的杨旭恒。

生死铸成的大爱——
“我是党员我先上”

2021 年 7 月 18 日至 20 日 16 时，郑州地区遭遇历史罕见的特大强降雨，新密市 2 天累计的降雨量更是高达 512.7 毫米，突破历史极值。杨旭恒所在的城关镇派出所辖区，因双洎河段周边道路冲毁严重、险情频发，多个村组群众被困……

险情就是命令。20 日 14 时 07 分，杨旭恒和同事魏宏建紧急赶往受灾最危险的城关镇东瓦店村，将受困的30余名群众安全转移至当地村部，群众妥当安置后，他闻令前去解救翟沟村金河湾小区被洪水围困的群众，在警车被冲走的情况下，杨旭恒和同事毅然立于急流之中，救下一名女子及其车内的孩子。喘息未定，杨旭恒又发现十几名群众被困洪水中情况危急，他及时报告情况等待增援，成功将被困群众安全转移。

“附近有被困在树上、屋内的多名群众和被困于废弃工厂房顶的1名民警、2名辅警。”险情再次传来，杨旭恒听到最新的通报灾情，动员党员领导干部上一线的指示后，又再次主动请缨：“我是党员，我最熟悉辖区情况，我先上！”

19时许，杨旭恒乘坐水陆两栖救援车，携带救生圈、救生绳等装备，带领村干部杨全赶往事发地域。他用一根绳子的两端捆系在自己和杨全腰间，随时做好应急遇险的充分准备，当行驶将至事发地域时，洪流急浪瞬间将车辆裹挟冲进主河道，司机跳车逃生后被附近民警救下，而他和杨全则被卷入夜色笼罩的暴雨急流中。

就这样，他们被冲走近3公里，越过3个河道和3个村子，数次在急流中险些碰上桥墩丧命……

在黑暗的洪流中，拴在救生衣上的绳子成了他们相互支撑的连接。杨旭恒带着杨全相互鼓励、相互呼喊，时沉时浮，凭着过硬的警务素养和在全警实战大练兵中接受的泅渡训练，杨旭恒不懈自救，抓住一根电线来到了浅水处，两人在淤泥中紧紧抓住一根管子协力稳住了身体。再加之平时对“一村一警”建设的用心，杨旭恒对辖区内的情况了然于胸，通过周边环境判断自己所在方位，然后两人历时一个多小时缓慢靠近，终于爬上一柱状物顶部，在水漫腰部的情况下扛过了一夜。

凭着惊人的毅力与信念，天色微亮时，两人再次携扶着向不远处的化工厂办公楼靠近，区区的 100 多米路，因体力精力几乎耗尽，他们走了近 1 个小时。在化工厂办公楼，5 名群众同样被困在这里，杨旭恒在尽力安抚他们情绪的同时，用手机给 110 指挥中心报告位置，这是他被洪水冲走一夜后首次和警局取得联系。

生死 10 小时，最终，杨旭恒以惊人的信念和力量奇迹生还。在洪水激流中，他逆行而上，用生命筑起一道冲不垮的“堤坝”，救人，也自救。

热血谱写的青春——
“一定当个好警察”

2011 年，杨旭恒从警校毕业入警后，被招录到全国先进公安局——新密市公安局工作，成为一名刑侦民警。自此，他白天忙案件，晚上学业务，并不厌其烦地向老民警请教求学，主动请缨在实战中悟学。汗水不负有心人，杨旭恒很快由刑侦新兵成长为刑侦尖兵、业务骨干，侦破了多起重案要案——

2012 年 3 月，新密市发生多起飞车抢夺案，杨旭恒夜以继日地跟随老民警逐一走访被害人、锁定案发现场范围，查找调取视频监控及分析研判嫌疑人案发前后的活动轨迹，最终和同事们一起将作案 30 余起、涉案总额 6 万余元的飞车抢夺团伙一网打尽。

2014 年 11 月，在超化镇东店村一女子被杀案中，杨旭恒作为专案组成员参与侦查，鉴于在案件侦破中发挥的突出作用，郑州市公安局专门为其记个人三等功1次。此外，他还侦破“2015.5.20”袁庄一家五口灭门案等各类刑事案件200余起。

他是破案“闪电侠”，也是指挥“主心骨”。2017年3月，杨旭恒调任新密市局合成作战指挥中心副主任后，主动转型适新岗，积极钻研新业务，深入研究如何科技赋能，推进智慧公安、守护平安，全身心地投入到“平安新密”视频监控建设应用工作中，不断总结视频侦查技战法。依托视频监控系统，综合运用“云雀警务协作平台”等各类公安警务信息平台，先后快速破获了人员扒窃案、网吧盗窃案等案件90余起，还及时帮助找回多名走失老人。因工作成绩突出，2018年6月杨旭恒被评为郑州市平安建设先进个人。

是除恶“铸剑人”，也是民众“贴心袄”。2019年11月，新密市公安局城关派出所被公安部命名为“全国首批枫桥式公安派出

◆ 杨旭恒进行辖区安全检查

所”。2020 年 7 月，新密市公安局调整杨旭恒到城关派出所担任副所长，他深知这份荣誉的分量，深感肩上的责任重大。

从调解邻里的矛盾纠纷，到关心辖区群众的安危冷暖，从构建辖区立体化社会治安防控体系，到践行“脚板 + 科技”的新时代“枫桥经验”，杨旭恒以实际行动奋力践行着“警察在，平安在；警察在，正义在；警察在，幸福在”的矢志信念和价值追求，到城关派出所一年来，他就累计化解矛盾纠纷 30 余起，为民办实事 50 余人次，还成功劝投 1 名公安部部督逃犯，赢得了辖区群众的广泛赞誉。

从警 10 年，杨旭恒先后在刑侦大队、大隗派出所、合成作战指挥中心、城关派出所工作，从打击犯罪、捍卫法律正义到定纷止争、守护民众幸福，职务有所变更，而争当业务标兵的追求和爱民为民的初心从未改变。他心系使命、严以自律，踏踏实实、任劳任怨，慎始如一地战斗在公安工作第一线。

带着对人民群众的深厚感情，带着保一方安宁的责任和使命，杨旭恒在这一平凡的岗位上书写着忠诚为民的从警誓言。守护，奉献，牺牲，早已浸透他的藏蓝警服。

人民网 2022 年 1 月 9 日

2021 最美

基层民警

ZUIMEI
JICENG MINJING

邱 军

邱军：做初心不改的反诈猎手

邱军，汉族，1979 年 11 月出生，中共党员，2005 年参加公安工作，现任湖北省襄阳市襄州区公安局肖湾派出所副所长兼社区民警。曾荣获“荆楚楷模”“湖北省岗位学雷锋标兵”“湖北省人民满意公务员”“湖北省优秀共产党员”等称号，被共青团湖北省委授予“五四青年奖章”，被湖北省总工会授予“五一劳动奖章”；因工作之余热心从事打拐和寻人公益事业，被中央文明办授予“中国好人”称号。荣立个人一等功、二等功各 1 次，三等功 2 次。

近年来，电信网络诈骗犯罪已成为群众反映最强烈的突出犯罪。邱军常说：“当警察，我挑的；怎么干，听党的。”作为一名基层民警，不论岗位如何变化，他始终全身心投入打击治理电信网络诈骗的一场场战斗中，用真刀真枪地“立、勘、打”，靠走街串巷地“防、治、宣”，在平凡岗位上做矢志反诈的警察猎手，守护人民群众的幸福和平安。

斩断黑手，止付挽损的“破局高手”

电信网络诈骗最令人痛恨之处，就是经济损失巨大，随之产生的恶性后果不可估量。在追求精准打击电诈犯罪的过程中，邱军深感受骗群众之痛，思考着如何及时打破犯罪嫌疑人布下的骗局，最大限度阻止损失发生。

2016年8月起，浙江省金华市公安局研判中心通过技术手段破解诈骗网站，向全国各地的反诈骨干民警实时发布疑似被骗信息。邱军意识到，这就是破解骗局的切入口。自此，他24小时在线，第一时间将预警信息转发湖北工作群，被省公安厅刑侦总队特聘为“湖北省反诈中心特邀网络情报员”，牵头建立“湖北省反电诈预警拦截工作群”。8月25日，邱军将工作群预警信息发送给襄州区龙王派出所，民警迅速查找联系李某，李某称上海公安民警来电说她涉嫌一起拐卖儿童案，她向114核实号码为真后吓蒙了，正在银行转账洗脱嫌疑，经过社区民警和当地干部半个小时紧张劝阻，李某才恍然大悟，避免了20万元的受骗损失。“湖北省反电诈预警拦截工作群”建立了全省公安同步反诈工作机制，实现了预警拦截劝阻工作实战化、扁平化。

邱军按照“强化预警劝阻”要求，研发出集落地、流转、反馈、督导功能于一体的“预警防范微信小程序”，构建了襄阳公安第一个反诈信息平台。2021年7月21日，“预警防范微信小程序”下发高危指令，潘台社区张某疑似被诈骗，见面后发现已经转账26万元。根据反诈中心的追踪，发现钱款已被骗子打散、分解到多级账户。

◆ 邱军和同事一起梳理线索、研判案情

其中一笔 20 万元被紧急止付并冻结住，研判确定为昆明一家企业的境外货款定金。邱军申请随队赶到这家企业，硬是泡了 3 天，损失最终追回了！

“预警微信小程序”已成功阻止诈骗 2000 多次，有效止损 1.8 亿元，成为打破电信网络“骗局”的撒手锏，有力斩断了伸向群众钱袋子的黑手。

善于创新，源头治理的“防范能手”

2019 年年初，邱军被提拔为肖湾派出所副所长，兼育红社区民警。他从刑侦岗位到了派出所，却始终放不下打击治理电信网络诈骗这个“情结”。

2021 年 2 月，邱军通过“预警防范微信小程序”指令发现，辖区内群众小王正在遭遇电信诈骗。邱军立即电话提醒小王，没想到小王却不信，“你该不是骗子请的托吧，我上个月在网上投资才被骗了十几万，再相信你们我就是傻子”。小王的回答让邱军哭笑不得。邱军边通过电话劝阻，边前往小王的家中，看着身着警服的邱军，小王十分尴尬，他急用钱，打算在网上贷款被反诈中心预警了。邱军当着小王的面，拨通了贷款公司客户经理的电话，一番对峙后确定了对方的骗子身份，他这才彻底醒悟。日常工作中，像类似的情形经常发生，面对形形色色的诈骗，成百上千个团伙，花样百出的骗术，针对宣传工作中的不足，邱军厘清了“宣传领先发案走”的工作思路。围绕落实“受勘立研交办督结防治宣”11 字工作法，邱军把“防治宣”作为着力点，研究积极发挥社区民警“10 号球员”作用，制定了“宣传跟着警情走”的工作思路。邱军借助担任社区党委副书记的优势，依托社区党委会、专题党课等组织生活，结合创新基层社会治理，运用多年实战积累，生动讲解反诈知识；他借力“党员双报到”机制，组建党员志愿者防诈宣传队，线上通过微信群推送防诈短视频、提醒宣传语。线下采用小喇叭广播、小标语提醒、小节目表演等形式，生动宣讲防诈知识；他借助襄州区委组织部“腾飞夜话”党建平台，通过网络直播揭露电诈骗局、传授防骗技巧。同时，在小区建立社区民警反诈工作室。在企业，利用员工吃饭时间进厂讲解反诈知识。在学校，组织教师对学生开展反诈教学。2021 年 7 月 9 日，一名群众带着女儿来到肖湾派出所，她说，“昨天在社区听了民警的反诈讲座，刚才孩子接的电话好像有问题”。邱军拿过她的手机一看，马上判断是购物退款的诈骗，迅速将其电话挂掉，并结束了手机的“分享屏幕”功能，拨打客服查询交易记录。幸好，他的速度比骗子快了一步，钱还在账户里，庆幸反诈宣传确实起到了实效。

这一经验在襄州区推广，近两年来各镇、办组织辖区单位开展防范电诈宣讲课500余场次，有针对性地揭露电诈手法，广泛宣传识别、预防、应对诈骗措施。通过组织社会各方力量共同构建“大水漫灌”和“精准滴灌”式反诈防骗的宣传格局，有力提升了群众的防骗意识和能力。

随着“情指情舆”一体化、实战化机制的落实、国家反诈中心App在老百姓手机上的安装、“预警防范微信小程序”在社区民警中的运用，反诈防骗宣传队在大街小巷上穿梭不停，经过半年以来的综合治理，打了一场“全民反诈、全社会反诈”的战役，全市电诈警情数、发案数明显下降，据湖北公安手机报发布的全省一周电诈警情数据，襄阳电信诈骗案件每周万人发案率仅为9%。

湖北省公安厅供稿

打击诈骗挥重拳 服务群众捧热心

◎许 旷 陈 鹏 李 杨

2022年1月10日，在庆祝第二个中国人民警察节之际，中央宣传部、公安部向全社会宣传发布2021“最美基层民警”先进事迹，襄阳市襄州区公安局肖湾派出所民警邱军，获得2021“最美基层民警”称号。

“当警察，我挑的；怎么干，听党的。”这是邱军常挂在嘴边的话。

从警16年来，邱军始终坚守一线，全身心投入打击治理电信网络诈骗的战斗，真刀真枪“立、勘、打”，走街串巷“防、治、宣”，守护人民群众的幸福和平安。

跨国42天端掉4个诈骗窝点

2015年，还是襄州刑警侦查员的邱军，深切感受到网络诈骗犯罪形势的严峻。

“当时要精准打击短信诈骗犯罪，必须首先查获发送短信的伪基站。”邱军告诉记者，他自费购买 20 部手机，实时侦测到移动的伪基站运动轨迹。

没多久，邱军和同事就铲除了一个伪基站，民警当场抓获 2 名犯罪嫌疑人，缴获作案设备 1 套。这是襄阳公安打击伪基站现行电诈的第一个成功案例。

采用该办法，襄阳公安打掉伪基站诈骗团伙 26 个，为群众挽回损失 600 多万元。

有段时间，襄阳连续发生冒充公检法人员诈骗案件。经过缜密侦查，一个 20 多人的话务窝点浮出水面，然而窝点却在马来西亚。

“作为一名普通刑侦战线民警，能参与办理跨国大案，激动的同时也很忐忑。尽管一切都是未知的，但大家坚定信念，一定要把这些人拿下！”邱军和同事连夜赴重庆，将回国的 5 名嫌疑人抓获。

经过审讯，犯罪嫌疑人交代了话务窝点的全部情况。鉴于案情重大，公安部、湖北省、襄阳市三级公安机关联合专案组成立，邱军作为 7 名成员之一，奔赴马来西亚开展跨国抓捕。

专案组克服重重困难，经过整整 42 天追猎，在马来西亚成功端掉 4 个诈骗窝点，抓获嫌疑人 74 名，涉案金额 6000 多万元。

该案告破，实现了中西部省份跨国打击电信网络诈骗犯罪“零的突破”。公安部专门发来贺电，专案组荣立集体一等功，邱军荣立个人三等功。

参与构建反诈信息平台

打击电诈，关键在预防。

“犯罪分子的作案手法不断翻新，要利用大数据和互联网技术，守护好老百姓的钱袋子。”邱军说。

按照“强化预警劝阻”要求，邱军参与集落地、流转、反馈、督导功能于一体的“电诈预警防范系统”的研发，构建襄阳警方的第一个反诈信息平台。

2021 年 7 月，“预警防范微信小程序”下发高危指令，潘台社区张某疑似被诈骗。

根据反诈中心的追踪，警方发现钱款已被骗子打散、分解到多级账户。其中一笔 20 万元被紧急止付并冻结住，研判确定为昆明一家企业的境外货款定金。

和时间赛跑，邱军立即申请随队赶到这家企业，硬是泡了 3 天，最终追回了损失。

“当事人收到我们发还的被骗款，不停地说着感谢的话。能给老百姓一个圆满的交代，我们觉得再多辛苦都值了。”邱军说。

如今，反诈信息平台的预警提示越来越少，邱军感到很欣慰，“说明我们的工作有成效，老百姓的警惕性提高了，钱袋子守住了”。

辖区电诈类警情同比下降 62%

2019年年初，邱军被提拔为肖湾派出所副所长，兼育红社区民警。

日常工作增多，邱军却始终放不下打击治理电信网络诈骗的“心结”。

“诈骗不止，反诈不息！”

他借力党建引领，组建党员治安巡逻队、志愿反诈宣传队，辖区群众“自治”力量不断增强。在他的推动下，社区先后开展常态化反诈主题培训 500 余场；借助“腾飞夜话”党建平台，化身网络直播宣传员。

网络转起来、小喇叭响起来、群众档案建起来。经过不懈努力，在线上线下全方位宣传治理下，已初见成效。2021 年以来，邱军管辖的片区电诈类警情同比下降 62%，他被网友誉为“穿警服的反诈主播”。

“通过‘大水漫灌’和‘精准滴灌’的宣传，让老百姓了解各类骗术和话术，筑牢防线。”邱军表示，临近春节，他们有针对性地梳理网购类、刷单类、中奖类案例进行警示宣传，深受群众欢迎。

◆ 邱军来到分管责任区育红社区看望社区居民王奶奶

工作之余，邱军竭尽所能为群众排忧解难。他主动加入志愿者队伍，搜集提供近千条线索，帮助百余个家庭团圆，被称为打拐寻亲的“警察爸爸”。

“人民公安为人民，我只是做了一名警察该做的事情。我们基层民警一直在离群众最近的地方默默守护、负重前行，这个称号属于我，更属于大家。”邱军说，要以获奖为新起点，踔厉奋发、笃行不怠，以实际行动持续提升辖区群众的幸福感和安全感。

《湖北日报》2022 年 1 月 12 日

2021 最美

基层民警

ZUIMEI
JICENG MINJING

柳四清

柳四清：一位基层民警的“三诚”境界

柳四清，汉族，1965年12月出生，中共党员，1987年参加公安工作，现任湖南省湘潭市公安局监所管理支队监管医院民警。从警34年，他荣立一等功1次，获得“全国公安机关爱民模范”“湖南省先进工作者”“湖南优秀人民警察”“湘潭市道德模范”等20多项称号。2021年6月，因监所抗疫工作表现突出，公安部授予他“全国公安系统二级英雄模范”。

他，扎根基层34年，无论在哪个年代、哪个地方、哪个岗位、哪个环境，始终如初地坚守和践行着“当一名让人民满意的好警察”这一从警誓言，用坚韧、柔情和炽热，展现了一位基层民警忠诚履职、热诚服务、竭诚奉献的崇高精神。他就是湖南省湘潭市公安局监所管理支队监管医院民警柳四清。

热诚：只要是服务群众，到哪里工作都是一样

1987年，22岁的柳四清被分配到湘潭市公安局鹤岭派出所工作。鹤岭镇地理位置特殊，远离城区，与长沙市的3个县区接壤，是湘潭锰矿所在地，矿区居民多，人口流动性强，加上矿区开采及企业改制遗留问题，复杂信访案件多元交织，治安状况复杂。柳四清先后在冷水冲、白冲、果沙社区当社区民警，无论在哪个社区，他来到社区后的第一件事就是向居民承诺：有困难就找我。为尽快熟谙辖区情况，柳四清走遍了社区每个角落。他设计制作了《新老地名对照表》《辖区户主情况一览表》等13种表格并一一填实。很快，他成了社区的“活地图”“活字典”，社区里大小地名都了如指掌，所有户主姓名烂熟于心。随着公安工作日益信息化，他探索创新工作方法，依托“以房管人”，开发出了一套社区警务信息化管理系统，包含管辖社区的电子地图、社区群防网络图、多类电子工作台账等，确保要找的人能及时找到，要管的人全在他的视线范围内，他成了辖区的“数据中心”。

熟谙民情，为的是帮民解困：谁家有困难，哪个有忧烦，他都看在眼里，挂在心头，想尽办法帮助解决。他把失足青年小赵拉出自暴自弃的阴影，为其觅工作、找对象，引导他走上勤劳致富的道路；他热情主动为下岗的老张办低保、疗伤病，助其重扬生活的风帆，使其过上了安稳踏实的日子；他用仁爱和执着把偏激的工程师引出心理缺陷的怪圈，使这位长达10年的“告状专业户”成为“发明专业户”；他用真诚与勇敢从全身淋满汽油的小刘手中夺下了准备引火自焚的打火机，帮他解忧烦，给他送温暖，使其家庭由“不

安定因素”变为“爱心交流所”；他连续10年先后悉心照顾社区的5位孤寡老人，让毛娭毑（方言，对年迈女性的尊称）、宾娭毑、任娭毑、匡娭毑和傅娭毑安度晚年……

在鹤岭派出所工作多年，有人劝他离开这个复杂之地。他说：“只要是服务群众，到哪里工作都一样。”他先后3次把进城的机会让给了同事，自己在这里干了整整24年。这24年里，他每年都要调解家长里短的矛盾纠纷100余起，没有出现一起民转刑案件。由于表现突出，以他名字为招牌的“柳四清警务室”也成了湖南省首个以民警姓名命名的警务室。

忠诚：干工作，就怕不得困难

2017年，柳四清临危受命，被调到湘潭市公安局监所管理支队监管医院负责违法犯罪人员医疗工作。监管医院仅有11名警察、7名医务人员和一批辅警，却承担了全市违法犯罪人员的医疗、救治、管理等多项职能。有人劝他不要接这个艰难而又危险的差事，他说：“干工作，就怕不得困难。把累活难活推给别人，还算什么警察？”刚上任，他就碰到了“硬刺头”。艾滋病患者谭某因贩毒且数量巨大被捕后羁押于此。2017年接到死刑判决后，谭某连续几日不吃不喝不睡觉，吵监闹监，多次出现轻生念头，扬言要“拉人垫背”。柳四清主动挑起了安抚和感化谭某的重担。但初次与他“交锋”时，谭某态度很差，爱答不理，且有明显的暴力倾向。柳四清利用长期担任社区民警所积累的丰富经验，刚柔并济，一方面严格看管，将其作为重大风险人员，切实加强病室监控和巡查力度；另一方面采取了人性化的柔性管理措施，适当延长放风时间，安排心理医生和其谈心，根据他的病情和口味适当安排餐饮，联系其家人及时看望，等等。通过一次次、一轮轮直接或者间接的“交锋”和感化，谭某的对抗情绪逐渐消除，最终静下心来坦然接受法律制裁。在交付执行死刑前，谭某申请见柳四清一面。见到柳四清后，谭某深深鞠躬，说：“柳警官，我是一个死刑犯，又有艾滋病，但您始终没有放弃我，和我谈心，给我关心照顾，教我为人。我没有机会报答您了。如果有来生，我一定做个好人！”

在柳四清的示范带领和严格管理下，监管医院共治疗各类“特殊”违法犯罪人员 940 多人次，没有发生一起安全事故。

2020 年年初，新冠肺炎疫情暴发，监管医院执行史无前例的封闭勤务模式，实行最严密的疫情排查、最严厉的阻断隔离、最严格的日常监管。这是一次全新而又极为艰难的挑战。为确保医院不发

◆ 柳四清在巡查监管病房

生疫情，柳四清在周密部署防疫举措的同时，自己率先上阵，24 小时驻所值守。他每天检查防控措施落实细节，切断一切传播途径；每天组织给重点对象量血压测体温，及时排查疑点；亲自查验防护物资……一桩桩一件件，他严防死守，一项不漏。由于疫情防控期间实行封闭管理，治疗人员间的吵闹也增加了许多。这些现象若发生在特殊病区，那就是紧张而凶险，必须做到快、准、狠处置，否则，一旦被艾滋病人咬伤、抓伤，后果就非常严重。每次处置突发事件，柳四清都一马当先。一次，三病区的艾滋病病房发生斗殴，柳四清接报后仅 2 分钟就率值班人员做好防护、带上警用装备来到三病区。打开病房门的一刹那，他第一个冲进艾滋病病房，以警用装备把斗殴人员隔开，将当事人控制在墙角，现场局势迅速得以稳控。整个隔离期间，该所共发生 67 人次发热等异常体征和闹监打架等突发警情，每一次柳四清都冲锋在前，亲自处置。这期间，他累计隔离和服务办案单位 600 多次，最多时一天出入病区 23 次。疫情防控期间，他在仅一万平方米的病区里，走了 20 余个全程马拉松的距离。由于疫情防控期间的优秀表现，柳四清也因此被优先晋升为四级高级警长。

竭诚：当警察，就是奉献

从警 34 年，柳四清始终如一团熊熊烈火，燃烧自己，奉献光热。

2019 年，柳四清的父母相继离世。刚办完父亲丧事回到工作岗位，新冠肺炎疫情突然而至。再过几天就是大年三十，而监管医院已启动了战时勤务模式——值班 14 天，隔离 14 天，这就意味着整个春节假期值班人员不能与家人团聚。柳四清第一个站出来值班。大家觉得他年纪大，身体差，加之父母的丧事使他身心俱疲，都劝他趁春节假期好好休养调理一下。他说："当警察，就意味着奉献。有任务我先上，同志们安安心心陪家人过年吧。"从这天起，他全程坚守在岗位上，全心扑在了工作上。大年初一的晚上，在忙完工作后，他在笔记本上写了这样一封家书：父母大人在上，大年初一不能到二老坟前磕头、上香，深感愧疚，重任在身，请二老谅解。祈福父母新年快乐。儿子：柳四清。

由于常年在基层一线摸爬滚打和过度劳累，柳四清患上了高血压、胃病、腰椎间盘突出等多种疾病。他也知道自己该去系统性治疗了，但为了工作，他忙着忙着又耽误了。所以，在他的包里，各种药丸和药膏总是在不断地更新着。封闭管理期间，妻子担心他的病情，几次将需要补充的常备药物给他送到单位。但根据纪律要求，值班人员不允许与外界直接接触，夫妻二人只能隔着大门远远相对而视。当疫情得到有效控制，监管医院实行常态化管理后，柳四清整整瘦了 14 斤。妻子心疼地问他，"你什么时候能把自己的身体放在第一位？"柳四清说："等我退休了吧。"

不同的岗位，同样的精彩。从警以来，柳四清就这样默默地奉献在岗位上，用朴实无华的行动践行着"对党忠诚、服务人民、执法公正、纪律严明"的神圣誓言。

湖南省公安厅供稿

“当一名让人民满意的好警察”

◎ 王为薇　谢孟衡

2022 年 1 月 10 日，中央宣传部、公安部向全社会宣传发布 2021“最美基层民警”先进事迹，湘潭市公安局监所管理支队监管医院政委柳四清作为湖南唯一代表，入选 2021“最美基层民警”。

在第二个警察节到来之际，聊起这一荣誉，柳四清依然那么朴实：“我始终记得自己的从警誓言，当一名让人民满意的好警察。”

2017 年调到湘潭市公安局监所管理支队监管医院前，柳四清干了 24 年社区民警。其间，他获得的荣誉不计其数：全国公安机关爱民模范、湖南省先进工作者、湖南省优秀人民警察、全国公安系统二级英雄模范；以他名字命名的“柳四清警务室”，是全省首个以民警姓名命名的警务室……

在社区居民的心里，柳四清获得的荣誉，与他的为民情怀密不可分。

“柳警官一来，就帮了我们一个大忙。”在湘潭市雨湖区鹤岭镇果沙社区原主任蒋东初的记忆里，柳四清是一个特别愿意为老百姓的事花心思的社区民警。

“那时候社区因矿山面积大，住户不集中，找人、邮寄都不方便。”蒋东初说，为了熟悉辖区情况，到任果沙社区第一天，柳四清就马不停蹄地走街串巷去了。

柳四清向辖区居民了解情况

新老地名对照表、辖区户主情况一览表……没过多久，柳四清设计制作了 13 份不同类型的社区居民信息表格，并一一填实。“这些信息让我们的工作更加高效了。”蒋东初说。

后来，随着公安工作日益信息化，柳四清的想法又“迭代”了。以前拿着笔记本一笔一画登记居民信息的他，开始“捣腾”社区警务信息化管理系统。系统内，社区电子地图、群防网络图、电子工作台账一应俱全，大伙都说，柳四清成了辖区的“数据中心”。

不断提高社区警务工作效率，只是柳四清工作的一部分。20 余年的社区警务工作中，无论到哪个社区，他必定先去居民家中走访，并且一定会撂下一句让人安心的话：“有困难就找我。”

他主动为下岗的老张办低保、疗伤病，助其过上安稳踏实的日子；他把失足青年小赵拉出自暴自弃阴影，为其找工作、觅对象，引导小赵走上勤劳致富的道路；他还连续10年悉心照顾社区的5位孤寡老人。

有一件事儿，让蒋东初至今难忘：“2008年湖南冰灾那年，有一天凌晨3点，突然雪下得很大，因为担心棚户区的房子被大雪压垮，柳警官喊上社区工作人员一道，连夜把棚户区的老人们背出了危险区域。”

2017年，柳四清被调到湘潭市公安局监所管理支队监管医院，负责违法犯罪人员医疗、救治和管理等工作。

刚一到岗，柳四清便碰到了“刺头”。艾滋病患者谭某，因贩毒且数量巨大被判处死刑。接到判决后，谭某不吃不喝，多次轻生，并扬言要“拉人垫背”。

初次与谭某“交锋”，谭某态度很差，且有明显暴力倾向。柳四清利用在社区积累的丰富经验，一方面加强病室监控和巡查力度，一方面采取柔性管理措施，适当延长放风时间，安排心理医生与其谈心，根据其病情和口味适当安排餐饮，安排家人及时看望……一次次沟通、感化，谭某的对抗情绪逐渐消除，坦然接受法律制裁。

在柳四清的示范带领和严格管理下，近年来，湘潭市公安局监所管理支队监管医院未发生一起安全事故。尤其在2020年新冠肺炎疫情暴发之初，柳四清以冲锋在前的姿态，为监管医院的民辅警树立了榜样：隔离期间，他累计服务办案单位600余次，最多时一天出入病区23次。

《湖南日报》2022年1月11日

2021 最美
基层民警

ZUIMEI
JICENG MINJING

邬松君

邬松君：“硬核”所长

邬松君，汉族，1976年4月出生，中共党员，1999年7月参加公安工作，现任广东省广州市公安局荔湾区分局中南派出所所长。由于一贯表现优异，邬松君曾获评全国先进工作者、全国特级优秀人民警察、广东省优秀共产党员、广东省五一劳动奖章、南粤十佳卫士、广东省优秀人民警察、广州市人民满意政法干警等称号，荣立个人一等功2次、二等功2次、三等功4次，获个人嘉奖7次。

邬松君热爱公安事业，时刻牢记并忠实践行“对党忠诚、服务人民、执法公正、纪律严明”总要求，从警20多年来，始终奋战在打击犯罪、保护人民的第一线，不仅骁勇善战、屡破大案，还大胆探索、勤于总结，提炼出“五三”打“飞车抢夺”犯罪工作法，对辖区“飞抢”警情和立案数逐年大幅下降发挥了重要作用。被组织提拔担任派出所所长后，继续发挥榜样示范作用，攻坚困难，勇于担当，全力守护辖区群众的平安，特别是带队全力投身辖区疫情防控，有力彰显了一名优秀共产党员、优秀人民警察的榜样力量。

毫不畏惧，有勇有谋，打击犯罪彰显刑警风采

1999 年，邬松君从警还不到 1 个月，便与“死神”擦肩而过。当年 8 月 8 日晚，他与队友在珠江隧道执行查车任务，截停一辆出租车检查乘客证件时，队友意外发现对方身上有枪。见此情形，邬松君毫不畏惧，奋不顾身扑上去，拦腰死死抱住该男子，用一个利落的擒拿动作将其牢牢铐住。经搜查，发现已经上膛的手枪 2 支、冲锋枪 1 支、子弹 130 多发、毒品 50 克。经进一步盘查，发现这名男子竟是当年震惊全国、公安部督办的番禺灭门惨案主犯苏某标。这次既惊险又痛快的战斗经历，为邬松君立志做一名优秀的人民警察，增添了极大的信心和决心。

21 世纪初，广州市一些城乡接合部“双抢”警情高发，为及时遏制犯罪，最直接地保护人民群众生命和财产安全，邬松君主动报名参加分局“打飞抢”专业队。2001 年 6 月，他开始了打击“飞车贼”的漫长之路。第一次追击“飞车贼”的情形，令邬松君记忆犹新。当时，他和战友骑着摩托车，在芳村花鸟鱼虫市场附近追捕一名“飞车贼”。追捕过程中，两辆摩托车重重地撞在了一起，邬松君和战友都被强大的撞击力甩了出去。他全身疼痛，手臂血流不止，但他挣扎着爬起来，不顾一切冲向犯罪嫌疑人并用手铐将其铐住。可是，倒地的战友却一动不动。邬松君赶紧跑过去，发现战友已经昏迷。后经过抢救，战友平安出院，但当时惊心动魄的一幕，让邬松君久久不能忘怀。邬松君说，他当时只有一个念头：“就是拼了这条命，也决不能让嫌疑人逃脱！”那次经历，让邬松君真切感受到

打击“飞车抢夺”犯罪的危险性，也让他更加坚定了保护人民、打击犯罪的决心！

2011 年，邬松君认真思考总结，将 10 年打击“飞抢”的战斗经验、心路体验，提炼成“五三”打“飞车抢夺”工作法，2012 年被广州市公安局评为“十佳”工作法，入选广州市公安局《警务探索之光》一书。邬松君与战友们打击“飞抢”的战斗岁月，成为广州社会治安环境持续向好的重要篇章。

勇于担当，依靠群众，平安建设彰显为民情怀

2019 年，邬松君被组织提拔担任中南派出所所长，从一名有勇有谋的一线刑警，转变为守护一方的派出所所长。角色的转变，使得肩上的责任更重，却也激发了邬松君更大的工作激情。

派出所负责的辖区，是广州市花木市场集中的区域，流动人口较多，治安形势复杂。刚上任不久，辖区因涉黄赌毒警情高发，被上级挂牌整治。面对复杂局面，邬松君充分发挥敢打敢拼的精气神，不等不靠，摸排研判，掌握辖区各类线索情况，重拳出击，一举端掉盘踞辖区多年的组织站街招嫖团伙，抓获嫌疑人 26 人，查封涉案出租屋 35 间。到 2020 年，辖区涉黄警情下降 67.5%。

为巩固打击成效，邬松君不断夯实“打、防、管、控、服”各项举措。针对视频监控覆盖率低的情况，他主动与街道、村协调沟通，新安装视频监控 309 个，加大了立体防控能力；针对辖区范围广、花场用地多、巡防力量捉襟见肘的情况，他积极协调村里支持购买无人机，经过专业培训，最终实现了偏僻辖区安全巡控无死角；

◆ 邬松君（左）走访花农，掌握治安情况

针对反诈宣传力度不够的情况，他组织民警、辅警广泛发动群众，除了利用所在辖区内农村的广播大喇叭、流动喇叭的传统宣传方式外，还带领辖区各类治安力量深入出租屋、商铺、地铁口等进行反诈宣传，最终使得“全民反诈”深入人心。

说起派出所工作的感受，邬松君认为，基层警务虽然琐碎，但只要脚踏实地，依靠群众，把群众的大事小事做细做实，就一定能守护好群众的获得感、安全感。一次，辖区居民因物资供应问题与社区工作人员发生争执，邬松君对大家说：“请相信我，我是派出所所长，你们的诉求我全部记下，我一定帮你们反映情况。我每天都在这里，问题一定能够解决。”听了邬松君的一席话，原本情绪激动的居民，很快平静下来，并对公安民警的担当精神表示敬佩。还有一次，邬松君接居民电话反映，家中煤气罐漏气。由于所里警力全部外派支援工作，邬松君担心群众安全，二话不说跑到居民家中，不顾危险，自己把煤气罐扛下三楼，及时排除了安全隐患。还有一天，邬松君紧急调配落实抗疫物资，由于身体极度疲惫，在搬运物资的时候不慎扭伤了左脚。但他毫不在乎，直到第二天脚踝疼痛难忍，才到医院检查。医院诊断为左脚踝筋膜拉伤，医生帮他做了包扎处理，叮嘱其要好好休息。但他从医院出来，又一瘸一拐走进派出所，继续投入各项工作。

一往无前，忠诚奉献，抗击疫情彰显榜样力量

2021 年 5 月 21 日，广州市发现首例由德尔塔变异毒株引发的本土新冠疫情，中南派出所辖区的海南村实施封闭管理，成为全市抗击疫情的重点区域之一。由于该村居住密度大、外来人口多，街边商铺、作坊和民房林立，形成很多狭窄而隐蔽的巷口，疫情防控难度特别大。为落实辖区群众居家隔离，邬松君每天都在村里大街小巷巡查，连续奋战 30 天，从未间断。为推进落实各项工作，有时一天要接 300 多个电话。每天汗水、雨水浸透了警服，累了就在所里的办公桌上趴一会儿。同事们开玩笑说，“邬所是以办公桌为床、以派出所为家”，而邬松君也笑着说：“办公桌就是所里的硬板床，我早就习惯了。”就这样，作为中南街高风险区域内唯一派出所的所长，邬松君带领全所民警、辅警吃住在所，坚守一线，与辖区 6 万群众共克时艰。

根据上级部署，邬松君率队连续支援分局彩虹派出所、白鹤洞派出所辖区疫情防控。随着形势变化，他又带队撤回，将工作重心转移到辖区疫情防控。为保障重点防控区域海南村的各项疫情防控措施落实落细，邬松君积极联系各方增援，牵头部署外围 25 个封控卡口、长约 10 公里的高速公路 88 个岗位的沿线封控，累计核查车

辆 1266 辆，核查人员 2006 人；落实辖区内 9 个核酸检测点、60 个流动检测点的值守，累计核酸检测 26 万余人次、核查 8712 人次。在邬松君的努力下，每一个卡点都得以精准定位，哪怕仅能容一个人通过的小巷口，也落实了防控措施。

2021 年 6 月 21 日，邬松君经历了疫情防控期间最惊险的一幕。凌晨 1 点 30 分，他带队在疫情防控核心区执行封控解除安保任务，一名大货车司机拒不配合民警扫码查验并试图驾车冲卡。邬松君见状，冲到队伍最前面，劝阻司机配合民警工作，并指挥维持现场秩序。就在这时，大货车突然启动，将车旁的邬松君刮倒在地，直接卷入车底！现场工作人员见状，紧急拦截车辆，才避免了车祸发生，否则后果不堪设想。邬松君身体被擦伤，所幸并无大碍。现场简单处理后，他继续带队开展安保工作，充分彰显了一名优秀共产党员和英模民警的榜样力量。

在邬松君的坚强带领下，中南派出所全体民警、辅警凝心聚力，忠诚奉献，最终打赢了辖区疫情防控战，他所带领的队伍也实现了零感染、零隔离。

作为广州市乃至广东省公安系统具有较强代表性、较大影响力的先进模范人物，邬松君获得了很多荣誉，但他不骄傲、不自满，无论是当刑警侦查破案，还是当派出所所长守护一方，他始终一往无前、忠诚奉献、毫不懈怠，始终用实际行动践行“以人民为中心”的发展思想，不遗余力地诠释“硬核”二字的深刻内涵，不愧“最美基层民警”的称号。

广东省公安厅供稿

“硬核”所长就是辖区“定海针”

◎邓　君　陈毅恩

从警不到1个月，他便擒获震惊全国、公安部督办的命案主犯苏某标；在“打飞抢”专业队，他骁勇善战、屡破大案，更在多年的摸索中形成“五三”打“飞车”工作法，助力辖区“飞抢”警情和立案数逐年大幅下降；在派出所，面对治安“重点整治地区”的挂牌，他以“打开路”树威信，“枫桥”连接群众，打造群防共治队伍，以“定海神针”之姿，全力守护一方平安。

他，是广州市公安局荔湾区分局中南派出所的“硬核”所长邬松君。曾先后荣立个人一等功2次，获评“全国先进工作者”“全国特级优秀人民警察”“南粤十佳卫士”等称号，就在2022年年初，又获得2021“最美基层民警”荣誉。

刀尖起舞

坚定地在所有志愿上填下“警校”后，邬松君圆了“警察梦”。

然而，从警第一个月，他便与“死神”擦肩而过。

1999 年 8 月 8 日晚，他与队友在珠江隧道执行查车任务，截停一辆出租车检查乘客证件时，队友意外发现对方身上有枪。见此情形，邬松君毫不畏惧，奋不顾身扑上去，拦腰死死抱住该男子，用一个利落的擒拿动作将其牢牢铐住。经搜查，发现已经上膛的手枪 2 支、冲锋枪 1 支、子弹 130 多发、毒品 50 克。经进一步盘查，发现这名男子竟是当年震惊全国、公安部督办的命案主犯苏某标。

打击违法犯罪，是警察的天职，危险更是相伴相生。21 世纪初，广州市一些城乡接合部“双抢”警情高发，邬松君主动报名参加“打飞抢”专业队。第一次追击“飞车”的情形，令邬松君记忆犹新。

当时，他和战友骑着摩托，在芳村花鸟鱼虫市场附近追捕一名“飞车贼”。追捕过程中，两辆摩托车重重地撞在了一起，邬松君和

◆ 邬松军（中）与同事们探讨研究案情

战友都被强大的撞击力甩了出去。他全身疼痛，手臂血流不止，但他挣扎着爬起来，不顾一切冲向犯罪嫌疑人并用手铐将其铐住。

被撞飞昏迷的战友经过抢救平安出院，但当时惊心动魄的一幕，让邬松君久久不能忘怀。“就是拼上这条命，也决不能让犯罪嫌疑人逃脱！”邬松君说：“这次经历，让我真切感受到打击犯罪的危险性，却让我更加坚定了保护人民、打击犯罪的决心！”

在打击犯罪中摸索总结，2011 年，邬松君将 10 年打击“飞抢”刀尖起舞的战斗经验、心路体验，提炼成“五三”打“飞抢”工作法，就“飞抢”犯罪归纳了 5 个方面的规律，并分别总结出 3 个应对方法。“譬如当年水产批发市场凌晨频发飞车抢夺现金案件，我们经过打击和观察发现，现场得手后的犯罪嫌疑人是最警惕的，抓捕不易。他们大多从珠江隧道离开广州，于是我们常年在隧道布置警力，进行‘瓮中捉鳖’。”该工作法在实战中成效明显，辖区“飞抢”警情和立案数逐年下降。

打出声威

随着广州治安持续向好，“飞车贼”早已成为历史，“便衣警察”邬松君也转换了身份，于 2019 年 11 月成长为中南派出所所长。彼时，辖区位于广佛交界，常住人口约 6 万人，城中村多、花场多，人员流动大，因涉“黄赌”警情高发而被列为挂牌整治地区。到任仅半年，派出所就接报十几宗刑事案件，让所内警力席不暇暖。

“压控警情就是为民警减压减负。”面对这些难题，他带队建设“智慧安防”，加强“打、防、管、控、服”措施，全面提升辖区立体防控能力。

“以打开路”，邬松君亮出第一板斧。2020年5月，他进村摸查，并带队端掉了辖区内城中村隐蔽的涉黄窝点，从各环节全链条打击，一举抓获26人，逮捕11人。至今，这一片区再未发生涉黄警情。

榕树下、旧屋内，城中村地下流动赌场，望风人员多，打击难度大。趁着一个暴雨的午后，邬松君带着队员们直接冲过去，打了对方个措手不及，一举端掉辖区内涉赌团伙。

为更好地掌握辖区情况，邬松君向科技要警力，主动与街道、村协调沟通，加大技防的投入。经过打击整治，目前中南街案件类警情连续两年实现双位数下降，中南派出所打出了威风，树立了威信。

定海神针

当便衣警察时，邬松君最爱跟小商贩、搭客仔聊天。到了派出所，警力有限民力无穷，他充分发动群众、依靠群众、运用群众，组建了10多个治安联络微信群。

打开邬松君的微信，记者发现治安联络微信群活跃度高，民警和群众的互动也相当频繁。派出所民警可以第一时间掌握情况。

自此，在没有物业管理的农村地区，在派出所指导下，依托群防群治力量，晚上有民兵巡逻，白天有房东加强管理，居民的安全感逐日递增。而微信群，也成为民警的绝佳反诈宣传平台。为使“全民反诈”深入人心，邬松君还组织民警、辅警广泛发动群众，除了利用所在辖区内农村的广播大喇叭、流动喇叭的传统宣传方式外，还带领辖区各类群防力量深入出租屋、商铺、地铁口等进行反诈宣传。

虽然大多数时候，邬松君是这些治安联络群的“静默者”，但是关键时刻的发声，却让群众尤为安心，只因他用心用情做好工作的一幕幕都被群众看在了眼里。

有一次，邬松君接居民电话反映，家中煤气瓶漏气，邬松君担心群众安全，二话不说跑到居民家中，不顾危险，自己把煤气瓶扛下三楼，及时排除了安全隐患。

疫情防控期间，邬松君在搬运物资的时候不慎扭伤了左脚，但他毫不在乎，继续投入工作，直到第二天脚踝疼痛难忍，到医院进行包扎处理后，又一瘸一拐走进派出所继续工作。

2021 年 5 月底，广州突发新冠肺炎疫情，中南派出所辖区的海南村实施封闭管理。一天，中南派出所接到一位 60 多岁尿毒症患者家属的求助，声称该病患本应进行血液透析却因封控无法外出，目前全身乏力，生活不能自理，恐有生命之危。一边是封闭管理的责任，一边是生命在求救，邬松君向疫情防控指挥部报告，并征询了卫生部门的意见后，引导医院 120 救护车进入封控区接患者，并身着隔离服全程陪同病患就医，直至将病患送回封控区家中，确保疫情不扩散、病人得以救治。

封闭期间，一些群众因为物资供应等问题情绪焦躁，在雨中与社区工作人员发生争执。邬松君直接冲进雨中，大喊：“我是所长！请相信我，只要我还站在这里，就一定解决难题！”这个平日里为辖区平安奔走的所长，安抚了群众的焦躁。随之而来的，还有政府派送的免费盒饭、粮食肉菜等各项物资支援。警民合力，防控渐渐变得有序起来。

这个春节，同事眼中“以办公桌为床、以派出所为家”，群众心里的“硬核”所长邬松君，从年三十到大年初八，只有一天不在派出所，但他却异常满足：“辖区连续8天没有刑事警情，老百姓过了个平安祥和年。”

《法治日报》2022年2月27日

2021 最美

基层民警

ZUIMEI
JICENG MINJING

于伍生

于伍生：生命在为民服务中绽放

于伍生，汉族，1968 年 7 月出生，中共党员，2003 年 2 月参加公安工作，现任广西壮族自治区桂林市公安局七星分局三里店派出所民警。先后荣获全区人民满意公务员、全区政法系统 100 名人民满意政法干警、全区模范军队转业干部、全区优秀人民警察、广西公安榜样·爱民模范、桂林市劳动模范、桂林市勤廉榜样先进个人、桂林市我最喜爱的身边警察等称号，荣立个人二等功 1 次、个人三等功 4 次。

于伍生，转业从警 19 年，时刻牵挂社区百姓冷暖，时刻想着为百姓排忧解难，用 70 本“民情日记”记录了 3 万多户社区百姓的点点滴滴。然而，工作期间，于伍生的人生发生了转折。2005 年，于伍生患病，但他顽强抗争。当社区百姓得知于伍生的处境，纷纷动员起来帮助他，与他站在一起和病魔作斗争，这不仅给了他源源不断的动力，也让他的生命在为民服务中绽放。

于伍生

70 本“民情日记”让他成为百姓的亲人、社区的“大管家”

“社区工作是需要用心感悟的，你与群众有多近，群众对你就多亲。”翻开于伍生的日记，里面记录着他与三里店派出所辖区群众的点滴。

一支笔、一个笔记本、一台执法记录仪、一个手提袋，是于伍生下社区的“标配”。从担任社区民警的第一天开始，他就把老百姓满不满意作为衡量自己工作的最基本原则，他手里的笔记本，密密麻麻地记着各式各样的民情：李家的下水道时常堵塞、王家的宠物狗扰民、小刘两口子最近闹别扭……18 年间，这样的民情于伍生已记了近 70 本、200 多万字。

682 户 60 岁以上的老年人，57 户 80 岁以上的老年人……有一个小日记本，他从不离身，上面是数百位老人的信息，哪位老人有高血压等慢性病，哪位老人是独居，哪位老人患阿尔茨海默症……上面标得清清楚楚。“他们比普通人更需要我们的关心和照顾。”

社区里的独居老人马大爷因为性格刚强与家人不和，不仅离了婚，儿子也断了联系，是小区里有名的“臭脾气”。老人多次中风，行动不便，于是，于伍生有空就到老人家里，嘘寒问暖，拉拉家常。马大爷告诉于伍生，自己有个心愿，觉得剩下的日子不多了，想再见见儿子。于伍生几番做工作，最终马大爷与他的儿子重归于好。

一天凌晨 2 点，于伍生突然接到医院电话：“马爷爷不行了，他留的联系人是你，尽快来吧。”于伍生连忙起床赶到医院。看到于伍生，老人露出了微笑，握住他的手，安详地闭上了眼睛……主治医生说：“这么多年，马大爷每次来住院都是于警官忙前忙后，连紧急联系人留的都是于警官的电话，真是比亲人还亲。”

“老于这个人吃得起苦，挨得起累，经得起折腾，社区居民任何事到他那里，他都特别上心，想方设法帮忙解决。”说起于伍生，社区居民丁阿姨竖起了大拇指。

黄大爷是于伍生“民情日记”中的重点关注对象。年近 80 岁的黄大爷患有阿尔茨海默症，2021 年来已 6 次走失，每一次都是于伍生组织社区工作人员一起调取监控、发朋友圈、沿街找寻……2021 年 4 月 28 日，于伍生接到黄大爷老伴的电话：黄大爷又不见了！这一次，于伍生找了 3 天，终于在城郊的大桥下找到了他。原来，黄大爷有块心病，想要落叶归根，回到陆川老家，所以整天就想往外跑。于伍生决定帮助老人完成心愿，8 月 26 日，于伍生和社区干部一起驱车 6 个多小时，终于让黄大爷回到了他心心念念的家乡，推开祖屋大门的一瞬间，黄大爷长长地舒了一口气，眼中一片清明。

创新群防群治工作，
做好社区平安的守护人让百姓更安心

“2005 年 9 月 19 日，星期一，晴。与警组一起值班，进社区走访，一切平安。家庭平安、邻居平安、街巷平安，你我都幸福平安。”

这是于伍生的笔记之一。从于伍生担任社区民警开始，辖区平安稳定一直是他心中的一大牵挂。

于伍生所管辖的社区属于七星区商业繁华地带，居民小区众多，居住人口稠密，人口流动频繁，暂住人员繁杂，治安状况较为复杂。

针对该情况，于伍生走遍了辖区，哪里要重点巡逻，哪里容易出现矛盾，哪里是治安薄弱点，他都了然于心。他还主动探索新形势下的群防群治新模式。

于伍生将 128 名长期在社区里工作的诸如保洁员、煤气水电收费员、保安人员、快递员等发展为群防群治信息员，为警方搜集涉及社会稳定、治安管理、火灾隐患等信息。

此外，于伍生还建立了群防群治信息微信群，这不仅是第一时间收集社区群众反馈的信息线索的阵地，也是宣传安全防范知识的阵地。在于伍生的宣传倡导下，社区内外商铺和企业门市共计安装摄像头 1416 个，再加上协管员们作为流动的监控视野，使整个开放式小区昼夜无死角。社区居民纷纷称赞，老于做了那么多工作，现在更安心了。

不仅如此，针对烦琐的社区工作，于伍生从多年的“民情日记”中总结出“腿勤、嘴勤、脑勤；情况熟、地域熟、人员熟；笑容甜”的“三勤三熟一甜”工作方法，实在、管用，也成为更好服务百姓的宝典。

于伍生对社区工作的用心用情，让邻里纠纷变少了，辖区治安变好了，他所服务的毛塘社区还获得了“全国和谐示范社区”的称号。如今，七星公安分局的社区民警们也都像于伍生一样对社区地形、人口成分、发案区域深入研究，对社区工作的难点、要点、重

◆ 于伍生给群众发放宣传材料

点都十分熟悉。由于像于伍生这样扎实干好基层工作的社区民警越来越多，七星区治安警情连年下降，2021 年三季度群众安全感达 99.35%，创历史新高。

特殊“记账本”背后的警民情深

在于伍生 70 本日记本里，有一本让他格外珍视，那是一本棕色封皮的本子，虽磨损颇多，但仍用心地用透明胶粘贴好，这本日记上密密麻麻写着 800 多个捐款人的名字、电话和捐款额。

“这是我战胜病魔的动力。”于伍生说，他在本子的扉页上写下了“经过生与死的考验，我更加热爱生命。癌症是我人生中的一次重大坎坷，绝望之时，感谢你们帮我走过这条崎岖的路……”当年，正是这些群众和同事、朋友的帮助让他渡过了难关。

2005 年 5 月，于伍生确诊患非何杰金氏恶性淋巴瘤。他患癌的消息在社区里传开了，居民着急地互相转告，还在社区门口贴出了一张捐款倡议书，仅一个上午，便收到捐款 2200 多元。

早已搬出社区的车老太太听说于伍生患病后，专程到三里店派出所捐献了 1000 元；靠捡废品过日子的老人李秋梅听说于警官病了，坚持要捐 5 元……据不完全统计，当年三里店派出所共接到社会各界 800 多名群众为于伍生捐款 7 万余元，上千市民前往于伍生家中看望他。

百姓之恩如山。这本特殊的“记账本”，到现在于伍生还时不时拿出来翻看，每看一遍，心里的感恩便多一分。作为社区民警，于伍生更加尽心尽力为老百姓解决问题，以恩报恩。

“这得感谢老于，要不是老于，我和楼上的居民还不知道得吵到什么时候。”社区居民黄阿姨说。

这是一起由下水道引起的纠纷。楼上居民张女士家经常漏水，滴到楼下黄阿姨家，两人因此产生矛盾，发生争吵。于伍生得到消息后，赶紧到现场进行调解。

在于伍生的劝解下，两人终于平静下来。“楼上楼下，抬头不见低头见，互相理解一下，协商解决方案，何必吵吵闹闹伤了和气……”于伍生趁此机会向两人讲道理。最终，在于伍生的劝解下，两人达成一致，并握手言和。

这只是于伍生调解矛盾纠纷的一个缩影。社区的警务室墙上挂满了群众送来的锦旗，调解纠纷的材料有厚厚的一叠，每一本材料，都凝聚着于伍生的心血。多年来，于伍生共调解矛盾纠纷 1580 起，以实实在在的行动维护邻里关系，用社区的稳定回报群众。

18 年的努力，于伍生赢得了一系列的荣誉，但是再多的光环也改变不了他那颗爱民为民之心。正如他常挂在嘴边的那句话：“作为一名基层民警，群众的需要在哪里，我的工作就延伸到哪里。我会用自己的忠诚、奉献和热情，更好地为人民服务，回报群众对我的关心和帮助。”

广西壮族自治区公安厅供稿

用真心付出赢得百姓信赖

◎ 曹长青　何　莉

一支笔、一个笔记本、一台执法记录仪、一个手提袋，是广西壮族自治区桂林市公安局七星公安分局三里店派出所民警于伍生下社区的"标配"，他用 70 本"民情日记"记录了 3 万多户社区群众

◆ 于伍生为派出所民警整理警容

的点点滴滴。

“他一个月走访 380 多户人家，把我们小区情况摸了个透。”社区居民李大姐回忆起于伍生初到社区的做法记忆犹新。

于伍生手里的笔记本，密密麻麻地记载着各式各样的民情：李家的下水道时常堵塞、王家的宠物狗扰民、小刘两口子最近闹别扭……18 年间，这样的民情他记了 70 本、近 200 万字。

“这些年下来，他已经练就了进百家门知百家情、见人知名、提名知情的基本功。”于伍生收的新警徒弟小谭说。2021 年寒冬，群众将一名与家人走散的小男孩送到派出所，值班民警准备通过监控查找小男孩的情况，而于伍生一眼就认出了这个小男孩。

社区里的独居老人马大爷因为性格刚强与家人不和，不仅离了婚，儿子也断了联系。于伍生几番工作，让马大爷父子重归于好。一天凌晨 2 点，于伍生突然接到医院电话：“马爷爷不行了，他留的联系人是你。”于伍生连忙起床赶到医院。看到于伍生，老人露出了微笑，握住他的手，安详地闭上了眼睛……

从警 18 年，于伍生总结出“腿勤、嘴勤、脑勤；情况熟、地域熟、人员熟；笑容甜”的“三勤三熟一甜”工作方法，调解矛盾纠纷 7580 起，帮扶困难家庭 100 多户，送归走失儿童老人 500 余人次。

于伍生管辖的社区位于桂林市商业繁华地带，人口流动频繁，暂住人员繁杂，治安状况较为复杂。走遍辖区，哪里要重点巡逻，哪里容易出现矛盾，哪里是治安薄弱点，他都了然于心。他还主动探索新形势下群防群治新模式，将 128 名长期在社区工作的保洁员、煤气水电收费员、保安人员、快递员等发展为群防群治信息员。

此外，于伍生还建立群防群治信息微信群。在他的宣传倡导下，社区内外商铺和企业门市共计安装摄像头1416个，再加上协管员作为流动的监控，使整个开放式小区昼夜无死角。

居民张女士家经常漏水，滴到楼下黄阿姨家，两人因此产生矛盾，发生争吵。于伍生得到消息后，赶紧到现场调解。“楼上楼下，抬头不见低头见，互相理解一下，协商解决方案，何必吵吵闹闹伤了和气……”于伍生不厌其烦地上门劝解了22次，最终，在他的调和下，两家人握手言和。

像这样鸡毛蒜皮的小事，于伍生每天都在面对，社区警务室里，调解纠纷材料有厚厚的一叠，每一本材料，都饱含于伍生的心血。

如今，邻里纠纷变少了，辖区治安变好了，于伍生所服务的毛塘社区也获得“全国和谐示范社区”称号。受于伍生感染，分局社区民警争相对社区地形、人口成分、发案区域深入研究，对社区工作的难点、要点、重点熟记于心，七星区治安警情连年下降，群众安全感创历史新高。

2005年，于伍生确诊患非何杰金氏恶性淋巴瘤。

“连着好几天没看到老于，我还觉得奇怪呢。”社区居民丁大姐说。

得知老于得了重病，大家纷纷动员起来，800多名群众自发为他捐款7万余元，上千市民前往家中看望。

群众的厚爱，不仅给了于伍生源源不断的动力，也让他更加坚定生命要在为民服务中绽放。

经历化疗和放疗，于伍生瘦得脱了相，社区居民让他多休息，他说：“你们对我这么关心，我更不能忘记你们呀！”

突如其来的新冠肺炎疫情打乱了大家的生活，于伍生组织业委会成员和热心居民成立了一支抗疫“急先锋队”，大家一呼百应，共同抗疫。

18 年光阴，于伍生把最深厚的爱，献给公安事业和身边百姓，收获群众沉甸甸的信赖和发自心底的礼赞。

《法治日报》2022 年 1 月 25 日

2021 最美
基层民警

ZUIMEI
JICENG MINJING

李振宇

李振宇：科技强警点亮平安

李振宇，汉族，1978年5月出生，中共党员，2000年参加公安工作，现任四川省成都市公安局高新技术产业开发区分局网络安全保卫大队大队长、警务技术一级主管。21年扎根基层一线，不忘初心，牢记使命，赤胆忠心捍卫政治安全、维护社会安定、保障人民安宁，用心用情用实干精神彰显基层民警最美风采。先后荣获四川省公安厅基层技术革新二等奖、三等奖，成都市公安局基层技术革新三等奖，被授予四川省优秀政法干警、四川省最美基层民警、成都市新发展理念改革创新优秀个人、成都市第二届优秀青年卫士、成都榜样·最美警察等称号。荣立个人二等功2次、三等功4次。

科技支撑，打击新型违法犯罪凸显担当作为

学海无涯、学无止境。毕业于材料科学专业的李振宇从小热爱计算机技术，在主动请缨加入网安战线后，为迅速提高自身实战技能，李振宇经常缩短睡眠时间，牺牲难得的补休，把挤出来的时间全部用在计算机技术和网络应用学习上。他勤学多问，结交了许多

业内高手，通过相互研讨、深入交流，感悟到网络科技的无限魅力。从现场搬运到书本、网络，陌生的不再陌生，熟悉的更加熟悉，李振宇将计算机技术路径和程序开发在警务实战中运用自如，练就了一双在网海中遨游的“鹰眼”，在破获重特大网络违法犯罪案件侦办中发挥了尖兵作用，成了犯罪嫌疑人闻风丧胆的克星。

成都高新区共有 14 万家企业，科技型企业多达 5.6 万家，全球 500 强企业多达 128 家，形成了西南地区的一个高科技云集区域。为营造良好的营商环境，促进高新技术开发区网络安全产业的蓬勃发展，李振宇十几年如一日固守高新技术产业这方热土，积极顺应网络信息安全潮流，勤于思考、勇于担当。为确保高新区网络信息安全产业的可持续发展，李振宇依托分局建立的“1+X+N”警企合作机制，利用辖区高科技企业众多的优势，牵头建立了高新公安数据联盟，实施警务大数据战略，有效提升了高新公安的战斗力。12 年

◆ 李振宇进行设备调试

来，李振宇牵头为辖区企业消除安全隐患 1000 余起，挽回企业经济损失达 1.25 亿元，2020 年被成都市政府授予“成都市新发展理念改革创新优秀个人”称号。

2019 年，四川省一家龙头企业公司因网络谣言，导致公司股价下跌，市值蒸发，损失严重。接到报警后，李振宇带领网安民警及时介入，在很短时间内查获了作案人员，维护了企业的声誉，挽回了经济损失。结案后，企业负责人送上了绣有“护航经济发展的保护神”的锦旗。

2018 年，国内某大型互联网企业因社交平台的网络漏洞被黑客攻击后，经多方求助始终未能找到解决对策。李振宇接手案件后马上会同数据联盟共同商量对策，认真研究分析该公司网络漏洞细节，在短时间内固定了扎实证据，将犯罪嫌疑人抓获归案。案件结案后，公司网络安全负责人专程飞到成都，赶到高新公安分局向李振宇表示感谢，并对分局领导说道：“企业发生这样的事其实不止一起，很难处理，是成都警方帮助公司解决了难题。”

科技为民，着眼群众“急难愁盼”

向党和人民交出赶考路上的满分答卷，是李振宇毕生的价值追求。网安民警不仅要做网络世界里的“尖兵”，也要将科学技术应用在服务保障民生的方方面面。李振宇是这样想的，也是这样做的。

在成都公安推进警种融合的大背景下，李振宇充分发挥其信息化技术特长，立足岗位、积极思考、主动作为。特别是 2021 年 4 月成都公安向社会公布“我为群众办实事”四项承诺后，李振宇积极联动相关警种，将计算机技术用之于民，助推“四件实事”走深走实。

一是开发智能办证排号系统。2021 年 5 月，李振宇了解到居民身份证办理窗口办证群众多、等候时间长的情况后，便主动联动治安管理部门，带领团队开发了智能办证排号系统并投入实战运用，使办证群众可以根据个人需求，得心应手地选择出行时间、办证点位，一边忙其他事，一边实时掌握排号进度，还能及时收到系统推送的排号提醒，有效提高了办事效率。2021 年 7 月，针对高新封控小区核酸检测点群众顶着酷暑排队等候的状况，李振宇将此技术进行拓展，带领团队连夜研发出“隔离区核酸检测排号程序”，既实现了群众在家“吹着空调排队”、叫号及时下楼进行核酸检测的预期目标，也有效消除了因核酸检测人群聚集而带来的交叉感染隐患。

二是研发反诈预警劝阻系统。在反电信诈骗斗争如火如荼开展过程中，李振宇加强与刑侦部门联动，联合辖区科技公司共同开发反诈骗预警劝阻系统，为基层民警有效精准劝阻被骗对象提供了强有力的技术支持，先后预警劝阻 2794 起，向可能正在被骗的辖区群众推送劝阻信息 3312 起。与此同时，他还携手相关警种从辖区 150 万常住人口中筛选出 17 万易骗重点对象，建成“反诈易感人群库”，为精准防范提供了科技保障。

三是研发执法监督服务平台。为努力让人民群众在每一起案件办理、每一件事情处理中都能感受到公平正义，李振宇又带领团队集中攻坚，在开发“无纸化接警”App 的基础上，参与“互联网 +”全流程执法监督平台建设，覆盖人民群众报警到执法办案结束全过程，既保障了人民群众的知情权和监督权，也有效杜绝了“有警不接、有案不立”等问题。

四是研发区域智能停车系统。为积极回应民生诉求，打通交通堵点难点，李振宇联合相关部门研发了智能停车系统，为进入高新区的车辆提供全域停车信息及现存空余车位展示，并针对环球中心、新会展、金融城等停车场面积大、群众找车难的重点区域，提供了地下车位导航。同时，针对辖区重点医院内部停车系统进出设置不合理，导致大量前来就诊车辆拥堵甚至延伸影响到周边道路通行能力，李振宇对接属地交警部门，通过大量的调研分析，邀请专业机构进行仿真模型测试等方式，重新规划医院停车方式和出入方式，有效提升了医院周边通行效率。

李振宇不忘初心、牢记使命，严谨务实、勇于担当，始终保持着钻研的精神和进取的意识，牢记人民呼声是第一号令，人民需要是第一选择，在平凡的岗位上作出了不平凡的贡献，用实际行动诠释了“人民公安为人民”的深刻内涵。

四川省公安厅供稿

他的“战场”不见硝烟却依然惊心动魄

◎伍　力

近日，中央宣传部、公安部向全社会发布2021“最美基层民警”名单和先进事迹。20名2021“最美基层民警”中，四川省成都市公安局高新区分局网络安全保卫大队大队长、警务技术一级主管李振宇是当选者之一。

1978年出生的李振宇，从警已有21年。多年来，他扎根基层、忠诚履职、无私奉献，在多起重特大网络违法犯罪案件侦办中发挥了关键性作用，曾荣获四川省公安厅基层技术革新二等奖、三等奖，成都市公安局基层技术革新三等奖，荣立个人二等功2次、三等功4次，并先后被授予四川省优秀政法干警、四川省最美基层民警、成都榜样·最美警察等称号。

“能够入选2021‘最美基层民警’，我非常激动，深感荣幸。”李振宇说，“作为一名人民警察，我非常自豪！”

在科技创新中擦亮“为民心”

作为网络安全领域的人民卫士，李振宇的“主战场”是网络空间。

“随着互联网技术的不断发展，对我们的工作要求也在不断提高，必须非常努力，办案才能‘毫不费力’。”除了在岗位上兢兢业业，李振宇还时常放弃本身就很难得的休息时间，把精力全部用在计算机技术和网络应用学习上。正是凭着这股精神，他练就了一双遨游网海的“鹰眼”，成为成都公安网络领域“专家型人才”。

心思缜密、善于抽丝剥茧的李振宇，总是在不见硝烟却依然惊心动魄的网络安全战场上屡破大案要案。在一系列重特大网络违法犯罪案件侦办中，李振宇与战友积极发挥网络尖兵作用，在一场场“网络暗战”中让犯罪分子无处遁形。

李振宇说，网络世界也可以充满温度。“我们要把警务工作的科技化、智能化、便利化延伸至群众生活所需的方方面面。”公安界的“产品经理”“架构师”“设计师”“运维负责人”……不仅是勇斗罪犯的人民警察，平日里，李振宇更“身兼多职”，积极开发更好服务市民的各类应用。

如今，在成都公安推进警种融合的大背景下，李振宇进一步发挥其信息化技术特长，着眼群众“急难愁盼”，在科技创新中不断擦亮“为民心”。特别是在 2021 年 4 月成都公安向社会公布“我为群众办实事”四项承诺后，李振宇积极联动相关警种，助推相关行动走深走实。

◆ 李振宇在会上介绍业务办理流程

在抗击疫情中立下新战功

新冠肺炎疫情防控期间，李振宇更是发挥了积极作用，成为四川战“疫”的一名幕后英雄。

2020年年初，新冠肺炎疫情暴发初期，为了准确掌握相关情况，李振宇带队下沉到战“疫”一线。为打破志愿者、基层民警等在社区排查中面临的工作重复效率低、感染风险高的困境，李振宇与同事们加班加点，经过四天四夜编程设计和12次实战检验，率先在全省公安系统研发出利用二维码实现居民自主申报信息的软件模块，用“大脚板＋大数据”方式，让摸排工作从“敲门”变成“守门”，不仅极大解放了紧张的警力，也让信息收集更系统、更规范、更便捷，进而为日后省内普遍使用的“四川天府健康通”的开发和运用贡献了公安科技力量。

2021 年，成都疫情反复。李振宇再次毫不犹豫地与团队奋战在抗疫最前沿。在充分了解一线工作最迫切最棘手的需求后，李振宇与战友们迎难而上，及时研发出依托 5G 技术的信息图像传输系统及线上流调小程序，为成都防疫指挥部及时掌握封控区域真实情况、适时调整封控区域服务及居家隔离医学观察措施提供了决定性的技术保障，为成都再一次取得抗击疫情的胜利立下了新战功。

《四川日报》2022 年 1 月 11 日

2021 最美
基层民警

ZUIMEI
JICENG MINJING

王焱刚

王焱刚：融身街面化作城市“守护神”

王焱刚，1973年10月出生，中共党员，2006年参加公安工作。现任贵州省都匀市公安局特巡警大队大队长。曾荣获贵州省我最喜爱人民警察提名奖和第三届黔南骄傲年度十佳人物、黔南州十佳政法干警、贵州省最美退役军人、全国模范退役军人等称号。荣立个人二等功1次、个人三等功6次。

默默从警15年，只为换来匀城安宁

在一年的365天里，至少300天都在岗位上。每天至少20公里的行程，一年就是6000公里。这就是王焱刚的日常工作数据。王焱刚一直奋战在打击犯罪的一线战场，5次直面生死，累计参与围捕违法犯罪嫌疑人800余人次，带领队伍成功处置突发事件630余起，破获案件2450余起，亲自抓获各类违法犯罪嫌疑人100余人，参与各类抢险救援以及处置突发事件近百次，头上的6处伤疤，正是他公安生涯中别样的勋章。

顺民意、多措并举、精确打击

2008、2009年，都匀市“两抢”案件在各类刑事案件中比重较大，连续发生多起持械抢劫、持刀抢劫、飞车抢夺案件，造成部分社会群体恐慌，人民群众安全感急剧下降，曾出现在一夜之间发生10多起抢劫案的情况。为早日消除社会影响，及时将犯罪嫌疑人抓获，王焱刚每天亲自带领便衣队巡逻、盘查、设伏、抓捕。2009年实现了抢劫、抢夺等多起侵财案件即发即破，群众的安全感大幅提升，2009年达到90.71%，2010年群众的安全感达到91.33%，取得了群众安全感、满意度连续上升的好成绩，“两抢”案件从原来的每年300多起下降到每年七八起，安全已经融入老百姓的日常生活。

依托犯罪实时控制机制，全力构建立体化治安防控体系新模式

2010年，王焱刚结合“大走访”中群众反映强烈的“出警、处警慢”等问题，积极参与班子研究制定措施，在全市271个监控探头的范围内加设了315个辅助报警点和50辆警灯自行车，将GPS卫星定位车全员布置在路面上，巡逻与设卡有机结合，车巡与人巡互为补充，形成了一处发案、多点支援的格局，使“两抢”违法犯罪行为迅速得到了有效的遏制。2014年，根据黔南州公安局党委提出的“1351”模式下构建立体化治安防控体系的重要组成部分，大队

◆ 王焱刚走访商铺

长王焱刚带领一班人，将巡逻警力全部部署到市区主要街道和重点要害部位，并将全市城区划分为 12 个网格，实行多层次预警机制，有效制止了街面“两抢一盗”等暴力侵财型犯罪活动，进一步净化了社会环境。

直面生死，用责任与担当守护一方平安

2014 年 4 月 24 日 21 时许，在都匀市大西门附近发生一起持刀杀人案。犯罪嫌疑人将其前妻杀害。案发时，王焱刚正带领队员在大西门附近一带开展移动警务车示警工作，接到 110 警情通报后，火速赶往案发地点。到达现场后，发现报警现场位于阴暗的狭小巷子内，现场没有留下有价值的线索，周围也没有找到现场目击者。当大家以为是恶作剧报假警时，王焱刚及时调整思路，并对现场队

员严肃说道：“持刀犯罪是恶性案件，不能轻易放弃查找，大家重新组织走访，查找线索。”当访问到一门面时，一名群众提供了一条重要的线索：“21时左右听到‘流帘时尚’服装店里面有人打架，里面隐隐有女人的哭声。”这条线索立即引起了王焱刚的重视，迅速组织警力来到“流帘时尚”服装店，当拉开卷帘门后，看见一名浑身是血的男子拿着一把滴血的尖刀对着两名惊恐的女子（店内员工），正准备行凶。见此，王焱刚立刻大声喝止对方，并将嫌疑人吸引到门口，嫌疑人疑为酒后状态，情绪极不稳定，并大声扬言要杀死屋内人员然后自杀。情急之下，考虑到现场人质的安全和伤情，王焱刚一边与之谈心稳定其情绪，一边命令民警迅速用对讲机进行汇报并呼叫支援。通过谈心，杀人男子情绪稍有稳定，王焱刚当机立断，第一个冲上前将罪嫌疑人牢牢摁在门上，将其控制住，成功解救下两名女子。

听党指挥，化作城市“守护者”

2014年8月27日，黔南州福泉市道坪镇英坪村发生山体滑坡。事故发生后，王焱刚按照上级指令，迅速组织了一支由26名特警队员组成的救灾工作队支援救灾。

次日凌晨，倾盆大雨不停，落石落沙不断，雨情和泥石流瞬息万变，无法预测。王焱刚带领全体队员夜以继日地搜寻幸存者、挖掘遇难者，将受伤群众转移至安全地带。

这次救灾连续奋战13个昼夜，王焱刚和队员露宿荒郊野外、睡在地上，这些天没有吃过一顿热饭、喝过一口热水，一日三餐吃干粮、喝矿泉水，始终奋战在抢险救灾的第一线，全力以赴支援灾区人民，用实际行动诠释了人民警察为人民的光荣誓言。

谈及王焱刚，都匀市公安局有关领导说道：“从他参加工作以来，全身心地投入了工作。在对讲机里，每一天都能听到他在指挥调动特巡警、组织处理突发性事件，像一个不知疲倦的人。他用他的汗水，打造出铁的特巡警队伍，时刻守护着匀城百姓的平安。”

2020 年新年伊始，新冠肺炎疫情突发，形势日趋严峻。年三十正在值班的王焱刚接到上级命令后，立即写下请战书，身先士卒带领队员积极开展街面巡逻防控、应急处突战备。

2020 年 2 月 10 日凌晨 1 点 30 分，正在大队备勤的王焱刚接到疫情防控指挥部指令，都匀市 414 医院有疑似新冠肺炎病人家属在隔离区闹事，接到警令后王焱刚立即带领 10 名应急处置队员赶到沙坝 414 医院，经了解有一家 5 口人在 414 医院隔离治疗期间，情绪激动，大吵大闹，不愿配合医生医治，影响了医院正常工作的开展，在医护人员和民警的共同劝说下，该家庭人员终于同意配合医院隔离治疗，成功消除了一起传播隐患。

疫情防控期间，王焱刚带队积极安排配合办事处、卫健部门开展核查、护送、值守等任务。其间组织队员共核查“鄂”字开头湖北籍车辆 24 辆 38 人，协助卫健部门核查 23 人，配合护送隔离观察人员 38 人，查获聚集赌博 5 起 24 人。

关爱队伍、心系困难群体、坚持慈善事业

工作中的王焱刚，雷厉风行，称得上铮铮铁骨；但生活中他却

侠骨柔情，关爱队伍，以心换心。

特巡警大队是一支有 230 余人的队伍，王焱刚始终坚持把从优待警作为队伍建设的有力抓手，通过和队员座谈，走进队员家庭，了解他们的工作生活、思想动态和家属工作、家庭收入等，尽力解决他们在工作生活中的困难。近年来和队员谈心谈话 3200 余人次，深入队员家庭 1950 户，用实际行动关心关爱民警，解决民警后顾之忧，有力提升了队伍凝聚力和战斗力。

王焱刚在墨冲镇凤鑫村结对帮扶贫困对象时，通过深入走访了解到，该村拱板小学是农村半寄宿制学校，全校 5 个年级，共 60 多名学生，90% 的孩子是留守儿童，地处边远山区，经济和交通状况较差。

见此情况，王焱刚积极奔走，为该校募集到了爱心人士 2 万元善款，并有爱心企业捐赠价值 2 万元的书包、文具、笔记本、课桌等物品，为山里的孩子带去了暖暖的爱心。

2017 年 4 月 8 日，王焱刚听说王司中学身患白血病的周青同学需要大量输血后才能进行下一步的治疗，随即号召特巡警大队全体队员为她献血，21 名队员成功为周青同学献血 6300 毫升，并为她送去了 5440 元的爱心捐款。

做好一件事不难，难的是始终坚持做好这件事。王焱刚在平凡的岗位上做出了不平凡的事。每年按时到都匀市夕阳红敬老院看望孤寡老人并结成帮扶对子；每个月拿出部分工资帮助困难学子；坚持带着队员进行公益献血。2020 年 1 月，黔南州因临床医疗用血紧张向社会发出献血倡议，王焱刚积极响应号召，主动带领队员加入无偿献血队伍，全员献血量 3800 余毫升。

王焱刚从一名军人到一名人民警察，秉承不畏艰难、勇于担当的本色，雷厉风行，敢作敢为。用自己的青春回报社会、回报人民，用忠诚和汗水履行着“人民警察为人民”的神圣誓言，保护着一方平安。

贵州省公安厅供稿

从军魂到警魂
身上的伤疤是我最美的勋章

◎ 陈 燕

“来，你摸摸我头上这个骨头，有没有感到有什么不同？这是我在2008年执行某次任务时留下的伤疤，那次真的是生死一线，差一点牺牲，头上这块骨头也因为受伤凸出来，永远无法愈合了。从警15年来，身上伤疤无数，但这些伤疤就是我最美的勋章，见证了我作为一名公安民警的责任和使命。”贵州省黔南州都匀市公安局特巡警大队党支部书记、大队长王焱刚坚毅地说。

从军魂到警魂

1992年，20岁的王焱刚怀揣着保家卫国的梦想，考入武警西安技术学院。毕业后服役于武警贵州总队第三支队、黔南支队、贵阳指挥学院，历任排长、中队长、参谋、教员。

2006年12月，他服从组织安排，脱下军装，转业至贵州省黔南州州府都匀市公安局工作，先后担任刑侦大队民警，特巡警大队应急中队中队长、副大队长、教导员、大队长。

赤拳夺刃　肉搏凶手

回忆起从警多年办过的大案，让王焱刚记忆深刻的还是 2014 年都匀大西门的凶杀惨案。

2014 年 4 月 24 日 21 时许，在都匀市大西门附近发生一起持刀杀人案。犯罪嫌疑人王某某因女儿抚养费问题与受害人吴某（系嫌疑人的前妻）在都匀大西门某服装店内发生口角，并趁吴某不备持刀将其杀害，随后又将闻讯赶来的受害人王某（系嫌疑人的父亲）杀害。

接到报案，王焱刚和队员们迅速赶往现场，眼前的一幕震惊了在场所有人。昏暗的服装店里，犯罪嫌疑人手握着 20 厘米正滴着血的长刀指着两个跪在地上啜泣的店员。旁边一名中年男子躺在地上，浑身沾满鲜血已无生命迹象。持刀的嫌疑人扬言要杀死屋内人员后再自杀，气焰嚣张，现场情况紧急。

王焱刚仔细观察着嫌疑人，耐心与其沟通，试图缓解他激动的情绪。趁犯罪嫌疑人因屋外动静分神的刹那，王焱刚当机立断，左手抓住嫌疑人手中的锋利长刀，右手将对方钳制住，特巡警大队的队员立即上前与王焱刚一起将嫌疑人扣住，阻止了凶案发生。

雪令急如山，奋战写忠诚

2019 年年初，恶劣的凝冻天气使贵州全省道路因积雪结冰而交通

◆ 王焱刚开展夜间巡逻

中断，兰海高速公路及大桥桥面出现严重冰冻现象，多辆车辆滞留。

雪情就是命令！特巡警大队及时启动应急预案，拉响了抗凝保畅的警报。王焱刚迅速组织警力，亲自带领30人的应急抢险队赶到现场，顶着严寒，不分昼夜坚守在高速路上铲冰除雪，撒盐600公斤，在大家的努力下终于打开一条安全通道。同时，为安全引导滞留车辆离开，他们用警车开道护送滞留车辆至沙包堡北出口收费站。

积极抗疫　化作城市“守护者”

2020年新年伊始，新冠疫情突然暴发，形势日趋严峻。年三十正在值班的王焱刚接到上级命令后，立即写下请战书，身先士卒带领队员积极开展街面巡逻防控、应急处突战备。

2020年2月10日凌晨1点30分，正在大队备勤的王焱刚接到指挥部指令，都匀市414医院有疑似新冠肺炎病人家属在隔离区闹事，接到警令后王焱刚立即带领10名应急处置队员赶到沙坝414医院，经了解有一家5口人在414医院隔离治疗期间，情绪激动，大吵大闹，不愿配合医生医治，影响了医院正常工作的开展，在医护人员和民警的共同劝说下，该家庭人员终于同意配合医院隔离治疗，成功消除了一起传播隐患。

疫情防控期间，王焱刚带队积极安排配合办事处、卫健部门开展核查、护送、值守等任务。其间，组织队员共核查“鄂”字开头湖北籍车辆24辆38人，协助卫健部门核查23人，配合护送隔离观察人员38人，查获聚集赌博5起24人。

硬汉柔情　心系慈善

工作中的王焱刚，雷厉风行，铮铮铁骨，但生活中他却侠骨柔情。多年来，他一直坚持每月从工资中拿出固定的一部分支持慈善事业。

王焱刚在墨冲镇凤鑫村有两户结对帮扶贫困对象，他深入走访了解到，该村拱板小学是农村半寄宿制学校，全校5个年级，共60多名学生，90%的孩子是留守儿童，地处边远山区，经济和交通状况较差。

见此情况，王焱刚积极奔走，为该校募集到了爱心人士2万元善款，爱心企业捐赠的价值2万元的书包、文具、笔记本、电脑、课桌等物品，为山里的孩子带去了暖暖的爱心。

2017年4月8日，王焱刚听说王司中学身患白血病的周青同学需要大量输血后才能进行下一步的治疗，随即号召特巡警大队全体队员为她献血，21名队员成功为周青同学献血6300毫升，并为她送去了5440元的爱心捐款。

2020年1月，黔南州因临床医疗用血紧张向社会发出献血倡议，王焱刚积极响应号召，主动带领队员加入到无偿献血队伍中，全员献血量3800余毫升。

诸如此类的故事很多。从警15年，王焱刚多次直面生死，累计围捕违法犯罪嫌疑人800余人次，亲自抓获各类违法犯罪嫌疑人100余人，参与各类抢险救援以及处置突发事件近100次、受伤6次。

多年来，王焱刚先后获“都匀市先进工作者”、第四届“贵州省我最喜爱人民警察”提名奖、第三届“黔南骄傲”十大杰出人物、“黔南州十佳政法干警”、“贵州省最美退役军人”、“全国最美家庭”、“全国模范退役军人”等荣誉称号。荣立个人二等功1次、个人三等功6次。

2019年7月26日，王焱刚在全国退役军人工作会上获得全国模范退役军人表彰。从一名军人到一名人民警察，王焱刚秉承军人不畏艰难、勇于担当的本色，雷厉风行，敢作敢为。用自己的青春回报社会，回报人民，用忠诚和汗水履行着“人民警察为人民”的神圣誓言，守护着一方平安。

中工网 2021年7月30日

2021 最美

基层民警

ZUIMEI

JICENG MINJING

雷 冉

雷冉：冲锋强边固防一线的战斗员

雷冉，汉族，1980 年 10 月出生，中共党员，2002 年参加公安工作，现任云南省德宏傣族景颇族自治州瑞丽市公安局银河派出所所长，先后荣立二等功 1 次、三等功 3 次，获嘉奖 11 次。

雷冉身处祖国西南边境一线，他用血肉之躯为人民筑起铜墙铁壁；在打击跨境违法犯罪中，他千里追凶、视死如归；面对人民群众，他是热情满怀的“贴心人”；在家人心中，他是 600 多天没有见面的“陌生人”。正是有无数像他一样坚守强边固防一线、默默奉献牺牲的人民警察，以“镇守边关、视死如归”的决心意志，用血肉之躯在 8000 里边境线上筑起了一道道坚固防线，确保云南没有一例疫情向内地扩散。

做了 130 多次鼻拭子的“抗疫人”

新冠肺炎疫情发生以来，瑞丽三度“封城”，成为牵动全国人民心弦的城市。在没有硝烟的战场上，雷冉带领民警逆行出征、冲锋在前，用他们的血肉之躯为身后人民群众筑起一道坚不可摧的疫情防线。

2020 年 9 月 12 日，2 名缅甸籍妇女偷渡入境瑞丽，核酸结果呈阳性，需要迅速封闭 600 余户的住宿小区，雷冉带领民警转运患者、设置隔离带、执勤点、配合采样核酸、查找小区隐患漏洞、疏散聚集人群、耐心解答群众咨询……整个过程紧张有序地开展着。转运完成时已是凌晨，雷冉接到指令要对 2 名嫌疑人开展审讯，随即穿上防护服直面确诊病例。雷冉说："虽然穿着防护服，但毕竟是和确诊病例共处一室，还要想办法让他们如实供述，内心有点紧张，但时间紧迫，容不得我想太多。"

审讯中，雷冉晓之以理、动之以情，让 2 名确诊病例逐渐消除了顾虑，如实供述了她们偷渡入境情况及活动轨迹，为后续流行病学调查提供了有力支撑。当得知和她们一起偷渡的还有一人时，雷冉说："其他人没有必要再冒风险，要感染就我被感染就行，抓捕让我去。"他更换了防护服，在边境一带细致排查，终于将其成功抓获。

在之后的疫情防控中，得知瑞丽市公安局要组建突击队，负责转运跨境违法犯罪自首人员、偷渡人员。雷冉果断请战，他说："我是党员，是所长，必须带头先上。"他和队员们身着厚厚的防护服，在 30 多摄氏度的高温下，驾驶不开空调的转运车往返于隔离酒店和卡点，一辆车半年就行驶了 18 万公里，通过鼻拭子做核酸 130 多次，穿过防护服 100 多套，每次脱防护服，身上的汗水止不住地往下淌，手都变得发白起皱。

2021 年以来，转运队每天起早贪黑往返于各个自首点，安全转移偷渡自首回国人员 7000 余人、护送境外回国人员 9000 余人，转移隔离观察人员 4000 余人。尤其是 2021 年 6 月，最多的一天就转运了 283 人。

每天巡边 10 余公里的戍边人

边疆稳固，国之大计。雷冉始终心怀“国之大者”，时刻把为国守门、为国把关的政治责任扛在肩上。他说：“2020 年以来，云南省有 41 名民警辅警牺牲在强边固防一线，我要接过他们的使命，为他们活着，为祖国守好边疆。”

他和同事每天穿着防护服、带着重重的单警装备，24 小时轮流巡逻，不管白天黑夜，也不管烈日暴雨，边境上、国旗下总有他们的身影。巡边途中，他总是身先士卒，没有路的地方、穿丛林的时候，总是走在最前面，手上、脸上每天都会有新增的刮伤。他们的脖子上被烈日晒得经常皴裂脱皮，晚上卡点蹲守还要忍受热带雨林特有的蚊虫叮咬甚至毒蛇出没。就这样日复一日，平均每天约 10 公里地重复着、丈量着祖国边境线。

“我们吃过最多的东西就是盒饭，群众都看在眼里，记在心里。我们在银河派出所网格开展核酸检测时，一些群众会自发地为我们加餐，送上自家做的撒苤、黄焖鸡、酸木瓜煮鱼……”雷冉说：“群众的关心，不仅让我们填饱了肚子，更是温暖了我们在场的每个民警的心，工作再苦再累又算得上什么？值！”

雷冉和同事在抓捕偷渡违法犯罪嫌疑人时，经常会遇到暴力反

◆ 雷冉与同事探讨工作事宜

抗，有的被咬伤手指，有的被拳打脚踢，有的被吐口水扇耳光……雷冉说："偷渡人员敢冒险、敢拼命，我们必须要比他们更拼才行，越是危险、越是隐蔽的地方，越有可能是偷渡的通道，必须迎难而上，面向危险而行。"

600 多天未见家人的"陌生人"

舍小家为大家，病毒无情人有情。雷冉和广大公安民警一样，深知有国才有家，身为警察就要把国家利益、人民利益放在心中最高的位置。近 600 多天的疫情防控中，作为警察，每天都会出入大街小巷，病毒不会写在脸上，雷冉和同事也不知道自己接触过的人下一次核酸检测结果会不会呈阳性。雷冉说："我们很多民警都是有家不敢回、不愿回，就害怕每天奔波在外的自己将病毒带回家。"

雷冉的妻子也参与疫情防控边境值守，虽然同处在一座城市，相隔不过数公里，但他们却不能见面，每天的交流就是休息时候几分钟的视频电话。他们都有一个共同的心愿，那就是：瑞丽平安。这也是雷冉的儿子每次过生日的时候吹蜡烛许的愿望：“瑞丽平安了，爸爸的事情就会少，就可以抽出时间陪我。”让雷冉愧疚的是，曾有 5 个多月的时间，他 13 岁的儿子自己照顾自己，一个人在家上网课，很多时候吃饭只能靠点外卖。雷冉说：“学校采取封闭管控措施，想他的时候只能从班级微信群里看老师发的照片。”

想到家人，雷冉说：“身边比他更辛苦的民警大有人在。突击队有名队员一年半没回家，他离家时孩子刚满月，等再见到时，孩子虽然会叫爸爸，但是，他想抱孩子，孩子哭着不给抱。”在疫情防控、强边固防一线，每天都有 6 万余名民警辅警像雷冉一样为了头顶警徽、身穿警服的责任，离开家人坚守前沿阵地，正如雷冉所说：“在人民群众需要我们的时候挺身而出，这是人民警察至高无上的荣耀，更是不可推卸的使命担当。”

雷冉作为党员、身为所长，即指挥，又参战，舍小家，顾大家，在打击犯罪中总是在最前面，在疫情防控中总是在最前沿，在强边固防中总是在最关键处，用实际行动诠释着人民警察的使命担当，彰显着共产党员的为民底色。

云南省公安厅供稿

忠诚担当守国门

◎ 陈晓波

2022 年 1 月，中央宣传部、公安部发布 2021“最美基层民警”名单和先进事迹，云南省德宏傣族景颇族自治州瑞丽市公安局银河派出所所长雷冉榜上有名。

雷冉从警 20 年，先后荣立个人二等功 1 次、三等功 3 次，获嘉奖 11 次，多次被评为优秀共产党员、优秀公务员。

在打击跨境违法犯罪中，他千里追凶，只身闯虎穴生擒嫌疑人；面对群众，他满腔热情、一心为民；投身边境疫情防控工作，他 600 多天没与家人见面……

面对疫情冲锋在前

2020 年 9 月 12 日，两名缅甸籍妇女偷渡入境瑞丽，核酸检测结果呈阳性，需要迅速封闭 600 余户的住宿小区，雷冉带领民警转运患者、设置隔离带、配合采样核酸、查找隐患漏洞、疏散聚集人

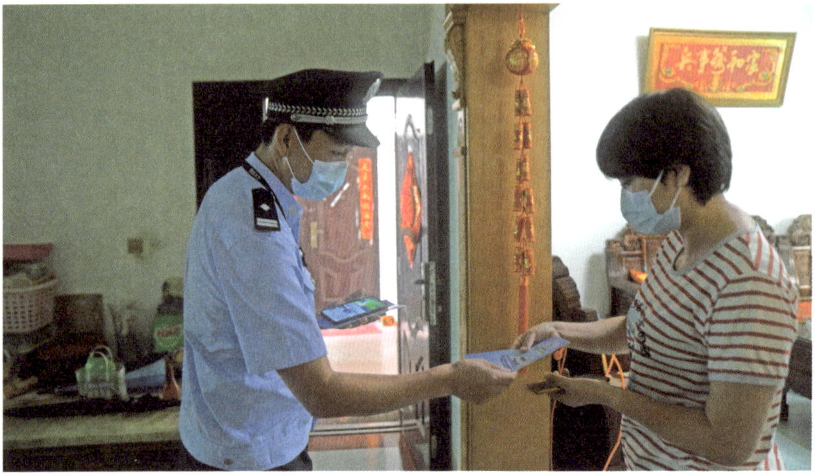

◆ 雷冉向社区居民发放反诈宣传材料

群……转运完成时已是凌晨。

得知瑞丽市公安局要组建突击队负责转运跨境违法犯罪自首人员、偷渡人员，雷冉果断请战。他和队员们身着厚厚的防护服，在30多摄氏度的高温下，驾驶不开空调的转运车往返于隔离酒店和卡点，做过鼻拭子核酸检测130多次，穿过防护服100多套。

边境值守舍小家为大家

舍小家为大家，有国才有家。近600多天的疫情防控，雷冉和同事们每天都出入大街小巷，随时都有被感染的可能。“我们很多民警都是有家不敢回，担心奔波在外的自己将病毒带回家里。”雷冉说。

雷冉的妻子也参与了疫情防控，虽然同处一座城市，相隔不过数公里，但他们却不能见面，每天只能利用休息的片刻打个视频电话。说起儿子，雷冉也是一脸愧疚："曾有5个多月的时间，13岁的儿子自己照顾自己，一个人在家上网课，很多时候吃饭靠点外卖。"

"在疫情防控、强边固防一线，每天都有6万余名民警辅警离开家人坚守阵地，我只是他们中平凡的一员。"雷冉说，"在人民群众需要我们的时候挺身而出，这是人民警察至高无上的荣耀，更是不可推卸的使命担当"。

《云南日报》2022年1月11日

2021 最美
基层民警

ZUIMEI
JICENG MINJING

狄世俊

狄世俊：“一条板凳”深耕警民情谊

狄世俊，汉族，1985 年 11 月出生，中共党员，2009 年参加公安工作，曾任甘肃省武威市天祝藏族自治县公安局打柴沟派出所所长。荣立个人三等功 1 次。其原所在打柴沟派出所 2021 年被评为“全省优秀公安基层单位”“全省公安机关枫桥式派出所”，荣立集体三等功 1 次。

“路是一步一步踏踏实实走出来的，社区警务工作就是要用心用情、用脚步不断地把辖区丈量，这样才知道哪里缺啥，需要补啥，才能和老百姓坐到一条板凳上，才能把社区警务工作干到百姓的心坎上！”从警 12 年，狄世俊把一腔热血奉献在高原藏乡。在这里，只要说起狄世俊，辖区农牧民都会跷起大拇指。打柴沟镇毗邻中心镇区华藏寺镇，常住人口多、出租房屋多、流动人口多，是情况复杂的“三多镇区”，作为派出所所长的狄世俊了解到辖区的这些情况后，便用双脚实地走访每一家每一户，做实了基础警务工作。在长期摸排化解矛盾纠纷中，他发现调解室里调解不成功的矛盾纠纷，去百姓家里或田间地头反而能成功化解。渐渐地，每次出警狄世俊都会带上一张小板凳，和农牧民一起拉家常、掏心窝，这种根植于基层的特有调解方式，被形象地称为“板凳会议”。同时，“板凳会议”的魅力还在于充分考虑矛盾双方的实际情况，不选择给当事人带来紧张情绪的派出所作为调解地点，联合各方力量走进当事人家里，找准问题的症结，找到矛盾的根源，从派出所调解室固定的程序化“硬性”调解向田间地头炕头拉家常式“柔性”调解转变，从“灭火”走向“防火”，更有效更彻底地解决群众间的矛盾，也进一步拉近了警民关系。

“铁脚板”踏实基础工作用心干事赢得认可

2021年3月，打柴沟派出所治安户长微信群中出现了一条一潘姓男子与妻子陈某因琐事引发家庭矛盾的线索信息，正在附近入户走访的狄世俊立即赶往线索所在地了解情况。通过实地入户走访，狄世俊判断这是一起因沟通不畅引发的家庭纠纷，陈某很明显在气头上，产生了离婚的念头。之后的20多天里，狄世俊与同事常常双方两头跑，设身处地为双方谈人情、讲道理、举实例、讲法律，不厌其烦地化解双方的“怨气”。丈夫潘某在狄世俊和同事们的劝说下主动上门向妻子及岳父母道歉，并积极看望住院的岳母，与妻子的关系也悄然好转。时机成熟后，狄世俊带领民警向两家老人发动“攻势”，与他们促膝长谈，终于老人的心结也打开了，矛盾化解的潘某夫妇主动来到派出所感谢民警。狄世俊说：“程序化调解最多花一个多小时，仅仅是双方签了一张承诺书而已，没能从根源上化解矛盾纠纷，以后还会复发。我们调解一次矛盾时常会用十几天时间，大家开玩笑说，‘没有一张纸，全靠嘴皮子’，但实际效果非常好。”针对当前辖区村组内家庭婚恋纠纷，狄世俊与同事一道，创新运用“一条板凳工作法”，主动联合司法所、镇村干部、治安户长、村法律明白人、乡贤共同召开“板凳会议”，究矛盾根源，问矛盾缘由，讲政策法律，解邻里疙瘩，最大限度地实现了“小事不出村、矛盾不上交”，有效维护了辖区稳定，达到了良好的社会效果。

“热心肠”做好群众工作　用情待人换取信任

2021 年 7 月，辖区刑释人员窦某来所里报到，因为没有固定的收入和住所，窦某显得异常颓废，和民警交谈时也是一副无所谓的样子，这个情况狄世俊看在眼里，急在心里，之后的半个月时间，他和全所民警四处奔波为窦某联系工作，但由于窦某的“特殊身份”，用人单位纷纷婉言谢绝。有人也曾向狄世俊发过牢骚：“这个人就是一坨烂泥，是扶不起来的，还是动员他去外面打工吧，这样还能凑合着养活自己。”可狄世俊却坚定地说：“他也是我们辖区的群众，解决他的实际困难，今后他才会遵纪守法回报社会。我们要是不帮他，这个人就真废了，我们要让刑释人员真正‘回家’！”经过狄世俊和其他民警的共同努力，窦某终于在辖区一个菜库找到了工作，狄世俊还积极与菜库负责人沟通，协调解决了窦某的住宿问题。窦某在狄世俊和菜库负责人的陪同下去养老院看望了自己的母亲，见到母亲窦某长跪不起痛哭流涕，看到这一幕，在场的民警才真正理解了狄所长的良苦用心。狄世俊说：“只要我们把老百姓的事当自己的事来做，老百姓就会支持我们，我们的工作也会好做很多。”他是这么说的，也是这么做的。在打柴沟，他用实际行动践行着“人民公安为人民”的初心。2021 年以来，这样的矛盾纠纷，狄世俊和同事已经成功调解 160 余起。

“长板凳”创新工作方法触角延伸效果优化

近年来，打柴沟镇高原夏菜收益越来越好，几乎家家户户都种着“万元田”，蔬菜成熟的季节，是菜农们丰收的季节，也是派出所最忙碌的季节，菜农与蔬菜收购商的经济纠纷、合同纠纷也层出不穷。2020 年 8 月，派出所接到报警，深沟村菜农因笋子收购与菜商发生矛盾，请求出警。接警后，狄世俊带领民警立即赶赴现场，经了解，菜商与深沟村村民钱某于半月前签订收购合同，菜商前来收购时发现笋子上面有黑点，质量不高，表示无法按定价收购。了解原委后，通过现场细致调解，双方最终达成一致，菜商当场支付了剩余菜款。这样的事天天发生，今天菜商和菜农因为收的笋子成色不好发生纠纷，明天因为菜品价格上涨，菜农拒不履行合约，后天又因为蔬菜测量亩数出现偏差双方推诿扯皮，等等。为此，狄世俊主导起草保护双方利益的《蔬菜收购合同》向全镇推广，极大地降低了此类矛盾纠纷的发生。2021 年打柴沟矛盾化解率上升至 98.7%，菜农和菜商的矛盾纠纷类警情由 2020 年的 140 起下降至 2021 年的 68 起，化解率达到 100%。同时，依托警务阵地，民警们推行热心、静心、耐心、公心、暖心的“五心工作法”，采取“相约警务室”“警民恳谈”等灵活的警务活动形式，对不同种类矛盾纠纷分类

◆ 狄世俊坐在小板凳上与农牧民们拉家常

定级，做到情、理、法相统一，达到执法效果最优化。并向全所推广“一条板凳工作法”，将触角延伸到法治扶贫、电诈宣传、农村道路安全等基层社会治理的各个角落。在农牧民眼里，有这位“板凳所长”在，即将破碎的家庭就会变得和睦，揪心的事情就会得到化解。这一创新做法先后被新华社、甘肃日报、每日甘肃网等中央和省级主流媒体专题报道，打柴沟派出所也被省公安厅评为“全省优秀公安基层单位”和“枫桥式公安派出所”。

“活脑筋”激发队伍动力　用智服务寻觅真知

在派出所，狄世俊不是年龄最大的，但在专业知识储备和业务能力方面，他绝对是大家公认的“主心骨”。他始终把学习作为提升个人能力素质的最佳途径，不论是在办公室还是在宿舍，书籍总是摆在最显眼的位置。作为党支部书记，他创新工作举措，积极发挥“头雁效应”，开设“小讲堂”，制订“菜单式”学习指南，开展“命题式”学习讨论，通过党员民辅警轮流讲业务等方式，大家的学习能力都得到了有力提升。他还带头积极完善社区警务机制，着力打造智慧警务，以“五办服务”（紧急的事情马上办、特殊的事情上门办、复杂的事情协调办、困难的事情专项办、一般的事情简易办）为民解忧，率先推行清单化工作管理方法，创新开展数据共享工作。在他和同事们的努力下，打柴沟派出所始终是全局的模范和标杆。同事们常说，狄所长就像一个大哥哥，经常与他们交心谈心，关心他们的生活和工作，全心全意帮他们解决遇到的困难，指导工作中的不足，还鼓励他们向榜样看齐，向先进学习，在队伍中营造了奋发向上的良好氛围，使整个队伍充满了生机和活力。

“万金油”一心忘我奉献　用爱彰显神圣职责

基层民警服务群众面广点却小，不全身心投入很难做好这份工作。面对群众，狄世俊全心全意，无私奉献；面对战友，以身作则，温暖有爱。可面对家人，狄世俊却心中有愧。12 年来，狄世俊全身心投入工作，用人民警察的神圣职责严格要求自己。唯一欠缺的，就是对家的呵护，对一双儿女的照料，这么多年只和家人一起过过 3 个春节，两个孩子都是由年迈的父母代为照看的，内心的感激和愧疚是难于言表的。每次去看望二老，父亲却总是那句老话：“儿啊，要好好工作，要对得起穿的这身警服。”老父亲的嘱托，更像是他内心的独白，自从穿上警服的那天起，他知道，让群众满意就是他不竭的动力和奋斗的目标。

坐着小板凳，心中更有一张无形的“长板凳”。宁可跑断腿肚子，磨破嘴皮子，也不让百姓多跑一趟子。正是这样一位出门办案既不摆架子又不带铐子，却随时拿着小凳子的特别的所长，在源头治理上下好了“先手棋”、化解了“小矛盾”、调出了“大平安”，一次又一次赢得了农牧民的赞许，用“一条板凳”印证着新时代“枫桥经验”的开花结果，真正把社区警务工作做到老百姓的心坎上，用实际行动与辖区百姓共同守护着“青藏之眼、绿色天祝”的和谐平安。

甘肃省公安厅供稿

把警务工作干到百姓心坎上

◎ 雒焕素

"路是一步一步走出来的，社区警务工作也是。我们用脚步丈量辖区，这样才知道哪里缺啥，需要补啥。和老百姓坐到一个板凳上，才能把社区警务工作干到百姓的心坎上。"37岁的狄世俊，现任甘肃省武威市天祝藏族自治县公安局副局长。在打柴沟派出所担任所长期间，他采取"炕头会""板凳会"等方式，把基层矛盾纠纷调处延伸到村民院落、田间地头，实现了矛盾纠纷调处从"灭火"向"防火"转变，在源头治理上下好"先手棋"，化解"小矛盾"。2021年4月，狄世俊创新的"板凳工作法"赢得了广泛热议和点赞。2021年12月29日，狄世俊获评2021年度甘肃省"最美基层民警"。2022年1月，中宣部、公安部发布2021年全国"最美基层民警"先进事迹，狄世俊名列其中。

他有一双"铁脚板"

天祝县打柴沟镇毗邻中心镇区华藏寺镇，常住人口多、出租房

◆ 狄世俊实地走访社区的每一户

屋多、流动人口多，这样情况较复杂的“三多镇区”，需要社区民警投入更多的精力。为了耕好自己的责任田，狄世俊用“铁脚板”实地走访每家每户。

2021 年 3 月 2 日，打柴沟派出所治安户长在微信群中上报了一条辖区陈某家庭矛盾的线索信息。狄世俊马上赶至现场，由于陈某情绪不好，误以为民警是自己丈夫潘某请来的“说客”，狄世俊一进门就碰了一鼻子灰。随即，狄世俊又找潘某了解情况，潘某也很委屈，情绪非常激动。

狄世俊深知，矛盾纠纷看似不大，一旦发酵可能造成严重后果。他立即联合镇村干部一次又一次上门交流，潘某最终认识到了自己的错误，求助民警帮忙把媳妇从娘家劝回来。于是，狄世俊为此事跑了数十次，设身处地为双方谈人情、讲道理、举实例、讲法律，不厌其烦地化解双方矛盾。最终，潘某主动上门给妻子及岳父岳母道歉，积极看望住院的岳母，与妻子的关系也逐渐好转。时机成熟后，狄世俊带领民警向两家老人发动“攻势”，跟他们一起坐在院落里促膝长谈。终于，老人的心结也打开了。3 月 25 日，潘某夫妇主动来到派出所表示感谢。

针对当前辖区村组内家庭婚恋纠纷，狄世俊与同事一起创新运用“一条板凳工作法”，主动联合司法所、镇村干部、治安户长、村法律明白人、乡贤共同召开“板凳会议”，问矛盾缘由、讲政策法律、解邻里纠纷，最大限度地实现了“小事不出村、矛盾不上交”，有效维护了辖区稳定。2021 年，狄世俊和同事共走访摸排 13 户 26 人，成功调处化解此类矛盾纠纷 12 起。

他有一副“热心肠”

近年来，打柴沟镇高原夏菜收益越来越好，几乎家家户户都种着“万元田”。蔬菜成熟的季节是农户们丰收的季节，也是派出所最忙碌的季节，农户与蔬菜收购商的经济纠纷等令人应接不暇。狄世俊和同事们依托所里的“赵涛调解室”和“孔庆文警务室”，推行热心、静心、耐心、公心、暖心的“五心工作法”，采取“相约警务室”“警民恳谈”等灵活的警务活动形式，对不同种类矛盾纠纷分类定级，采用单独调、联合调、当面调、网上调等形式，做到情、理、法相统一，达到执法效果最优化。2021 年，类似的矛盾纠纷，狄世俊和同事成功调解了 160 起。

2021 年 7 月，辖区刑释人员窦某来所里报到，因为没有固定的收入和住所，窦某显得异常颓废。这个情况，狄世俊看在眼里，急在心里。之后半个月时间，全所民警都在四处为窦某联系工作，但由于窦某的“特殊身份”，很多用人单位婉言谢绝，民警们也有些泄气。可狄世俊却坚定地说：“他是我们服务的对象，我们不帮他，这个人就废了。”最终，在他的努力下，辖区一个菜库同意为窦某安排一份工作。狄世俊还积极与菜库负责人沟通，协调解决了窦某的住宿问题。2021 年 9 月 3 日，窦某在狄世俊和菜库负责人的陪同下，去养老院看望了母亲，当窦某在母亲面前跪下痛哭的那一刻，民警们才真正理解了狄所长的良苦用心。

他有一个“活脑筋”

狄世俊扎根基层派出所以来，始终把学习作为提升个人能力素质的最佳途径，不论是在办公室还是在宿舍，书籍都是必备品。在单位，他不是年龄最大的，但在专业知识储备和业务能力方面，绝对是大家公认的“主心骨”。他还带头积极完善社区警务机制，着力打造智慧警务，以“五办服务”（紧急的事情马上办、特殊的事情上门办、复杂的事情协调办、困难的事情专项办、一般的事情简易办）为民解忧，率先推行清单化工作管理方法，创新开展数据共享工作。在他和同事们的努力下，打柴沟派出所始终是模范和标杆。由他带领的打柴沟派出所荣立集体三等功 1 次，先后被省公安厅评为“全省优秀公安基层单位”“全省公安机关枫桥式派出所”。

12 年来，狄世俊全身心投入工作，严格用警察的神圣职责要求自己。他唯一遗憾的是，由于工作忙，两个孩子都是由年迈的父母代为照看。每次去看望二老，父亲总是那句老话：“儿啊，要好好工作，要对得起穿的这身警服。”面对老父亲的嘱托，他用内心的一句

“一定要争气”来劝慰自己。

派出所工作没有上下班之分，长期加班加点在所难免。2020 年春节，狄世俊留在所里值班，妻子怀孕身体不适，但他有任务在身，回不了家。第二天，他依旧奔波于基层警务一线，践行着自己肩负的责任和使命。

《兰州晚报》2022 年 1 月 13 日

2021 最美
基层民警

ZUIMEI
JICENG MINJING

多吉白玛

多吉白玛：牧区深处的一抹藏蓝

多吉白玛，藏族，1980 年 10 月出生，中共党员，2004 年 9 月参加公安工作，现为西藏自治区普兰县公安局一级警长兼任岗莎村党总支书记。他先后在公安交警、派出所、检查站、出入境、便民警务站等多个岗位上工作。曾荣获“全国优秀党务工作者”“自治区强基础、惠民生驻村工作队先进个人”等称号。受到个人嘉奖 3 次。

夯实战斗堡垒——下好“先手棋”

回顾 2017 年的岗莎村，还是一个因村“两委”班子不团结、党组织带富能力弱、社会矛盾频发等原因，刚刚被列为软弱涣散基层党组织的“问题村”。那时的村“两委”已默认停止运转，对于这样一个自然环境恶劣、年年雪灾频发、矛盾纠纷此起彼伏的“烂摊子”接下来该如何治理，谁心里也没有数。

就是在这种情形下，多吉白玛接到了组织上的紧急调遣，从县公安局下派到岗莎村担任了这里的党总支书记。刚刚“走马上任”的他，顾不上稍作喘息，就联合驻村工作队迅速投入“救火”之中。短短一周时间，他就走访了全村79户、300余人，通过对村情民意、问题症结的详细了解，多吉白玛越发清醒地认识到问题的严重性——到底是基层组织建设出了问题。

拥有丰富党务工作经验的多吉白玛，以村（居）换届选举为契机，积极物色人选，把一批政治觉悟高、致富能力强、群众威信高的后备干部充实到村“两委”班子中，选优了支部书记“领头雁”、配强了支部委员“硬骨干”。他相继为活动场所建设争取到500余万元资金，健全完善了活动场所管理使用、设备维护、资产处置等18项制度机制，实现了村级组织办公议事有场地、便民服务有窗口、党员活动有平台、群众文体娱乐有去处。

对多吉白玛来讲，看得见的问题都好办，但队伍精气神的提振可不是一朝一夕之功。他深知严肃的党内政治生活对激发调动基层党组织活力的有效性，仅2020年一年，他就以身作则、率先垂范，组织召开党员大会6次，支委会34次，党小组会28次，组织开展政治、党务、业务知识学习23次。经过规范严肃的党内政治生活，新的班子成员、党员队伍逐渐褪去了萎靡不振之态，呈现出积极进取的良好风貌，开始赢得上级组织和党员群众的信任。

“支部+经合组织”——打好“翻身仗”

建好了支部战斗堡垒，对多吉白玛来说，还仅仅是他的“开胃菜”。贫困群众不能稳定就业，遭受贫困之苦，这才是他的心腹大患。无恒产者无恒心。没有贫困人口的安居乐业，就谈不上社会的安定、边疆的稳定。想到这里，作为党总支书记、身负群众厚望的多吉白玛再一次着急上火、寝食难安起来，耐不住性子的他赶紧找到村“两委”班子和驻村工作队商议解决办法。

经过内部磋商，然后就是长达4个月的外出学习。多吉白玛四处寻求“良方”、充分摸底调研，先后向村干部、党员、村民征求到90余条关于岗莎村发展的意见建议，在与村“两委”班子成员进行深入沟通和集体充分论证后，以他为首的党总支再次从本村实际出发，稳稳抓住了建设冈底斯国际旅游合作区的难得机遇，为岗莎村量身打造了“以旅游运输为龙头、建材加工为支撑、餐饮零售为补充”的多元化集体经济发展模式。

深谙经营之道的他，先是组织富余劳动力加入牦牛运输服务中心，做起了牦牛和马背上的旅游生意。2018年年底又注册500万元成立了阿里首家村办企业——西藏冈仁波齐转山旅游服务有限责任公司。在他的扎实工作和苦心经营下，截至2020年年底，岗莎村参与牦牛运输队的群众增至338户、1164人，入股牦牛1164头、马1164匹，拥有30多年历史的“老字号”牦牛运输队迅速成长为固定资产达6000余万元的现代化企业，成为当地群众致富增收、转移就业的主要渠道。

带领党员群众吃上“旅游饭”、尝到甜头儿的多吉白玛，又立足拥有神山、圣湖等一大批世界级旅游资源的独特区位优势，探索总结出一套“支部+公司+合作社+牧民群众+书记带头、党员示范、专干帮办”的支部引路带富模式。2017年以来，先后组织村民

多吉白玛在牧区调研

开办茶馆、扶贫宾馆、砂石厂、塔尔钦出租车公司、扶贫惠民洗车场、电子商务、塔尔钦旅游综合服务体、219国道特色餐饮体验区等9家经济实体。截至2020年年底，在克服疫情严重冲击的情形下，岗莎村经合组织全年收入达到500余万元，每户每年创收仍达到1.6万余元，个别家庭创收甚至一度突破20余万元，党员群众的腰包逐渐鼓了起来、硬了起来，走上了不离乡、不离土就能增收致富的小康之路。

结对帮带的“排头兵”——拧成“一股绳”

为确保脱贫路上不漏一户、不落一人，多吉白玛还绞尽脑汁，想尽了一切能想到的点子，付出了一切能付出的努力。

在他的带领下，岗莎村积极践行共同致富理念，建立完善了入股投资、利润分配、岗位分配等 18 项制度，定期公示经合组织财务收支情况，让群众踏实劳动、明白挣钱。

“群众致富快，全靠党员带。”按照“双带三培养”要求，多吉白玛通过组织开展培训、外出交流学习等方式，先后将村里的 5 名致富能手培养成党员、把 12 名党员培养成致富能手、将 7 名党员致富能手吸纳进入村“两委”班子，极大激发了党员带头致富、带领群众致富的热情和积极性。

自己富了不叫富。他还率先组织 11 名村“两委”班子成员、4 个作业组组长、24 名“双联”户长与 72 户、192 名特殊困难群众结成帮扶对子开展“一对一”“一对多”结对帮扶困。在书记“一把手”身先士卒、以身作则的带动下，全村党员纷纷对标看齐，有的党员苦口婆心、不厌其烦地帮贫困户理思路、想点子，引导他们摆脱陈规陋习束缚、树牢勤劳致富的理念；有些党员几年下来，累计帮助全村 80 余名困难村民开展了装载机、挖掘机、烹饪等实用技能培训，帮助他们靠勤劳双手树立起对美好生活的信心。在他的带领下，几年下来，吃不饱饭、上不起学、看不起病等困扰昆乡贫困户的难题都被一一解决掉。

作为全村发展的“主心骨”、村民致富的“带头人”、困难群众的“贴心人”，多吉白玛在平凡的工作岗位上，几年如一日，默默无闻、埋头苦干硬干，忠实践行了对党和人民事业的绝对忠诚，正如村民们所说，这才是共产党的好干部、人民的好警察。

西藏自治区公安厅供稿

贴心的致富带头人

◎永　青　温　凯　达　珍　洛桑旦增

从过去村“两委”班子不团结、党组织带富能力弱、社会矛盾频发、基层党组织软弱涣散的“问题村”，到如今村“两委”发挥组织凝聚力、引领村民实现脱贫、奔上小康路、成为阿里地区集体经济第一村，普兰县巴嘎乡岗莎村这样的变化离不开多吉白玛多年默默的奉献。

来到岗莎村的4年，普兰县公安局一级警长兼岗莎村党总支书记多吉白玛带领村“两委”一班人，坚持“强党建、促发展、助脱贫”的工作思路，引领带动全村64名党员、338户群众发展集体企业10家，特别是牦牛运输服务中心现已成长为固定资产达6000余万元的现代企业，以实实在在的成效诠释了党建引领群众脱贫致富奔小康的生动实践。

说起多吉白玛，岗莎村村民经常挂在嘴边的一句话就是“这才是共产党的好干部、人民的好警察”。

自2014年参加工作以来，多吉白玛先后在交警、派出所民警、出入境管理等多个岗位上工作过。2017 年 4 月，他接到组织上的调遣，从阿里地区普兰县公安局下派到岗莎村担任党总支书记。

刚到岗莎村的多吉白玛，顾不上休息，联合驻村工作队，在短短一周的时间里，走访了全村 79 户、300 余人，详细了解村情民意。

“当时的村‘两委’几乎没有发挥出该有的作用。”回忆当年，多吉白玛如是说道，“后来，以村换届选举为契机，选拔了一批政治觉悟高、致富能力强、群众威信高的后备干部充实到村‘两委’班子中。”

多吉白玛明白，关键问题处理好了，但是，队伍面貌的焕然一新并非一朝一夕就能改变的。他以身作则、率先示范，多次组织村里的党员召开党员大会，并开展政治、党务和业务知识的学习，凭借规范严肃的党内政治生活，新的班子成员、党员队伍逐渐褪去了萎靡不振之态，呈现出积极进取的良好风貌，开始赢得上级组织和党员群众的信任。

◆ 多吉白玛走村入户宣讲宪法

“建好了支部组织，还只是个开始，贫困群众不能稳定就业，时时面临返贫风险，这是我当时心里最担心的事情。”多吉白玛说，“脱了贫我们应该更要努力，不能辜负村民们对我们的信任。”

后来，多吉白玛外出进行学习调研，并向村“两委”班子、党员和村民征求关于岗莎村发展的意见建议，在与村“两委”班子成员进行了深入沟通论证后，抓住了建设冈底斯国际旅游合作区的难得机遇，为岗莎村量身打造了“以旅游运输为龙头、建材加工为支撑、餐饮零售为补充”的多元化集体经济发展模式。

颇有经营天赋的他，先是组织富余劳动力加入牦牛运输服务中心，做起了牦牛和马背上的旅游生意。2018 年年底又注册 500 万元成立了阿里首家村办企业——西藏冈仁波齐转山旅游服务有限责任公司。在他的扎实工作和苦心经营下，截至 2020 年年底，岗莎村参与牦牛运输队的群众增至 338 户、1164 人，入股牦牛 1164 头、马 1164 匹，拥有 30 多年历史的“老字号”牦牛运输队迅速成长为固定资产达 6000 余万元的现代化企业，成为当地群众致富增收、转移就业的主要渠道。

此外，多吉白玛又探索总结出了一套“支部 + 公司 + 合作社 + 牧民群众 + 书记带头、党员示范、专干帮办”的支部引路带富模式。“在书记以身作则的带动下，全村党员都向他看齐，努力帮贫困户理思路、想点子，引导他们摆脱陈规陋习的束缚、树牢勤劳致富的理念。”岗莎村党总支副书记确伦尼玛说。

2017 年以来，多吉白玛先后组织村民开办茶馆、扶贫宾馆、砂石厂、塔尔钦出租车公司、扶贫惠民洗车场、电子商务、塔尔钦旅游综合服务体、219 国道特色餐饮体验区等 9 家经济实体。截至

2020 年年底，岗莎村经合组织全年收入达到 500 余万元，每户每年创收仍达到 1.6 万余元，个别家庭创收甚至一度突破 20 余万元，党员群众的腰包逐渐鼓了起来、硬了起来，走上了不离乡、不离土就能增收致富的小康之路。

如今的岗莎村渐渐找到了发展的方向，全村人一起走上致富路，朝着乡村振兴的目标一步一个脚印地发展着，而基层民警多吉白玛引路带富的故事还在继续……

《西藏法制报》2022 年 1 月 14 日

2021 最美
基层民警

ZUIMEI
JICENG MINJING

热合曼·艾海提

热合曼·艾海提：扎根胡杨林的“土警察”

热合曼·艾海提，维吾尔族，1985 年 11 月出生，中共党员，2009 年 10 月参加公安工作，现任新疆维吾尔自治区阿克苏地区沙雅县公安局哈德墩派出所教导员。荣立个人三等功 1 次。

风沙肆虐，他仍像胡杨一样扎根

2009 年，热合曼·艾海提穿上警服踏上了为民服务之路，工作第一站是距离县城 100 多公里外的哈德墩镇沙漠腹地中的一处治安卡点，由一节集装箱改装的营房成为热合曼·艾海提的驻扎地，在这四下荒无人烟的沙漠里，热合曼·艾海提一守就是 4 年多。

风沙，一年四季不间断的风沙，这是前些年留给热合曼·艾海提最为深刻的记忆。沙漠里的风沙天气就像还没断奶的孩子，前一秒刚刚哄好，下一秒又继续哭了起来。在这里，一年 365 天，至少有 300 天都是沙子飞扬，不管是屋内还是屋外，到处都是土，坚守在这里的“土警察”走访中更是“土”到面目模糊。“有一次我们在走访油区单位返程途中，忽然觉得天变暗了，回头一看，沙尘像一面墙一样从东边刮来，那天回驻地简直就是和沙尘比速度，到了驻地刚刚把门关上，就听见肆虐的沙尘咣当咣当敲打铁皮门的声音。”艾海提·热合曼回忆说。

这样的恶劣天气热合曼·艾海提数不清遇到了多少次，陪伴他的警用摩托车也在一次次的巡逻走访中变成了“钢铁战士”，除了铁架子没有散架，其他的部件能掉的都掉了。热合曼·艾海提也没有好到哪里去，在沙漠驻守的第二年，他就患上了胃炎，疼起来的时候直打滚，可他一直忍着，这一忍就是10多年。在与群众相处的日子里，他依然像这里的群众一样喝塔里木河的水，别的同事受不了这里的水盐碱大，都从县城买大桶的纯净水，而他却坚信“一方水土养一方人”。“我既然选择了这里，那我就是这里的人，胡杨能在这片水土里扎根，我也能！”艾海提·热合曼说。

熟百家路知群众心

2014年5月，由于地广人稀，哈德墩镇成立了第一个警务室，热合曼·艾海提也跟着从沙漠里搬到了警务室办公。

房子多了，群众多了，艾海提·热合曼高兴极了，即便是户籍册上有300多户居民，走访次数和管理难度要比以前大得多，他也高兴得不行，决定挨家挨户走访熟悉情况。当地群众世代以牧羊和种植为生，全都散居在胡杨林深处，“土警察”热合曼·艾海提就用“土”办法“顺藤摸瓜”，找到一户后通过这户的指引，再寻找

◆ 热合曼·艾海提走访中向群众宣传党的惠民政策

下几户的住址，就这样，他背着干粮一跑就是几天，摩托车没油了就推着走，迷路了就顺着羊肠小道走，“土警察”的足迹和称谓很快遍布胡杨林。两年多的时间，热合曼·艾海提便凭借超人的毅力和勇气，将辖区实有人口和居住地址摸得门儿清，最终核定常住人口 500 余人，200 多户，为以后派出所基层基础工作打下了坚实的根基。

为了帮助当地居民解决路途遥远生活不便的困难，热合曼·艾海提每次在上门走访时都会把群众面临的困难写在自己提前准备的记录本上，然后回去和其他同志一起商量集中解决。就在 2021 年 10 月底，“土警察”热合曼·艾海提发动群众统计冬季用煤，以团购的形式帮助群众买回了价格便宜还送货上门的无烟煤，解决了许多家庭的用煤难题。60 岁的买斯提热木·依斯热依力大娘逢人便说：“土警察”比自己的儿子还贴心！

胡杨精神催人奋进

习近平总书记在第三次中央新疆工作座谈会上强调，要践行胡杨精神和兵团精神，激励各级干部在新时代扎根边疆、奉献边疆。“艰苦奋斗、自强不息、扎根边疆、甘于奉献”的胡杨精神，深深震撼着热合曼·艾海提。太阳晒黑了他的面庞，塔里木河水和大地馕丰盈了他的筋骨，他像胡杨一样，在这片盐碱地里扎根生长。12年来，热合曼·艾海提的工作岗位始终都围绕着这片胡杨林转，从民警到副所长再到教导员，他“土警察”的称号一直流传至今。在辖区不管提起谁，说到哪些地方，没有“土警察”热合曼·艾海提不知道的。人情地貌的分布，时时刻刻都像一本账一样装在热合曼·艾海提的心中，他的走访笔记，也成为新民警争相收藏的宝贝。

这几年，沙尘天气少了，居民家家种葡萄，户户有果树。热合曼·艾海提又将部门工作重点转移到保护生态和野生动物上来，在他的影响下，当地群众的野生动植物资源保护意识越来越高，胡杨林里的动植物资源也愈发丰富。辖区群众吃上了“旅游饭”，收入更高，生活更好。只要不值班，热合曼·艾海提还是喜欢风尘仆仆地赶往群众家走访见面。“土里土气”的他，不但是群众最喜爱和信任的人，还是慕名而来观赏胡杨游客们的保护神。2020年10月，几名游客在胡杨林中迷路，在手机无法取得联系的情况下，热合曼·艾海提紧急发动所有牧羊群众参与搜救工作。最终，在警民联合搜救下，很快找到了迷路群众。

以平凡战不凡

热合曼·艾海提乐于扎根基层，立足岗位，沉下身心，脚踏实地为群众做好事、办实事，以对党、对人民极端负责的精神对待工作，兢兢业业完成好每一项任务，自觉将胡杨精神融入新疆公安的使命担当，不断将胡杨精神传承、发扬到每一名基层民警的心中。正是因为有了千千万万个像热合曼·艾海提这样的基层民警砥砺耕耘，社会稳定和长治久安的新疆总目标才能稳步推进，人民的幸福生活才能得到更好的保障。2020 年 6 月，根据热合曼·艾海提真实经历拍摄的公安微电影《胡杨林里的青春接力棒》真实再现了热合曼·艾海提的坚守故事。从迷茫到坚守，从内心荒凉到富饶，一任任青年民警从不适应到扎根胡杨林，都离不开热合曼·艾海提的细心传帮带。在他的带动下，全所民辅警都在忠诚守护的“土里土气”中，成为新一代胡杨卫士，成为一个个群众满意的服务标兵，守护着当地居民安居乐业。

大事难事看担当，逆境顺境看襟度，践行胡杨精神不是一句空话，也不会随着时代变迁而移志。什么时候建镇、什么时候停船建桥、什么时候成立派出所，什么时候用上了自来水、谁家新添了人口、谁家盖了新房子……哈德墩镇和辖区群众家里的点滴发展变化，都在“土警察”热合曼·艾海提十年如一日的坚守中铭记。他用自己的“土里土气”深耕着这片美丽的胡杨林，服务一方百姓，守护万家平安。

新疆维吾尔自治区公安厅供稿

与大漠相伴的“胡杨卫士”

◎于　涛

在新疆塔克拉玛干沙漠北缘，沙海环抱着一片辽阔的胡杨林。一位维吾尔族民警在这片“大漠绿洲”中坚守10余年，他的身影穿梭在胡杨林深处的村庄、牧场，守卫着农牧民的平安。这位被群众称为“胡杨卫士”的民警就是新疆阿克苏地区沙雅县公安局哈德墩派出所教导员热合曼·艾海提。

“我从小就有一个警察梦，能保护老百姓的安全，我感觉很荣耀。”出生于1985年的热合曼·艾海提，在2009年大学毕业后便如愿以偿穿上了警服。他从一名辅警干起，入职时上级领导与他谈话告诉他，那个叫哈德墩的地方条件非常艰苦，热合曼·艾海提听到后丝毫没有畏难情绪，立即表示要服务好那里的群众。“不管条件多苦工作多累，我都可以经受住考验。”他说。

随即，热合曼·艾海提来到他工作的第一站——哈德墩镇胡杨林中一个治安卡点。在那里与他相伴的是一个由集装箱改造成的临时警亭，还有一辆警用摩托车。戈壁黄沙和前所未有的孤独，并没有消磨掉他从警的坚强意志。从那时起，他就像胡杨一样，在这片沙漠里扎下根来。

当地群众大多以放牧为生，散居在胡杨林中。为了做好群众服务工作，骑着摩托车寻找村民住址，成了热合曼·艾海提工作中的家常便饭。那时候，他在胡杨林中找到一户人家后，通过这户人家的指引，再寻找下一户人家。就这样，背着干粮一跑就是几天，因此，年纪轻轻的他便落下了胃病。

一次走访群众返程中，沙漠里突然刮起“黑沙暴”，遮天蔽日的沙尘一下子让白天变成黑夜。“我冲进警亭把门关上时，听到外面风卷着沙石砸着门咣咣响。”热合曼·艾海提说，那些年陪伴自己的警用摩托车也“饱经磨难”,“除了铁架子没散掉，其他部件几乎都换过”。

随后几年中，热合曼·艾海提从辅警考上正式民警，工作岗位也从治安卡点转到村里，但是他一直没有离开这片胡杨林，为百姓服务的决心从来没有动摇过。“胡杨不会因为风沙而停止生长，我也不会因为环境艰苦就选择离开。”热合曼·艾海提说。

多年来，从点滴小事做起，不管是邻里纠纷，还是户籍登记，只要群众有需求，热合曼·艾海提都会主动上门热情服务。走访中，热合曼·艾海提把群众的困难诉求都记在一个笔记本上，谁家有病号、羊群在哪放牧、哪里容易遭受风沙袭击，他都记下来、装进脑子里，想办法一一解决或做好防范准备。沙雅县哈德墩镇奥普坎村村民赛买提·艾合买提说：“热合曼·艾海提考虑问题非常周全，不管村民遇到什么难题他都愿意耐心帮助。”

不管走到谁家，热合曼·艾海提都要房前屋后、里里外外看个遍，把群众家里的安全隐患排除干净才会离开。

胡杨节期间热合曼·艾海提为游客拍照

热合曼·艾海提走访中会向村民们宣讲外面世界的新事物、新变化，并鼓励孩子们要好好学习。他还经常组织分散在各处的群众定期聚会，鼓励大家主动和邻居交朋友，相互关心、相互帮助。

2020年，热合曼·艾海提被任命为沙雅县公安局哈德墩派出所教导员后，继续带领民警守护这片胡杨林中的群众安全。10多年的工作经历，热合曼·艾海提见证了沙漠腹地农牧区的变化。

“现在柏油路通了，交通非常便利，从村里到县城不用2个小时；哈德墩镇也变成了网红打卡地。”热合曼·艾海提说，“如今条件越来越好了，我们对服务好辖区百姓也更加有信心了。”

新华社乌鲁木齐2022年1月10日电

2021 最美

基层民警

ZUIMEI
JICENG MINJING

周荣亮

周荣亮：忠诚护佑中国高铁为国家名片擦亮平安底色

周荣亮，汉族，1984 年 11 月出生，中共党员，2005 年参加工作。现任上海铁路公安局上海铁路公安处虹桥站派出所副所长、一级警长，被评为全国公安系统二级英雄模范、全国优秀人民警察，荣立个人一等功 1 次、二等功 1 次、三等功 10 次。从警 16 年来，周荣亮始终战斗在铁路治安管理最前沿，以“绣花针”理念、“零容忍”态度，动“硬手腕”，下“水磨功”，密织站区防护网，倾心守护万千旅客出行安全。

磨砺终成利剑，琴心化解顽症

1984 年，周荣亮出生在上海市崇明县（现崇明区），在农村长大，淳朴耿直的他，从小就有一个匡扶人间正义的“警察梦”。报考大学时，他毫不犹豫地选择了铁道警察学院。2005 年毕业后回到上海，成为上海铁路公安处上海站派出所的一名铁路民警。

火车站人员密集、环境复杂，想要守护站区平安，必须练就一身与不法人员斗智斗勇的硬功夫。于是，初入警队的他主动向老民警学习，在每次执法工作中悉心钻研技战法，下班后，别人休息了，他还不忘琢磨总结工作方法，实战本领迅速提高。一次，他在工作岗位上发现一男子，大夏天穿着长袖衬衣，夹着皮包过安检时神情紧张，一个劲儿地喝水。他敏锐地意识到此人的反常，对其开展盘问，对方却极不耐烦称乘坐的列车马上就要开车了，要是错过乘车一定会让他负责。“出了问题我负责！”周荣亮坚持检查，果然在该男子包里发现了隐藏的毒品。为了有效管控车站治安，他不惜下“笨功夫”，硬是记下了每一名被打击处理过的违法犯罪人员的作案手法、体貌特征情况，在心里画就了一张识别违法犯罪的指南图。他屡破大案，仅凭可疑人员的一个眼神就找回了被盗的价值3万余元的金项链；仅凭一个矿泉水瓶就找到了扬言在车站内投放炸弹的不法分子。公安处管内其他派出所突发故意伤害致死案，罪犯在逃，身份不明，接到协查通报的他只瞥了一眼案发监控视频，马上认出凶手就是曾被自己打击处理过的刘某，一起特大凶杀案瞬间告破。周荣亮“鹰眼神探”的名声不胫而走，令违法犯罪分子闻风丧胆。

2018年，因工作能力突出，周荣亮被调入虹桥站派出所担任副所长。

上海虹桥站是全国最繁忙的火车站之一。这里紧邻虹桥国际机场，铁路、航空、地铁、公交互相衔接，形成“巨无霸”式的现代化综合交通枢纽，成为服务长三角一体化国家发展战略的重要交通支撑。不少坑蒙拐骗、黑车拉客、打包揽客、贩卖伪劣商品的不法分子盯上了这一“生财之地”，“老顽固”范某就是其中之一。范某常年混迹在上海虹桥站周边，兜售假冒伪劣商品，滋扰旅客，扰乱虹桥火车站治安秩序。还自称患有乙肝，认为公安机关拿他没办法，气焰嚣张，影响很坏。周荣亮一来到上海虹桥站就决心拔除这一顽固分子。他带领整治组民警连续几周加班加点，昼夜盯守，收集证据，仅 1 个月时间就将范某行政拘留 6 次。后来，因妨碍民警执行公务，范某受到刑事处罚。其他不法人员看到刺头被抓，纷纷作鸟兽散。

处罚不是目的，教育转化才能实现长治久安。经过深入走访，周荣亮了解到范某家里经济拮据，上有 80 岁瘫痪在床的老母亲，下有 3 岁的儿子，姐姐和妻子没有正式工作。于是，他自己出钱为范某的家人购买了生活必需品，还想方设法为其妻介绍工作，尽力帮范某家解决生活困难。范某出狱后得知情况，深受触动，主动向周荣亮认了错，发誓再也不干违法犯罪的事了，举家回到老家开始了新生活。不少违法人员得知范某的故事后都对周荣亮心服口服，滋扰站区多年的顽症得到根除。

在周荣亮看来，对不法人员既要严厉打击，更要教育挽救，特别是对一些情节较轻，主观恶意不大的，是推一把，还是拉一把，效果完全不一样。只有做到惩处、矫治、转化闭环管理，执法才算真正到位。周荣亮先后为多名因经济拮据铤而走险的不法人员介绍正当工作，曾说服一名轻微犯罪在逃人员放下思想包袱，选择自首，并最终走上了改过自新的道路。大量安全隐患在他的努力下，被一一化解消除。

践行"枫桥经验"，筑平安共同体

如今，走进上海虹桥站内任何一个商店，旅客都会发现店内有一名身穿橙色马甲的店员，马甲上醒目地写着"铁路虹桥义警"。2019年春运前，周荣亮创新工作方法，组织了一支由安检员、客运员、保洁员等135人组成的虹桥义警队。这些义警全天候穿梭在车站的各个角落，协助民警开展工作，犹如一张结实的安全网守护着车站安全。

不论是民警、辅警还是保安、义警，只要有新人参与站内巡逻，周荣亮都要带着他们从头到尾走一遍负责区域。工作期间，他几乎不用巡逻车，而是坚持步巡，这样就能够到达车站每一个最隐蔽偏僻的角落，更细致掌握情况。因此，他每天的微信步数没有低于2万步的，始终位居全所榜首。"旅客多的地方要走得慢、看得细，角落位

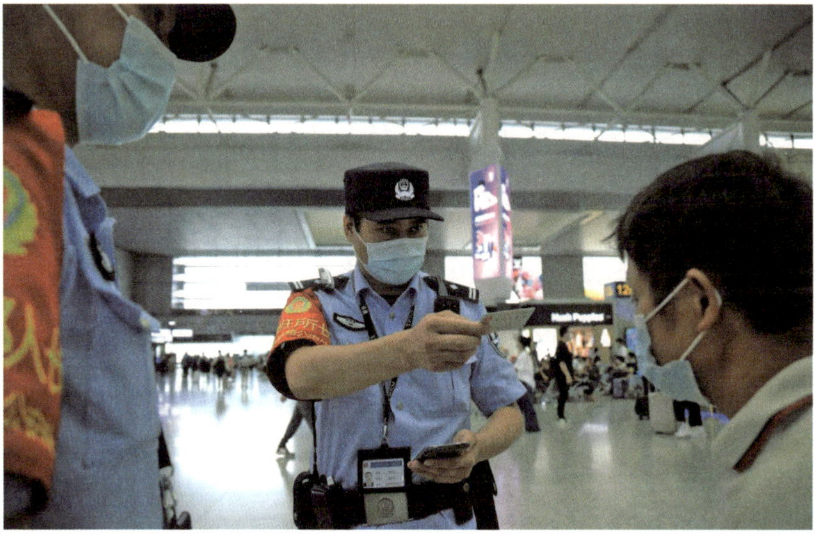

◆ 周荣亮在站区对进站人员身份核验

置最容易有情况，这些话每次巡逻时周警官都要反复说。”义警邢瑞莲说。在他带领下，虹桥义警坚守各自岗位，为确保车站平安发挥了积极作用。2019 年夏天的一个夜里，一名旅客在上海虹桥站到达层休息，嫌疑人趁其不备将其手机偷走，这一幕恰巧被刚刚下班的义警高海兵看到。高海兵与同伴立即上前拦住小偷，并且立即向虹桥站派出所民警报警。这起案件从案发到抓获嫌疑人，用时不到 90 秒。

“虹桥义警绝不是穿着橙色马甲的旁观者，而是与我们一起维护车站治安的自家人。”周荣亮骄傲地说。为了让虹桥义警队更好地发挥作用，他创建了义警队工作群，还在群名称旁边特别标注了义警负责的楼层，每天哪些义警参与车站巡逻都在群中提前布置、责任到人，实现精细化管理。如今，这支义警队伍已经发展到 160 多人，成为虹桥站派出所与车站、地方公安、商户等深化联动协作，参与基层社会治理的“左膀右臂”。

“构建警民共治格局，打造虹桥站平安共同体。”这是周荣亮从“枫桥经验”中汲取的智慧，他在工作方法上不断“拓荒”，从“弹性勤务、精准制导”到“多方联动、攥指成拳”，积极研究探索高铁大客站治安管控新模式。相继建立“跨区执法机制”，打造路地共建矩阵，组建“治安朋友圈”，设立“老娘舅矛盾调解室”“周警官法治大讲堂”。他以进取心态、奋进姿态、赶考状态，忠诚履行着“护高铁、保平安”的使命担当。

织密疫情防控网，誓做清廉干净人

新冠肺炎疫情防控常态化以来，上海虹桥站虽然没有往日春运返程的大客流，但周荣亮感到责任更大了。他充分发挥视频巡控无接触的优势，将站区每个体温监测点、身份核查点都纳入执勤民警网格管控的重点区域。

据周荣亮的同事周强回忆，疫情形势最严峻的时候，一位老人在候车室内没戴口罩，民警几次规劝，老人都称自己没病，不愿意戴口罩。“当时，周所长自己拿了一个口罩，走到老人面前轻轻地给他戴上。”周强说，老人见周荣亮为自己戴上口罩，便听从了周荣亮的建议，全程佩戴口罩乘车。以真心换取旅客理解，不让疫情防控留死角。截至目前，共组织开展防疫知识宣传活动 82 场次，开展站区安全生产排查 125 次，有效处置涉疫警情 152 起，配合卫生防疫部门发现核查发热旅客 340 人。

同事们说周荣亮有个特点，那就是每年春运、国庆假期，他的脸总是有点肿。原来，每年这几个时段都是周荣亮工作最忙的时候，连续加班是常事。虽然一熬夜就上火、一上火牙龈就肿，但他还是坚持紧盯客流高峰，协调旅客接驳。大家开玩笑调侃周荣亮爱上火，但心里没有不佩服他的。

从警以来，周荣亮获誉无数，始终将忠诚信念牢牢“置顶”，永远把国家和人民的利益放在最高处。作为一名土生土长的上海人，至今他还住在老式公房内，开的是二手车。殊不知，为了求得他手下留情，曾有多少不法分子偷偷往他的车内放烟酒、人民币、高档手机，匿名为他充电话费，但他从来不为所动。十六年如一日，周荣亮一心扑在工作上，每个节假日，他都在岗位上度过，像一头辛勤耕耘的老黄牛，埋头苦干，任劳任怨，无怨无悔。

上海铁路公安局供稿

一双慧眼一串妙招 密织站区防护网

◎李　欢　刘少杰

“有你周荣亮守在虹桥站，‘生意’都做不下去了，以后我们不来这里了。”这是2021年7月，一名长期混迹于虹桥火车站贩卖伪劣商品、倒票行骗的“黄牛”，发给铁路民警周荣亮的一条微信。因为磨不过周荣亮的“盯人”功夫，一批带客进站、倒票贩票的不法分子离开了虹桥站派出所辖区。

周荣亮是上海铁路公安局上海公安处虹桥站派出所副所长，主抓站区治安工作。作为全国优秀人民警察、全国公安派出所好民警、全路“我为改革作贡献”百名岗位标兵，15年里，他以“绣花针”理念，用“水磨功”密织站区防护网，守护万千旅客出行安全。2021年，在中宣部、国铁集团开展的“最美铁路人”评选活动中，周荣亮脱颖而出，被授予“最美铁路人”称号。

一双慧眼识破千谎百计

1984年出生于上海崇明的周荣亮，从小就有一个主持正义的“警察梦”。报考大学时，他毫不犹豫地选择了铁道警察学院，2005年毕业后回到上海，成为上海铁路公安处上海站派出所的一名铁路公安。

火车站人员密集、环境复杂，想要守护站区平安，少不了一双发现问题的“鹰眼”。2006年，周荣亮第一次独立执行任务时，遇到一名“可疑旅客”：夏天穿长袖，夹着皮包过安检，神态紧张还一个劲儿地喝水。周荣亮试探性地询问他包内装有什么物品，这名旅客极不耐烦地大声质问，称乘坐的列车马上就要开车了，要是错过乘车，一定会让周荣亮负责。

“出了问题我负责！”在周荣亮的坚持下，旅客打开皮包，果然里面藏有毒品。

凭着敏锐的洞察力，周荣亮总能迅速发现车站周边“黄牛”倒票、非法接拉客、售卖小商品的闲杂人员。在车站出站口，他靠嫌疑人的一个眼神，找回了被盗的价值超3万元的金项链；在监控画面中，他凭一个矿泉水瓶，找到了报假警谎称在车站内投放炸弹的不法分子，一双火眼金睛洞察着火车站内的治安隐患。

2018年，因工作经验丰富、能力突出，周荣亮调入上海虹桥站派出所任副所长。

虹桥站是我国最大的高铁车站之一，不少扛包揽客、贩卖伪劣小商品的不法分子，盯上了虹桥站的“商机”，范某就是其中之一。

◆ 周荣亮向旅客进行安全宣传

范某常年混迹在虹桥站候车室，兜售假冒伪劣小商品，滋扰旅客，还自恃患有乙肝，认为公安机关拿他没办法，气焰颇为嚣张。

周荣亮带领整治组成员，连续几周加班加点，昼夜盯守，只要范某一违法，立刻予以行政拘留，仅 1 个月时间，就将其拘留 6 次。后来，因妨碍民警执行公务，范某受到刑事处罚。

范某被抓是一时的，如何让违法人员心服口服、从此收手，才是周荣亮的最终目标。经过走访，他了解到范某家里经济拮据，上有 80 岁瘫痪在床的老母亲，下有 3 岁的儿子，姐姐和妻子没有正式工作。周荣亮不仅自己出钱为范某的家人购日用品，还为其妻子介绍工作。

范某出狱后，得知周荣亮对自己家人的关照，懊悔不已，向周荣亮认了错，然后举家回到老家重新生活。不少违法者看到范某都服了周荣亮，也不再打虹桥站的主意，滋扰站区多年的顽症得到解决。

一串妙招打造平安车站

如今，走进虹桥站内的任何一个商家，旅客会发现这里都有一个身着“橙马甲”的店员，马甲上清楚地写着“铁路虹桥义警”，这就是由周荣亮组织成立的虹桥义警队。

2019 年春运前，周荣亮创新方法，组织了一支由安检员、客运员、保洁员、售货员、快递员、专车司机等 135 人组成的虹桥义警队。他们全天候穿梭在车站的各个角落，协助民警开展工作，犹如一张结实的安全网守护着虹桥站的安全。

“旅客多的地方要走得慢、看得细，角落位置最容易有情况，这话每次巡逻周警官都要反复说。”一处商户的义警邢瑞莲说。

“要求别人怎么做，我自己得先做到啊。”身先士卒、作好表率是周荣亮管理队伍的原则。不论是民警、辅警还是保安、义警，只要有新人参与站内巡逻，周荣亮都要亲自带着他们从头到尾走一遍负责的区域。工作期间，每天他的微信步数没有不超过 2 万步的。

2021 年夏天的一个夜里，一名旅客在虹桥站到达层休息，嫌疑人趁其不备将其手机偷走，这一幕恰巧被刚刚下班的义警高海兵看到。高海兵与同伴立即上前拦住小偷，并且及时通知了虹桥站派出所民警。因义警的参与，这起案件从案发到破案，用时不到 90 秒。

如今，这支义警队伍已经发展到 160 多人，成为虹桥站派出所深化车站、地方公安、商户等联动协作，参与基层社会治理的一个“金字招牌”。

周荣亮来到虹桥站负责治安工作后，车站内的报警数由单日两位数降低到个位数，治安状况明显好转。2019 年，全所共抓获公安部网上逃犯 587 人、查处治安案件 409 起，真正做到了“票厅无倒票，站区无叫票”。

《新民晚报》2022 年 1 月 27 日

2021 最美基层民警

ZUIMEI JICENG MINJING

史先强

史先强：黑龙江畔的“源头国门守护者”

史先强，1989年9月出生，中共党员，2007年12月入伍，公安边防部队改革前为原黑龙江省公安边防总队大兴安岭支队上士，现任黑龙江出入境边防检查总站大兴安岭边境管理支队北极边境派出所洛古河警务室驻村民警。2020年7月，他带着怀孕的妻子沈欣赓续传承戍边为民精神，成为“洛古河夫妻警务室”的第二任“戍边夫妻”，其先进事迹入选国家移民管理局《士兵转改民警先进典型事例选编》。2021年获评黑龙江省省直机关优秀共产党员、全国移民管理系统成绩突出党员民警。荣立个人三等功1次。

主动请缨，到组织最需要的地方去

黑龙江省大兴安岭地区漠河市北极镇洛古河村，地处“神州北极”、黑龙江“源头”，年无霜期仅为80天左右，年最低气温零下52.3摄氏度，是生命的“孤岛”和国土的“天涯”。

2020年7月，洛古河夫妻警务室首任“戍边夫妻”贾晨翔、王晓莲夫妻享受移民管理机构荣归荣调政策调离了坚守多年的工作岗位。为深入践行“忠诚为民、担当奉献、专业文明、公正廉洁”的移民管理警察职业精神，刚转隶1年多的史先强与妻子商量后，带着对移民管理事业的追求，共同写下决心书，向组织表达扎根边疆、续写荣誉、拼搏奋进的决心和信心，主动请缨到条件艰苦的洛古河警务室去工作，到组织最需要的地方去实现人生价值。

洛古河村非常偏远，整个村子只有一家小卖部，连个看病的地方都没有，生病了只能跑到130多公里外的县城去看。这130多公里的山路蜿蜒崎岖，到了冬季，路面积雪，需要跑3个多小时。

2021年冬天的一个深夜，史先强的孩子突然得了流感，咳嗽不止、高烧不退，用尽了所有的降温办法，还是没有奏效，只能麻烦驾驶经验丰富的老乡连夜开车将他们送往漠河市人民医院，由于路途遥远，孩子因持续高烧几次在车上惊厥抽搐，妻子沈欣早已吓得泣不成声。

然而，就是面对这样的恶劣环境和艰苦条件，他们夫妻二人始终牢记为民服务宗旨，把根扎在警务室，满腔热情投入工作，在实践中总结出了“一心一意了解群众期盼、真心实意增进群众感情、诚心诚意依靠群众支持、全心全意维护群众利益”的“四心”工作法，在龙江源头造出了“暖心舟”，在警民心中架起了“连心桥”，在不到一年的时间里，从对村民陌生到熟悉，从不被村民接纳到与村民谈笑风生，他们夫妻二人用实际行动赢得了村民的认可，用坚守践行了从警的誓言，让大兴安岭地区第一个夫妻警务室的故事继续在龙江源头传唱。黑龙江出入境边防检查总站党委对史先强夫妻坚守信仰、坚定信念、矢志不渝的精神力量和价值追求予以高度肯定，专门下发文件号召民警特别是士兵转改民警向史先强同志学习，弘扬光荣传统，书写“扎根边疆、热爱边疆、建功边疆”的新篇章。

戍边夫妻，风雨同舟书写“北陲忠诚”

洛古河村并不大，从村头直走到村尾不过 15 分钟。工作中，史先强夫妻凭借着对第二故乡的感情、对大美边疆的热爱，每天都要绕着村子走上 10 多公里，日复一日，脚上的鞋磨破了一双又一双，但为民奉献的初心从未改变。

洛古河村虽然不大，但却地处边境一线，警务室辖区中俄边境线长达 44 公里，又是黑龙江源头，与内蒙古自治区相毗邻，界江边境巡逻管控任务非常繁重，夫妻二人每月都要与友邻单位内蒙古出入境边防检查总站恩和哈达边境派出所的同事们进行“会哨”，并借助陆军北部战区三二六旅的巡逻艇对龙江源头进行巡查，共同守护边境安宁。

夏季界江冰层天然屏障消失，也是渔民容易越界捕捞作业的时候，为了有效震慑打击违法犯罪行为，史先强每天都要到江边走上一圈，说是一圈，其实一走就是十几公里。到了秋季，界江即将封冻，江风刺骨，如刀割面，史先强深知自己的懈怠容易使一些渔民滋生侥幸心理，便不分日夜，常态化带领护边员顶着寒风在界江上巡逻，他们巡逻的扁舟成了国界线上的亮丽风景线。

冬季漠河地区温度极低，帽子围脖挂霜、衣服被冷气打透，艰苦的环境对史先强夫妻来说已经成为习惯，他们秉承着北极边境派出所“驻守北极高寒区，为民服务无特区；环境艰苦气温低，工作标准不降低”的信念，始终保持着极高的热情投入到工作之中，用对边疆的深厚感情延续了洛古河辖区10年治安、刑事案件和违边涉外事件零发案的工作目标。

面对严峻复杂的疫情防控形势，史先强主动充当战“疫”一线的“排头兵”，连轴转、日夜转早已成为他的工作常态，他每天都“泡”在村口的执勤卡点，严防死守，确保人员、车辆管控到位。2022年春节，他主动放弃与家人团圆共度佳节的机会，大年初一便返回工作岗位上去。村干部和同事看到他每天如此忙碌，都劝他要注意休息，而他却说，“我是一名警察，更是一名党员，在困难面前就要冲到第一线”。正是因为史先强的辛苦付出和带动，才给洛古河村筑起了坚强的防护堡垒，实现了“零输入”“零感染”的工作目标。

◆ 不能回家过年的史先强夫妇在警务室外挂上红灯笼

携手并肩，春风化雨续写“爱民故事”

在这个平静的小村庄，没有除恶治暴的轰轰烈烈，更多的是百姓的柴米油盐家常事。史先强夫妻接过最北警务室的接力棒后，始终将辖区群众“高兴不高兴、答应不答应、满意不满意”作为衡量工作的标准，秉承“百家亲，亲百家，源于民意，立于民心”的工作理念，从小事抓起，从细节做起，全身心投入到洛古河的工作当中，在群众中树立起了“可爱、可敬、可亲”的移民管理警察新形象。

由于洛古河村地理位置偏僻，交通不便，为了方便群众办理户籍业务，史先强夫妻义务为村民领取身份证、代办各类证件和证明，真正将派出所服务窗口延伸到了群众家门口。为方便记住村民家的情况，他们在警务室门口制作了一幅特殊的地图，坐标被村里房子的照片所取代，上面写着的是洛古河村 47 位户主名字。洛古河村村民大部分收入来自种地、采山货或者捕鱼等，青年人大都在外地打工，辖区居住着许多留守老人，史先强夫妇经常到老乡家里走访看望辖区的留守老人，时常帮助村里老人劈柴、扫雪、修修补补，夫妻俩和村民们处成了真正的亲人。史先强长期帮扶的刘桂香老人，年过 90 岁且患有阿尔茨海默病，经常夸奖史先强：“那孩子，那是真好，老在我眼前晃，我一瞅就敞亮！”

2021 年洛古河的雨水特别大，“龙江源头”的汛情从一出现就“连绵不绝”，为了保证群众生命安全，史先强连续值守大坝，昼夜查看水位；妻子沈欣则挨家挨户通知村民往安全撤离点撤离，组织驻防人员对老弱病残和行动不便的老人，进行一对一、二对一的帮扶撤离。在挨家挨户通知村民撤离的时候，村民王英敏突然大喊，“我家的小鸡还在院子里”，史先强知道后立刻跑去她家中，不顾难闻的气味和散落的粪便，帮助她成功将100余只小鸡进行了转移。为了帮助百姓迅速转移涉险财产，史先强挨家挨户走访帮忙，几箱几箱地搬，几件几件地扛，胳膊、肩膀都磨破了皮，看到他忙碌的身影，村民们纷纷竖起了大拇指。

在全国脱贫攻坚决胜时期，史先强积极与村委出谋划策，向政府申请扶贫专项资金，兴建了扶贫养鸡场，由于管理妥善，养鸡规模迅速由最初的5000只扩大到现如今的1.5万只，实现了日产蛋量1600斤的大丰收，带领村民稳步脱贫致富。同时，他还与村委积极向上级争取到30万元公益事业资金，用于加强村内基础设施建设，先后推出了翻新老年中心、危房改造、乡道改建等多项惠民利民举措来改善民生，改善生态环境，造福百姓。到洛古河村工作以来，史先强夫妇累计走访600余户，2000余人次，帮助群众解决实际困难22件，化解矛盾纠纷14起，检查旅店210余次，核查外来人员430余人次，开展边境巡逻350余次。就这样，史先强夫妻用一腔热心换来了乡亲们的真心，真正赢得了村民们的认可。无论何时何地，村民们都愿意拉着他们唠唠家长里短，纷纷夸赞：“小史两口子很不错，警务室由他们接任我们很放心”！

国家移民管理局供稿

极寒警务室　最暖守边人

◎ 邱小平

三九时节，中国的“北极”、黑龙江漠河地区的最低温度已经降到零下 40 多摄氏度。

出门前，史先强认真检查了妻子沈欣的一身“行头”：配发的棉大衣和加厚栽绒帽，防寒靴里塞了 2 双毡垫，手上柔软的线手套又套了一副挡风的棉手套。拿上对讲机、背上执勤包，史先强和沈欣走出洛古河夫妻警务室的大门。

为了让老百姓在家门口就能享受警务服务的便利，2010 年 7 月，原黑龙江公安边防总队北极边防派出所洛古河夫妻警务室在漠河市北极镇洛古河村成立。2019 年年初，公安边防部队改革，原黑龙江省大兴安岭地区公安边防支队北极机动队战士史先强退出现役，成为黑龙江出入境边防检查总站大兴安岭边境管理支队北极边境派出所一名移民管理警察。2020 年 7 月，时年 31 岁的史先强带着妻子、辅警沈欣，从“全国特级优秀人民警察”贾晨翔和王晓莲手中接过接力棒，成为洛古河夫妻警务室的第二任“戍边夫妻”。

在极寒的中国“北极”，坚守就是奉献。翻开史先强的工作日志，里面有这样一句话：“身在洛古河，就要让警徽闪耀在祖国的最北方。”

2022 年 1 月 10 日，史先强被评为 2021 全国“最美基层民警”。

最偏最远最放心，最北最冷最忠诚

洛古河村是漠河市一个宁静的边境小村庄。走进洛古河村，皑皑白雪掩映下，一座砖瓦结构、外墙蓝白相间的平房，在一栋栋古朴的木刻楞民居中格外显眼。这里就是北极边境派出所洛古河夫妻警务室。

沿着警务室西侧院墙往东走 30 多米，史先强和沈欣来到江边。洛古河村是黑龙江的源头村。江堤上雪很深，一脚踩下去，小腿就没进雪里。

“慢点走，这雪地看着平整，下面还有一层冰。”史先强一边说一边搀着沈欣慢慢走。沿着江堤一路下坡，走到头就是黑龙江，江面中间插着国旗标识国界。

洛古河村 44 公里长的界江管段，史先强不知走了多少遍，江道上哪里藏着冰缝，哪里有清沟，他都一清二楚。

2021 年 11 月 30 日，史先强和沈欣，加上村里的护边员刘建、杜文龙一同巡江。那时江水刚刚封冻不久，冰面还不结实。

“大家注意脚下，冰层不厚，中间有空的，尽量别往江中间走。”史先强高声提醒大家。

话音未落，只听“咔嚓”一声，刘建一脚踩破薄冰，紧接着半个身子掉进江里，江水瞬间没到他的胸口。身旁的杜文龙眼疾手快，一把拽住刘建的大衣，史先强也赶紧上前，两人一起使劲，才将刘建从水中拉出来。刘建惊魂未定，走上江堤时身上已结了厚厚一层“冰铠甲”。史先强一边帮忙清理，一边让杜文龙送刘建回去，他和沈欣继续巡逻……

每隔一段时间，史先强还要跟着边防部队官兵去更远的边界巡逻。巡逻一次大约要走 10 公里，来回两个多小时。中间有很长一段边境线人迹罕至，没有居民，没有手机信号，还时常有棕熊出没。每次史先强去巡逻，沈欣总是很担心。史先强却笑着说：“当兵的时候我就驻守北极镇北极村，路线我熟得很，没啥可担心的。”

史先强喜欢跟着边防官兵巡边，他觉得像回到了曾经的军营，浑身充满了劲。史先强始终牢记着北极边境派出所院子里那 14 个醒目的大字——最偏最远最放心，最北最冷最忠诚。

垫在心底的踏实，看在眼中的温暖

洛古河村不大，从东到西 15 分钟就能走完的距离，是史先强和沈欣每天的工作“半径”。初到洛古河村时，毕业于吉林警察学院的沈欣，跟着丈夫四处走访，没几天就和全村 47 户人家都熟悉了。

一天半夜，史先强被一阵急促的电话铃声吵醒。

“你们快来救救我老伴！”电话那头，村民刘国义已语无伦次。

史先强忙问他们在哪儿，刘国义一时答不上来。史先强连忙叫醒沈欣，俩人披上大衣，一路寻找。

一片漆黑中，史先强和沈欣眼前只有手电筒射出的光亮。沈欣

◆ 史先强（右一）和妻子沈欣在群众家中走访

有些害怕，拽紧了史先强的胳膊。刚下过雪，路上还有冰，沈欣感觉每走一步都很艰难。

史先强走得很快，路过村里的小商店时，他觉得屋里的人很像刘国义。进去一看，发现刘国义和老伴都在，询问后得知是刘国义喝多了酒，老伴管不住他，一时生气说了气话。史先强和沈欣劝了半天，终于让他们安全回了家。

“有人觉得这些都是鸡毛蒜皮的小事，我不觉得。”史先强说，“乡亲们大半夜能打电话给我们，是对我们的信任。”

2021 年夏天，由于连日降雨，黑龙江等河流水位上涨，史先强连续值守江边堤坝，昼夜查看水位，沈欣挨家挨户通知村民撤离至安全地点。

撤离途中，村民王英敏想起家里养的鸡还在院子里，转身就要回去。沈欣使劲拉住她说：“大嫂，咱哪跑得过洪水呀！鸡没了可以再养，人没了就啥都没了！”可王英敏坚持要回去。这时，史先强跑过来说：“嫂子，你先走，你家的鸡我帮你抓回去。”王英敏这才同意撤离。史先强在几名护边员的帮助下，将 100 多只鸡安全转移。

“他哪会抓鸡啊，手上胳膊上都被啄得流血，就是自己家里人也没这么拼命的！”王英敏每每提及此事，就忍不住掉眼泪。

2021 年，史先强被评为黑龙江出入境边防检查总站“最美移民管理警察”，颁奖词这样写道——

“荒凉的山野中，你门口的灯火，是村民那份垫在心底的踏实；在极寒的严冬，警务室的门牌，是行人那份看在眼中的温暖。”

警务就是家务，工作就是生活

洛古河夫妻警务室的东侧外墙是一整面墙画，上边画着警民一家的宣传画，还写有一行字——“警务就是家务，工作就是生活”。这是史先强和沈欣在洛古河村工作生活的真实写照。

摸着警务室里如今烫手的暖气片，沈欣对初到之时的严寒记忆犹新。

那年冬天很冷，沈欣刚生完孩子，只能待在屋里，风呼呼往门窗缝里钻，她给孩子穿着棉袄、戴着帽子睡觉，半夜一摸，孩子小手还是冰凉，沈欣就整夜搂着孩子。次日清晨，史先强给娘俩做好饭，出去巡逻、走访、执勤。沈欣抱着孩子满屋溜达。“那时，孩子太小，不能出门，每天唯一的盼头就是等他回家。”沈欣不好意思地说。

厨房的过道上，晾着洗过的衣服，架子上摆着的西红柿、青椒、茄子和鸡蛋，加上冰箱里储存的冷冻肉，是他们家近段时间全部的食材。洛古河村里没有售卖蔬菜和水果的商店，北极边境派出所每半个月给他们送一次补给。有一次，沈欣想吃草莓，史先强张罗了好久，终于联系到一名客车司机帮忙从市区捎了一点回来。史先强说：“虽然条件有些艰苦，但不能苦了你和孩子。”沈欣觉得，那次的草莓吃起来特别甜。

警务室办公桌上摆着一台老式的台式电脑，没有联网络，史先强平时用来记录工作。沈欣打开抽屉，里面放着一沓史先强获得的荣誉证书。看到这些证书，沈欣的话匣子打开了。

史先强 15 岁时父亲因病去世，母亲含辛茹苦抚养他。史先强 18 岁入伍来到原黑龙江省大兴安岭地区公安边防支队北极机动队，从此与这片最北的国土结缘。军旅十二载，史先强先后被原黑龙江省大兴安岭地区公安边防支队评为“优秀士兵”“优秀士官”。退役后，他又获得“全国移民管理系统成绩突出党员民警”、黑龙江出入境边防检查总站“最美移民管理警察”等荣誉。

“他真的很优秀！”沈欣说起史先强时，眼中带着光，满是崇拜。

这里是北纬 53 度，中国纬度最高的地方，许多游客眼中一路向北的“诗和远方”。

这里是北纬 53 度，中国冬季最冷的地方，老兵史先强和妻子沈欣温暖的家。

“我不觉得冷。有时村民们一句感谢的话，就让我们觉得暖暖的。”史先强笑着说。

《解放军报》2022 年 1 月 22 日

2021

最美
基层民警

ZUIMEI
JICENG MINJING

提名奖

王振生

王振生：情暖万家的“警察爸爸”

王振生，汉族，1978 年 5 月出生，中共党员，2000 年 8 月参加公安工作，现任山西省蒲县公安局刑侦大队副大队长兼警犬基地负责人，二级警督。近年来被评为蒲子好人、临汾好人、临汾市十大道德模范、最美优秀志愿者等称号。

勇毅攻坚铸忠诚，他是挚守基层的“刑侦尖兵”

从警 21 年，从警犬驯导员到侦查员、从中队长到副大队长，王振生始终战斗在刑侦第一线。从 2004 年到 2020 年，他在距离蒲县县城 50 公里的偏远山区太林乡驻守了 16 年之久，针对辖区厂矿多、流动人口多、治安状况复杂、刑事案件高发的特点，担任刑警中队长的 10 年间，他带领战友对各类刑事案件坚持重拳打击，先后破获各类刑事案件2000余起，其中命案12起、系列盗窃案上百起，有力地维护了辖区平安，捍卫了公平正义。

他始终坚持“命案必破”方向不动摇，以强烈的责任担当，快速侦破了一系列现行命案。2009年7月14日早晨，蒲县克城镇贺家峪村村民许某放牛时，发现一具男尸。接报后，王振生立即带领民警展开调查工作。凭着勤奋细致的一贯作风，他从一张小小的游戏卡入手，抽丝剥茧、追根溯源，很快确定了死者身份。以死者生前乘坐的一辆白色奥拓车为突破，沿着108国道一公里一公里地调取监控、追踪视频，最终发现了嫌疑人的落脚地，王振生带队连夜实施抓捕，仅用8天时间就让死者沉冤得雪。

2019年2月2日，蒲县太林乡南柏村发现一具烧焦的无名男尸。王振生带领办案民警在勘验焚尸现场时发现一部被烧毁的手机，通过调查，确定死者为樊某龙。随后他和队友顺线深挖，认为死者情人弓某花有重大嫌疑。一边蹲点守候，一边进行外围调查，很快，弓某花的另一名情人刘某飞进入办案民警视线，得知刘某飞因涉嫌盗窃罪被临汾市公安局直属分局刑事拘留后，王振生迅速赶到看守所对其进行突审，经过一天一夜的攻心审讯，刘某飞交代了其与弓某花运尸焚烧的全部过程。随后，弓某花也如实交代了杀人焚尸的犯罪事实，这起棘手的杀人焚尸案的真相在一个月后大白天下。

群众看公安，关键看破案。王振生辖区有国有煤矿16座，占蒲县煤矿总数的80%。为了给辖区厂矿提供安全的营商环境，王振生对盗抢骗等民生案件也始终抓在手上，放在心里。2011年5月23日晚，辖区东河煤矿办公楼保险柜被撬，丢失现金5.6万元，消息很快在矿区扩散，引起了社会恐慌。面对重重压力，刚刚担任刑警队长的王振生立下“不破案，决不收兵”的誓言。他顶着压力带领队员连续奋战，28 天成功告破系列盗窃案，4 名犯罪嫌疑人全部落网。

在长期与辖区企业接触中，王振生始终与企业保持“亲”“清”的关系。他时刻要求自己和队友，既要维护企业良好生产经营秩序，更要严格规范公正文明执法，绝不能办人情案、关系案、金钱案，始终做到克己奉公、清正廉洁。

2018 年 8 月 7 日，辖区常兴煤矿发生设备盗窃案。通过勘查现场调取监控，办案民警锁定了 5 名嫌疑人。其中一人是王振生的远房亲戚。8 月 9 日清晨，这名嫌疑人的家属委托田某拿着 1 万元现金来到王振生办公室“通融”，王振生严词拒绝并黑着脸说道：“别来这套，让他们赶紧投案自首！”经过反复劝说，5 名犯罪嫌疑人很快主动投案自首。

“不忘做人之本，常养浩然正气。”王振生把这句话作为自己做人从警的座右铭。“这个‘黑脸’刑警没有‘人情味’”，不少熟悉王振生的人都这么说。

在 2013 年办理的一起非法持有枪支案中，王振生带领民警赶到现场，发现对方竟然是自己的大舅哥，但他仍毫不留情地命令队友把大舅哥带回办案区，并及时向局领导汇报申请回避，王振生的大舅哥也因非法持有枪支被判了刑。

王振生的爱人武元平长期在当地纪检监察机关工作，既是“贤内助”，更是“廉内助”。严格的自我要求和良好的家风家教，让王振生始终保持着“两袖清风、一身正气”的作风，在公安队伍教育整顿期间，他经手的案件全部通过了评查，没有收到一封关于他的举报信。

惩恶扬善担道义，他是侠骨柔情的“警察爸爸”

2004 年 3 月 7 日凌晨，蒲县克城镇马驹沟村发生一起特大抢劫杀人案，5 名歹徒闯入煤矿工头张某宏家中盗窃院内的三轮车时被发现，致一死三伤。蒲县公安局当即成立专案组展开调查，经过两个月连续奋战，5 月 7 日凌晨，民警将犯罪嫌疑人陈某抓获，其余 4 人被网上追逃。其后 10 年间，王振生始终没有放弃追逃的脚步，在他和队友的不懈努力下，另外 3 名嫌疑人也相继落网。

2015 年 11 月，王振生带队远赴四川省射洪县抓获了最后一名嫌疑人邱某兵。面对嫌疑人留下的孤苦无依的 9 岁女儿小文君，他为嫌疑人承担起抚养孩子的“义务”，和这个特殊的家庭结下了不解的缘分。

2017 年正月初四，正在看守所服刑的邱某兵突然胃出血被看守所民警送医救治，王振生去医院看望他，得知他一直担心女儿，才说起两年来一直默默关心资助小文君的事儿，邱某兵哭着下跪感谢王振生。那一年暑假，王振生将小文君接到监狱探视正在服刑的邱某兵，让孩子见了父亲最后一面。10 多天后，邱某兵突发重病抢救无效去世，王振生作为“家属”，将其骨灰送回四川安葬，并主持操办了全部丧葬事宜。

小文君 12 岁生日时，他和家人专程去四川为孩子“圆锁”。小文君上初中前，他再次去四川为孩子联系学校并多方协调为其减免学费，他每周六给孩子发 100 元生活费，视频通话了解孩子的学习生活情况，逢年过节买好衣服寄过去，每年去四川看望孩子……寒来暑往，情到深处，小文君哭着对王振生喊出了“爸爸”。

而今，在这位“警察爸爸”的悉心照料下，小文君已经顺利上了当地的高中，成为一名品学兼优的好学生。

赤诚为民写大爱，他是情暖万家的“道德楷模”

面对多年的一线刑侦工作，王振生说：“作为警察不仅是要在危难之间挺身而出，还要在群众有需要的时候伸手相扶。”抱着身患白血病的两岁女童四处求医，用音乐为盲童甄浩宇“照亮”人生道路，给被遗弃的脑瘫女婴一个温暖的家……王振生的业余生活总是被公益填得满满当当，他在做好事的路上从未缺席，尽心尽力帮助每一

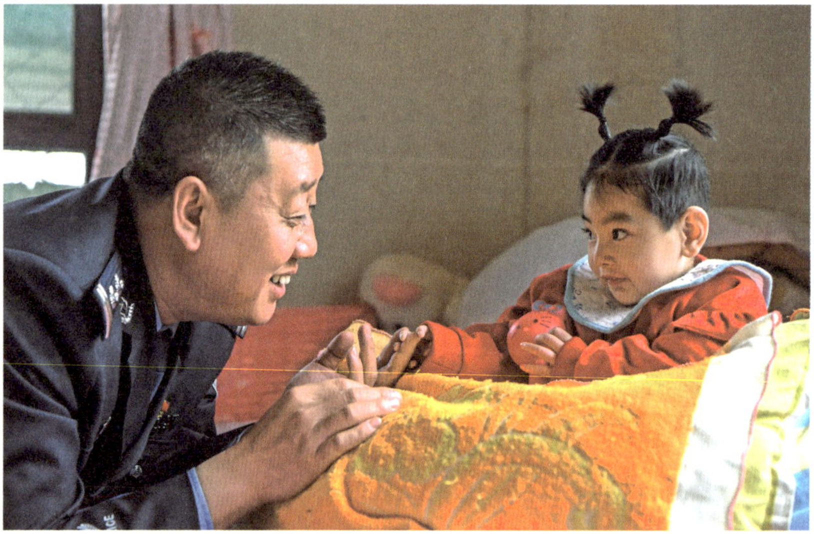

◆ 王振生看望救助的脑瘫女童

个需要帮助的人。

2011 年，王振生结识了盲童甄浩宇，一帮就是 10 年。当发现小浩宇有音乐天赋后，他多方联系专业老师一点一滴地教孩子唱歌、弹琴。2020 年，他把小浩宇送进临汾特教学校上学，为了提高他的音乐专业水平，他动员声乐老师组成了爱心公益队伍，对小浩宇进行专业辅导。如今的甄浩宇，已经是一个有着 30 多万粉丝的“网红”。

2019 年 5 月 16 日，王振生晨练时在公园长凳上发现了一名 4 个月的弃婴，当孩子被本地医院诊断为“无脑儿”后，他当即带着孩子开始长达一年的四处求医，并给孩子起名为“晋吾心”。2021 年 5 月，在他的积极协调下，孩子被临汾市福利院收养。

既扶弱助残，也救困济贫。决战脱贫攻坚期间，王振生结对帮扶蒲县黑龙关镇阳湾村席新杰一家。3 年间，他不仅帮助席新杰的儿子席玉健找了工作，让这个家庭有了稳定的收入，还坚持每周给老两口送去生活物资，像对待自己父母一样，尽心尽力照顾着老两口的生活。多年来，只要是在工作中遇到有困难的群众，他都会毫不犹豫伸出援手。

王振生的善行义举感动、影响、带动了很多人。他用人民警察的忠诚奉献接续爱的传递，将警徽的光芒播撒在黄河之畔，温暖了世道人心；他用赤诚大爱践行了人民公安为人民的初心使命，传扬了厚德仁爱的中华传统美德。

山西省公安厅供稿

杨宏峰

杨宏峰：草原上的“救人明星”

杨宏峰，汉族，1977 年 3 月出生，中共党员，1996 年 11 月参加公安工作，现任内蒙古自治区呼伦贝尔市公安局海拉尔分局向华街派出所所长。先后被评为全国优秀人民警察、内蒙古自治区十佳法治人物、全国公安系统二级英雄模范等称号，荣立个人一等功 1 次。

“作为基层派出所民警，我想能够把解决群众身边的操心事、烦心事、揪心事做好，就是我的职责所在。从 1996 年穿上警服的第一天起，我就下定决心，要做一个好警察。一晃 26 年过去了，尽管自己不再年轻，但心里的那份坚守，涌动的那腔热血，仍激励着我，为肩上这份职责拼下去！”这是在基层派出所工作 26 年，将自己的青春和热血都奉献给党和人民的杨宏峰内心最真挚的独白。

“小笨招”有大智慧 “人情味”见赤子心

1996年，刚参加公安工作不久的杨宏峰，来到了内蒙古自治区呼伦贝尔市海拉尔区哈克镇哈克派出所，作为警队新人的他，一切工作都要从零起步。那时候，他一人要守护1800多户、3000人口的片区。初入社区走访，敲不开门、见不到人是常有的事，但他心里却遵守着老师父那句：“脚底板磨破，也得把人口管理好！只有对辖区熟悉了，对居民熟悉了，才能在实战中得心应手”的教导。为了尽快将每家每户的情况摸排清楚，他往每户人家都会跑上三四趟，最终换来了片区居民的认可和信任，百姓赞誉他是有“人情味”的警察。

这一股不破楼兰终不还的“拼”劲与“咬”劲，在别人眼里看似是一个“笨招儿”，但却是基层民警“跑”进百姓心坎里的好方法——2000年冬天，哈克镇16号村发生了一起命案，一位老人在家中被刺身亡，一时间周边百姓人心惶惶，引发社会各界关注。

凭借对片儿区的了解以及大量走访调查，杨宏峰不仅判断命案是本村村民所为，还迅速从400多名村民中，筛选出3位嫌疑人进行排查。但是，第一次排查后，却没得到任何有价值的线索。同事都劝他：“会不会是判断出错了？或者再想想，还有什么人被遗漏了？”他进行了第二次摸排调查，但还是将嫌疑锁定在那3个人身上。最终，经过细致的排查，果然从其中一人的家里搜出了作案工具。作为派出所民警，只有顺势而为，利用好“笨招”，才能对辖区“底数清、情况明”，迅速为日常工作、破获案件提供线索，更好地为群众服务。

义无反顾“我先上” 生死考验“不是事”

2015 年 4 月 13 日 15 时许，杨宏峰像往常一样带领派出所民警和协勤人员在街面上巡逻。突然，对讲机中传来指挥中心略带焦急的指令：“有人掉进了成吉思汗广场附近的河里，请立即赶赴现场救援！”

当时的事发地点，并不属于杨宏峰所在派出所的管辖区，但听到消息后，他闻警即动，立即掉转车头，亮起警灯，风驰电掣奔向现场。虽然时令已至春天，但海拉尔河水尚未解冻，春寒料峭，当日气温已达零下 20 摄氏度。来到现场后，民警们发现一名男子卡陷在河心中央的冰窟窿里，正在拼命挣扎，由于体力不支，身体逐渐下沉。杨宏峰和战友们尝试了多种救援方法都不见效，生死关头，不通水性的杨宏峰毫不犹豫，纵身跳进了冰河，衣裤湿透，刺骨的寒冷顿时席卷全身。入水后，负重量迅速增大，他的身体明显下沉，但杨宏峰依然不间断地挥舞着铁锤般的拳头，砸向十几厘米厚的冰面开路，往落水者身边赶赴。气温越来越低，随着体力流失，他感觉身体越来越冷，破冰难度越来越大，发现拳头再不能快速砸开冰层时，他便用手肘、胸膛等身体的坚硬部位去破冰，硬是用血肉之躯，开辟出了一条宝贵的“生命通道”。杨宏峰一把拽住沉入冰水中的男子，用尽剩余的力气艰难地将其推到了紧随其后赶到的船上，自己却一个趔趄跌入水中。受困者的生命危险解除了，杨宏峰也被战友们拖上了岸，大家这才发现他的警服已经和皮肤冻在了一起，双手、身上满是被冰碴割开的伤口。

后来也有人问他："你不会游泳，怎么还敢跳河？"他说："当自己亲手将一个生命救下来，这个问题也就不是问题了。"其实，杨宏峰也是有血有肉、有亲人有牵挂的普通人，他从来都不是从天而降的英雄，而是因为他把人民群众的安全放在了心中最重要的位置，把履行警察的职责看得比生命还贵重。

"救人明星"名远扬 "耀眼勋章"释初心

多年来，杨宏峰一直扎根一线，干在基层，一次次在他眼里看似普通的救援，如今想来，却是屡次与死神擦肩而过，但他却从没有退缩，他一直用行动诠释着自己的从警初心。在杨宏峰的从警生涯中，共参加抢险救援200余次，先后救出遇险群众45人，入火海、跃高楼、下深井、爬吊车成了他职业生涯的"关键词"，他也被大家亲切地称为"救人明星"。

2015年9月2日，杨宏峰收到"一名男子在汽车交易市场楼顶声称要跳楼自杀"的警情。在多方劝解无效的情况下，他身系一根安全绳，将大半个身子探出围栏，把已经在楼顶边缘外的男子抱住并拉回了安全区域。

2015年11月15日，杨宏峰在巡逻时接到110指令称：一名拾荒者到拆迁现场捡拾废品时，被倒塌的房屋压在下面。杨宏峰在赶到现场进行救援时，被一根二次倒塌的房梁砸中了右臂，鲜血直流。最终，被困者被安全解救，杨宏峰受伤的右臂却落下了后遗症，至今仍然会隐隐作痛。

无论何时，处于何种危险境地，"冲在最前面"永远是杨宏峰奉

◆ 杨宏峰带领民警在辖区市场巡查

行的信条。这位来自基层的最普通的“片儿警”，将身上因执行任务时受过的伤、落下的病，当作诠释一名警察从警初心的最直接、最普通，却最耀眼的“勋章”。

身先士卒“打头阵” 警徽熠熠“闪光芒”

杨宏峰不仅个人表现出众，在他的带领下，他所在的基层派出所在缉毒禁毒、扫黑除恶、疫情防控工作中，也向党和人民交出了一份份满意的答卷。

2019 年 4 月，杨宏峰所在的哈克派出所获取到海拉尔区有人贩毒的线索，经过 20 余天的细致侦查，他带领办案民警成功将黄某、赵某某抓获。同时，经研判发现毒品来源于杭州某地，在自治区公安厅、市公安局协调下，哈克派出所立即派出警力赶赴外省。在克服重重困难后，顺利将嫌疑人徐某某、周某某、刘某及吸毒人员申某某成功抓获。9月中旬，在四川当地公安机关的配合下，将贩毒上家陈某抓获，并在嫌疑人家中搜获少量大麻。至此，一个横跨四省多地的贩毒网络被一举端掉。

2019年5月，哈克派出所收到李某军等人恶势力犯罪的案件线索，杨宏峰带领所内民警进行了细致调查。经过深挖细查，发现犯罪嫌疑人李某军、夏某生、李某林等人把持基层政权，长期纠集村民实施多起违法犯罪行为，具有典型的恶势力犯罪特征。对此，海拉尔警方成立了专案组，杨宏峰和专案组经过多次摸排走访和线索核查，在掌握充分证据的前提下，将犯罪嫌疑人李某军、夏某生、李某林等19人一举抓获，将盘踞一方多年的黑恶势力彻底铲除，群众纷纷拍手称快。

2020年，新冠肺炎疫情暴发，全区开展疫情防控阻击战。哈克派出所是海拉尔公安分局唯一的一所农村派出所，最远的村子距离市区70公里，派出所辖区总面积达1300平方公里，总警力却仅有14人，算不上人手充足。

面对艰巨的疫情防控任务，杨宏峰身先士卒，带领哈克派出所全体干警，日夜奋战在村口和牧场一线。一边对过往车辆进行检查，对驾乘人员逐一进行体温检测和排查，一边又与村委会联合，做好每个出入口人员疏导、检查工作。在严寒的室外，特别是赶上零下35℃的极寒天气，哈克派出所党员突击队始终顽强坚守，为辖区百姓提供了平安健康的保障，筑牢了阻击疫情的钢铁长城。

岁月如驹，时节如流，杨宏峰在从警20余年的时间里，已经连续17年都在岗位上为群众守岁了。除夕，在中国人眼里，意味着家家户户欢聚一堂的团圆，但对于杨宏峰来说，贴好春联后，就要穿戴好警用棉袄、棉鞋、棉裤、手套，外加一套近 10 公斤的单警装备，冒着严寒出门巡逻了——毕竟，万家灯火的璀璨幸福，总是离不开人民卫士负重前行的默默守护。有一年春节，街上人群的脚步正逐渐向家的方向热热闹闹地散去，杨宏峰在所里也正准备吃点饭，才扒拉没几口，突然听到对讲机里传来的声音："妇幼保健站有人求助，请立即赶往现场。"二话不说，他立刻撂下碗筷，匆匆赶往现场。

了解到报案人在妇幼保健站 5 楼大厅办理入住手续后，不慎将钱包遗落在长椅上，包内 1.2 万元现金不翼而飞的基本情况后，通过调取查看监控录像，杨宏峰迅速锁定了一名嫌疑很大的中年女子。一路追查下去，终于在一个商场内将该中年女子找到。经过杨宏峰的耐心劝说，中年女子最终将钱包归还给了失主。看着急到满头是汗的失主舒了口气，露出了笑容，杨宏峰又迅速进入了节庆日的日常巡逻状态，保证路面上时时有警力。毕竟，守护辖区春节的欢乐祥和，既是他最大的心愿，也是他作为人民警察的职责。

"作为国家法律的捍卫者和执行者，我永远不会忘记立下的铮铮誓言；作为人民群众的守护者，我要用行动践行自己的承诺……"杨宏峰不仅是这么说的，更是这么做的。在他的身上，我们看到了人民警察肩上承载的责任和使命。身负万众期待，心系万家灯火，社会的平安与稳定，永远是他心头最大的牵挂。

内蒙古自治区公安厅供稿

王春昱

王春昱：警徽闪耀社区谱写为民之歌

王春昱，汉族，1971 年 3 月出生，中共党员，2006 年参加公安工作，现任辽宁省大连市公安局沙河口分局兴工街派出所社区民警，荣获全国公安系统二级英雄模范、辽宁省人民满意政法干警等称号，先后荣立个人一等功、二等功各 1 次，三等功 2 次。

他是在党 27 年的老党员，转业入警 16 年，作为基层社区党委副书记，他坚守基层岗位默默奉献，践行入党誓言，以贴近群众、服务百姓、守护平安为目标，想百姓所想、急百姓所急，总结出“望、闻、问、切”工作法为群众解决实际问题，先后调解处理群众纠纷 900 余起，真正做到了“小事不出网格、大事不出社区，矛盾不上交，就地化解”。他将自己的青春与热血挥洒在深沉热爱的辖区里，是辖区群众最信任的“贴心人”。

竭诚为民　他是辖区百姓的“知心人”

王春昱的警务室每天都挤满了前来寻求帮助、咨询问题的居民。“社区无大事，件件百姓事。”面对这些繁杂琐碎的小事，王春昱从来没有一丝怠慢，渐渐地，他摸索总结出一套“望、闻、问、切”工作法——面对群众的问题和困难，第一要用心望、第二要倾耳听、第三要仔细问、第四要确切做。有了这套方法，辖区里的大事小情在王春昱这里都能迎刃而解，而且还一并解决了十几年来历史遗留的 10 余起老大难问题。

担任社区民警兼任如意社区党支部副书记以来，王春昱每逢节假日都会看望辖区的孤寡、空巢老人，询问他们有什么现实需要，尽其所能帮助这些困难群众。“我的一生就和老百姓打交道了，工作的前半段当的是人民解放军，后半段又是人民警察，人民永远在最前面！”王春昱说。

化解矛盾　他是枫桥经验的“传承者”

他认真践行新时代“枫桥经验”，面对面倾听群众意见，实打实助民解决难事，被辖区百姓誉为“及时雨”；他解群众之所忧、救群众之所急、排群众之所难，把事情办到百姓的心坎上，被社区群众称作“大管家”。

他协调社区成立“常来常往”社调工作站，与律师结下法律咨询帮扶对子，告知群众遇到矛盾纠纷怎么办，解决的途径在哪里。

在线上利用“法云调解室”网络平台与沙河口区法院法官通过网上视频听取当事人的陈述，进行调解、答疑、立案，讲解有关法律、法规和国家政策。在当事人平等协商、互谅互让的基础上提出解决纠纷方案，帮助当事人自愿达成协议。自 2018 年创建调处纠纷平台以来，王春昱参与化解矛盾 50 余起，所在的如意社区警务室被大连市评为“2020 年度居民示范评理说事点”。

防范电诈　他是群众安全的“守护神”

他善于学习探索、创新工作方法，用 App 与群众互动，及时发布安全防范常识，结合电信诈骗案件高发态势，利用微信群宣传防电信诈骗知识，解读指导相关案例，和群众积极互动，以案说法、

◆ 王春昱向社区居民发放燃气安全宣传单

以案释理，有效提升了群众的防范意识，切实守护了人民群众的生命财产安全。

2019 年的某一天深夜，辖区张大妈在微信群里询问附近的银行晚上是否能办理转账业务。这么晚了还急着办理业务？王春昱顿觉反常，给张大妈打了好几个电话，对方始终显示“通话中”。王春昱赶紧爬起床，半夜从家赶往社区，敲响了张大妈的家门。原来，当天 21 点左右，电信诈骗分子以张大妈的子女在外地出事故急需用钱为由，对张大妈实施诈骗，让张大妈按其要求给某诈骗账户转账人民币 20 万元。张大妈给孩子打电话没接，情急之下听信了，由于她不会使用网银，便想去外面的 ATM 机办理业务。在张大妈刚准备出门的时候，王春昱来了。他将大妈请回屋内，平复张大妈的情绪，耐心地对其劝解，最终保住了张大妈的财产，一场风波就此化解。

抗疫一线　他是危急时刻的“逆行者”

作为一名老党员，在来势汹汹的新冠肺炎疫情考验中，他始终带领徒弟奋战在抗疫最前线，面对可能面临的危险他却说，“我是党员，辖区我熟，我必须上”。凭借着多年社区工作经验，他充分发挥人熟、地熟、物熟的优势，每天与社区对接，及时掌握辖区疫情防控情况。随着防控工作的逐步深入，他总结推广了“四个到位”工作法：一是对居家隔离人员点对点无缝衔接到位；二是精准施策隔离措施落实到位；三是心理疏导情绪稳定到位；四是沟通协调跟踪保障到位，取得了良好的社会效果。

疫情防控期间，他积极帮助企业和商家联系防疫物资购买渠道，及时帮助协调解决企业燃眉之急，调动企业社会责任，得到积极响应。他把一些企业好的做法及时推广其他同类企业相互借鉴学习，引导防护物资急缺的相互帮助调用，为辖区企业商铺顺利复工复产添砖加瓦。

“社区里的每个人就像我的家人，我会用更多的努力为群众多做点事，让他们能高高兴兴地生活。”这就是王春昱，一名党员民警扎根社区的平凡追求。

辽宁省公安厅供稿

陈
亮

陈亮：东莱“亮警务”点亮每颗心

陈亮，汉族，1979 年 7 月出生，中共党员，2003 年 12 月参加公安工作，现任黑龙江省哈尔滨市公安局道外分局东莱街派出所副所长。曾荣获全国公安机关“我为群众办实事”成绩突出个人、黑龙江省社会治安综合治理先进工作者、黑龙江省公安机关“五进五讲”活动先进个人、黑龙江省公安机关“双学双比”典型个人，荣立个人三等功 2 次。

陈亮开创的“亮警务”工作模式，是东莱的重要工作经验之一，陈亮警务室是东莱首批也是目前唯一一个以民警名字命名的警务室，工作经验得到公安部高度评价。于是在东莱，有这样一句话：身在东莱学东莱，东莱片警学陈亮。

“亮警务”亮在红心为民，事无巨细，家长里短，事事关心

陈亮的父母都是警察，受家庭熏陶，陈亮从小就对警察这个职业有着特殊的情感和无比的向往。参加工作后，陈亮被分配到全国公安战线的一面旗帜——东莱街派出所工作，陈亮打小就知道，东莱对于派出所民警而言就是一处至高无上的殿堂，做东莱民警需要更高的标准和更多的付出。治善先达情，达情必熟人。陈亮的百家熟不仅是“进百家门、认百家人、知百家情、办百家事”，更体现在和群众之间的鱼水情深。陈亮是一个面对群众，始终能够保持热情、保持微笑、保持真心的民警，辖区谁家有点大事小情，他都掌握得清清楚楚，老百姓有了什么急事难事，也都爱找他，啥事到了他那儿，都能办好，啥难题到他了那儿，都能解决。就这样，在东莱辖区形成了一句顺口溜：民警熟百家，百家熟陈亮。

对群众，柴米油盐事无巨细，家长里短事事关心，辖区的2452户户情，他都铭记于心，6978名群众，也都把他当作贴心人。辖区里有个老王，因为邻权问题跟邻居闹矛盾，同事们做了几次工作，效果都不太好。有一天，矛盾还闹大了，这老王躺在地上说啥也不起来，硬是说邻居打他了。陈亮就带着民警出警了。陈亮一到，老王赶忙就从地上爬起来。“哎呀，陈亮，你咋来了呢？快进屋，快进屋。”“咋回事呀？”“没事，没事，一点事都没有！”就这样，一场矛盾纠纷轻轻松松就解决了，当时大家都特别奇怪，老王为啥这么听陈亮的呢？后来才知道，原来呀，这些年，老王家的大事小情全

靠陈亮帮衬着。

前些年，经济效益不好，很多企业倒闭、裁员，老王的妻子就在下岗的行列。妻子下岗、儿子升学，让这个本就不富裕的家庭真是困难得揭不开锅。这事让下片走访的陈亮知道了，帮助联系了辖区物业，帮老王的妻子解决了工作问题。老王家孩子毕业了，陈亮又帮着孩子找实习的地方，家里的大事小情就没有陈亮不知道的。

像老王这样被陈亮帮助的对象，还有很多，陈亮对老百姓是真心好，老百姓也都真心信得过他。

“亮警务”亮在六情唤醒，真情引导，矛盾纠纷，冰雪消融

作为新时代东莱工作法的实践者，为了能更加精准地调处民事纠纷，陈亮利用空闲时间自学了心理学知识，针对矛盾当事人双方的人物关系和情绪变化，总结凝练出“六情唤醒工作法”，让剑拔弩张的纠纷烟消云散，让格格不入的矛盾冰雪消融。针对偶然突发事件导致陌生人之间一时冲动造成的矛盾，可以用激情调解法；针对家庭内部不和睦造成的矛盾纠纷，可以用亲情唤醒法；针对群众群体和水电气等相关机构部门的矛盾，可以用共情唤醒法；针对熟人之间，存在事实信息不全，产生误会各执一词的矛盾，可以用隐情唤醒法；针对夫妻之间的矛盾，可以用温情唤醒法；针对当事人个性化特点，转移话题，抬高当事人本体，可以用移情唤醒法。

2019 年夏天，一对情侣和一家三口因为买电影票排队发生了矛盾。后来，双方都没看成电影，矛盾升级，闹到了派出所。陈亮详

细一问才知道，这对情侣工作在两地，好几个月才能见到一面，就想看场电影，增进感情，结果因为电影没看成，女生就埋怨男生，甚至把好几年前的陈芝麻烂谷子的事翻出来，吵着要分手。而另一边，这一家夫妻俩工作都很忙，难得有机会带着刚上初中的女儿看场电影。在孩子面前折了面子，使得这对夫妻不依不饶。陈亮首先将双方请到不同的房间，看到这对情侣，因为点滴小事，相互之间就不说话了。陈亮劝说情侣犯不着因为这点事而生气，见两人心情有所平复，陈亮又与他俩聊起了他们之间的恋爱往事，陈亮对他们异地相守表达尊重和赞美，这便用到了温情唤醒法，唤醒温情，挚爱如初；在陈亮的引导下，这对情侣回忆起恋爱的点点滴滴，想到见面不易，互相之间不再争吵了。到了另一边，陈亮没有提到事件本体，而是表达对小女孩的喜爱，称赞孩子乖巧、懂礼貌，用到移情唤醒法，唤醒特质，转题纾结；在陈亮赞美后，孩子父母也流露出开心的笑容，而此时，陈亮话锋一转："你们两口子只想着不想在孩子面前折面子，但是有没有想过这样的争吵会在孩子的心里产生什么样的不良影响。"这是共情唤醒法，唤醒共感，换位求同；见孩子父母若有所思，陈亮又向他们介绍了异地相守的不易，这就用到激情唤醒法，唤醒理智，平躁自解；同时引导双方渐入隐情唤醒法，唤醒真相，双方互致歉意，互相谅解，孩子父母还不惜亮短，向男女青年介绍起他们夫妻之间的家庭琐事，劝导男女青年和睦相处，并且祝福他们早日步入婚姻的殿堂。

几年来，陈亮因势利导、因情施策，游刃有余地化解、处理各类矛盾纠纷 3000 起，家庭关系融洽了，邻里氛围和谐了，群众对陈亮也愈加信任。

◆ 陈亮在市场调解纠纷

“亮警务”亮在将心比心，诚意正心，排忧解难，廿载躬行

矛盾纠纷化解是维护社会和谐稳定的一项重要手段。陈亮始终坚持“事后多聊半小时”，从化解“事件矛盾本体”延伸到真正为群众打开心结。多年来，办实事、办好事 1500 多件次，实现了矛盾的零反复、零升级。

辖区的盲人老张和她的小侄女闹矛盾，家里东西都摔坏了。爷俩剑拔弩张。小侄女青春叛逆，连哭带闹；老张性格执拗，气得手都直哆嗦。简单一问，因为小丫头忙着出去玩，把钥匙锁屋里了，后来找开锁公司才进的屋。老张多说了几句，小丫头就闹着要离家出走。其实，陈亮早就知道，这爷俩感情一直非常好。老张一辈子无儿无女，把这个侄女都当亲闺女看待。但是老张的刀子嘴豆腐心和小侄女的青春期逆反心理格格不入，小矛盾也时有发生，借着这个事，陈亮正好彻底消除他们的隔阂。这时候，亲情唤醒法就起了作用，唤醒亲情，血脉融冰，陈亮帮着两个人回忆以前，老张生病的时候，小侄女顿顿一勺一勺地喂他喝粥，小丫头想创业，老张东挪西借给拿钱，到最后，生意亏了，老张还劝她鼓励她，整整聊了一下午，爷俩心结解开，和好如初，还专门配了一把备用钥匙交到警务室。盲人老张说，人心都是肉长的，我和丫头都真心信陈亮，凡事找陈亮，管用！

一把钥匙打开一把锁，一把钥匙打开一扇心门。陈亮在平凡和细碎中，用自己的真心真意，用一次次小事实事，一步一个脚印，走进了辖区百姓的心里。

陈亮说：做群众工作，最重要的就是能够站在他们的角度去思考问题，将心比心，只有真心实意地为老百姓着想，才能真正化解矛盾解决问题。“只有我们把老百姓捧在手上，举过头顶，装进心里，才能真正赢得群众的满意、信赖和支持。”

黑龙江省公安厅供稿

王瑞芳

王瑞芳：侠骨柔肠的“新时代马天民”

王瑞芳，汉族，1962 年 9 月出生，中共党员，1993 年参加公安工作，曾任上海市公安局徐汇分局徐家汇派出所三级高级警长，已退休后返聘。获评上海市公安局 2010 迎世博争创人民满意先进个人、平安先锋等。曾荣立个人一等功 1 次、二等功 1 次、三等功 1 次，获个人嘉奖 13 次。

没有雪域高原的严酷，没有崇山峻岭的崎岖，没有边疆海岛的孤寂，在人潮汹涌的大都市里，最远的可能是心和心的距离。从风华正茂到满头白发，王瑞芳始终牢记习近平总书记在上海考察时的“一流城市要有一流治理”的嘱托，以共产党员的使命担当，以人民警察的无私忘我，用心用情用力不断满足人民群众对美好生活的向往，让警心贴近民心，把一个远近闻名的“问题小区”变成“平安福地”，打造出基层社会治理的“上海样本”，为推进上海基层社会治理体系和治理能力现代化贡献出“公安智慧”，被誉为“新时代马天民”。

绝对忠诚、勇于担当，他是敢啃硬骨头的“铁汉子”

忠诚是共产党员最鲜明的底色。作为党的诞生地和初心始发地上海的公安机关的优秀代表，王瑞芳传承红色基因，把忠诚刻在心上，把担当扛在肩上，积极探索基层社会治理新模式，书写着人民警察的忠诚和奉献。

王瑞芳的社区民警之路并不平坦。20年前，他第一次进社区，迎接他的不是群众的笑脸，而是朝他头上扔过来的一大把毛豆壳。原来，他所在的南丹南村是典型的“城中村”，聚众赌博、打架斗殴、邻里矛盾等乱象频出，坊间甚至有“好女不嫁南丹南村”的说法。更为棘手的是，小区里还有10多个病情各异的精神病人，就像一枚枚定时炸弹一样不可控。以前这里的社区民警，没有一个能干满两年的。

第一次亮相，就被扔了毛豆壳。这个“见面礼”简直就是挑衅，不能就此放任。王瑞芳站住了，他指着那几个扔毛豆壳的人大声说：“我是新来的社区民警。你们给我记住了，我是来给你们做规矩的！有事可以来找我，想闹事的，门儿都没有！”那几个扔毛豆壳的人见这个身材并不魁梧的警察气场如此强大，都低下了头。

毛豆壳之后是“闭门羹”。王瑞芳走访居民，对方探头一看，“哟，是警察！”“砰”地关上了门。换了一家还是一样，不同的是声音更响、摔门更狠。王瑞芳事后了解到，这里的居民认为警察上门是这家有人犯事了，不吉利。

进不了门，怎么办？王瑞芳想出一个妙招。下社区时他带一只保温杯，只倒 1/3 水，没水喝了，就敲门“借”水。居民不好意思拒绝，于是，一杯水、两杯水、三杯水……以水“架”桥，王瑞芳终于敲开了居民的家门，进而叩开了他们的心门。

人们都以为社区警务工作尽是一地鸡毛，对王瑞芳来说，其实还有命悬一线的危急时刻。

“王警官，武疯子要杀人啦！”一天，有居民气喘吁吁找到王瑞芳。他奔过去一看，原来一名精神病人把老婆当成人质，作势要用刀砍。王瑞芳在门外喊：“我是警察，把你老婆放了，要砍来砍我。”说罢，举着盾牌一脚踹开门直接冲了进去，精神病人丢开老婆，几个箭步上前，对着王瑞芳就是乒乒乓乓一顿猛砍，幸亏王瑞芳准备充分，有盾牌护身，二十几刀全部砍在盾牌上，留下了深深的砍痕。将他制服后，王瑞芳和居委干部把他送进精神病院。

不仅如此，王瑞芳整治赌博场所也势如破竹。小区里 100 多家棋牌室，有的混杂着赌博。王瑞芳决定擒贼先擒王，对其中最大的一个秘密侦查六七天后，只身一人冲进屋内，镇住二十几个赌徒，在增援民警的配合下，赌场被一锅端掉。

在他的不懈努力下，南丹南村的治安面貌发生了翻天覆地的变化，“小混混”不见了，暗藏赌博的棋牌室关掉了，入室盗窃从日均 1 起逐年下降直至消失。王瑞芳并未止步，他着手建立长效机制，组建了一支涵盖各年龄段居民的志愿者队伍，守护小区安宁。居民们都说南丹南村现在成了宜居的福地，风清气正，房价也涨了，好姑娘、好小伙纷至沓来。

凭着对党的绝对忠诚、对公安事业的无限热爱和敢做敢为的担当精神，王瑞芳让“问题小区”实现了由乱到治、由治到兴的华丽转身，在居民心中树立了极高威信，居民都称他为南丹南村的“守护神”。

攻坚克难、精细管理，
他是新时代“枫桥经验”的“传承者”

党心连民心。王瑞芳兼任居民区党总支副书记，他牢记这一政治身份，传承新时代“枫桥经验”，创新基层社会治理，追求“细致、精致、极致”，以绣花针般的精细管理把矛盾化解在基层，把隐患消除在萌芽，切实增强群众的获得感、幸福感和安全感。

上海寸土寸金，地处徐家汇的南丹南村更是如此，居民想尽办法螺蛳壳里做道场，整个小区有 240 余处违章搭建。拆违事关居民切身利益，阻力可想而知。王瑞芳迎难而上，他和街道、居委干部不光一家一家走访，还通过社区警务群、社区综治群等微信群倾听居民心声，收集社情民意。

姜家三代人生活在底楼的 60 多平方米房间里，几年前破墙开了个烟杂店，这次列入了整治范围。王瑞芳多次上门沟通，姜老大最终表示配合。但整治当天，画风却变了，姜老二叫得最凶，阻止拆违，城管队员与他交涉，没想到姜老大一个趔趄倒了下来，现场乱成一团。

就在这时，王瑞芳出现了，他一边拨打 120，一边固定城管队员的执法记录仪。经过现场急救，姜老大恢复了神志。王瑞芳不放心，陪他去医院做了检查，确认没有问题后才回来。

当晚，姜家五兄弟气势汹汹来到警务室，姜老二嗓门依旧最响，说今天必须给个说法。王瑞芳先是端上来 5 杯茶，让他们坐下来，然后和颜悦色地说城管队员有执法记录仪，如果有人动手，我一定依法处置，如果没有，你们也不能无理取闹。然后打开执法记录仪。五兄弟凑在一起看了一遍又一遍，确认大哥是自己没站稳倒下的，真相清楚了，五兄弟都无话可说。但王瑞芳并未就此止步，第二天从街道为姜老大申请了困难补助金，还为他介绍了一份工作。姜家兄弟非常感动，但在拆违上还犹豫不决，问王瑞芳自家带头拆了，凭啥相信后面的人也跟着拆。王瑞芳指着胸前的党徽掷地有声地说，凭我是共产党员，凭我是人民警察。就这样，他一把钥匙开一把锁，240 余处拆违任务按期完成。

当年的除夕夜，冷雨潇潇，寒意逼人，王瑞芳正在小区巡逻，突然迎面走来一人，一手撑伞，一手端着一碗面条，关切地说："王警官，大半夜了，垫垫肚子吧！"王瑞芳定睛一看，原来是姜老二。看着这碗热气腾腾的面条，王瑞芳顿觉一股暖流涌上心头。从脏兮兮的毛豆壳，到冷冰冰的"闭门羹"，再到热腾腾的"暖心面"，王瑞芳知道，其实，老百姓心里有杆秤，你把老百姓当亲人，老百姓也会把你当亲人。

街道要在小区建具有综合服务功能的"邻里汇"，却被讹传成了临终关怀机构，居民聚众抵制，王瑞芳每天吃住在警务室，逐一解开居民心结；居民抽烟引发大火葬身火海，楼上楼下邻居生活受到严重影响，王瑞芳把警务室腾出来做吊唁接待场所，及时为死者家属向街道申请困难补助，还和居委干部买了全新的棉被和床垫给邻居送上门，让一场即将爆发的邻里矛盾迅速化解……20 年来，他

◆ 王瑞芳坚持每天巡逻，向南村社区居民了解情况

主动化解各类重大信访上百起，调解各类矛盾超过2000起，一桩桩、一件件，都凝结着他对百姓朴素而深沉的爱。

城市治理“最后一公里”就在社区，社区是党委和政府联系群众、服务群众的神经末梢。整天摸爬滚打在基层的王瑞芳，总能第一时间敏锐感知和妥善解决社区矛盾，将社区隐患动态清零，让居民切切实实感受到党和政府的温暖，也为社区治理体系和治理能力现代化贡献出公安力量。

肩上有责、心中有民，
他是居民心中新时代的“马天民”

江山就是人民，人民就是江山。民心是最大的政治。王瑞芳心系百姓，带着深厚的感情和强烈的责任感积极为群众办实事、解难事，为“马天民”注入了新时代内涵，为上海实现“人人都有人生出彩机会”添砖加瓦。

小李是个不幸的孩子，非婚生养，一直报不上户口；小李又是个幸福的孩子，王瑞芳不仅一直想尽办法帮他报户口，还像父亲一样关心他。小学和初中入学证明没有怎么办，王瑞芳四处奔走；书和文具没有怎么办，王瑞芳雪中送炭……小李没有辜负王瑞芳的期待，成绩一直很好，却因没有户口失去保送重点高中的机会，他由此变得消沉，王瑞芳看在眼里、急在心里，经常用温暖的话语安抚他、鼓励他，还为了怎么才能收齐材料，夜不能寐。

就在王瑞芳为小李忙前忙后时，小李却一点点心灰意冷，甚至烧炭自杀。幸亏王瑞芳及时赶到，把他从死神手里夺了回来。从那以后，他对小李更加关心，每天一个电话，一有空就去开导他。他知道小李对德语感兴趣，想方设法为他找了一家培训机构，还争取免了两年学费。

小李生母的户籍信息没有档案记载，为了查清此事，仅安徽王瑞芳就去了 5 次。年纪大了，王瑞芳膝盖、腰椎和颈椎都有毛病，开不了长途车，爬不了台阶，走不了远路。但为了补全小李的资料，他一次次不辞辛苦地驱车辗转到安徽调查取证，从国道到省道，从省道到村道，从村道到无法通车的山路……村干部看到他连连惊叹，这种又窄又陡的山路你这个大城市里的警察是怎么爬上来的?

在王瑞芳十几年如一日的坚持和努力下，2021 年 6 月，所有材料终于都补齐了。拿到身份证的那一天，小李喜极而泣，转身对王瑞芳说：“王叔叔，我的第二次生命是你给的，我能叫你一声爸爸吗？”王瑞芳含着眼泪紧紧地抱住这个孩子。

这么多年来，南丹南村的居民遇到难事第一个想到的就是王瑞芳：遇到交通事故不知怎么处理，找他；生病住院，怕找不到好医生，找他；老人过世了，财产怎么分割，找他……在他们心目中，王瑞芳早已不仅仅是一名社区民警，而是有困难随时可以求助的自家人。

转眼20年过去了。20年里，王瑞芳所有的大年夜都在小区和小区居民一起过；20年里，组织上曾3次想调动王瑞芳的岗位，但居民听说后3次自发组织到派出所，恳求所领导“南丹南村谁都可以走、唯独王警官不能走”；20年里，他累到胃出血住院。可手术做完没几天，他藏起假条迫不及待重返小区。有半年时间，每逢吃饭，他便悄悄拿出从家里带来的流食，从未让人知晓。有一次，妻子住院做手术，小区的拆违现场正处在胶着状态，乱成了一锅粥，他实在没有时间去医院签同意书，妻子只能自己签字，自己进手术室，自己出手术室……

2022年9月王瑞芳就要退休了。对这片耕耘了20年的土地，他和居民都有万般不舍。为了把这份信任和不舍传递下去，组织上安排了年轻民警跟班学习，又给他指派了徒弟。王瑞芳也在全力冲刺，把自己的经验和智慧无私地传授给年轻民警，接续跑赢城市安全、社区和谐这场“接力跑”。

人民城市人民建，人民城市为人民。王瑞芳立足社区警务，用智慧和汗水探索出了社区治理体系和治理能力现代化的新路，用忠诚和奉献诠释了共产党员的初心，用无私和大爱扛起了人民警察的使命，用实际行动让习近平总书记的嘱托在社区落地生根，在新的赶考路上交出更加优异的答卷。

上海市公安局供稿

唐贤权

唐贤权：专克隐案的“监所神探”

唐贤权，汉族，1967 年 7 月出生，中共党员，1993 年 8 月参加公安工作，现任江苏省无锡市看守所一级警长，先后荣立个人二等功 1 次、三等功 5 次，获嘉奖 6 次，荣获“全国公安系统二级英雄模范”“无锡市劳动模范”“无锡最美警察”等称号。

从警 29 年来，他爱岗敬业、忠于职守、无私奉献，默默奋斗在公安监所第一线。因工作成绩突出，江苏省公安厅监管总队、无锡市公安局专门挂牌设立“唐贤权工作室”。

心系监所安全，争做筑牢钢铁防线的“拼命三郎”

“我是党员，我先上。”唐贤权是这么说的，也是这么做的。2017 年重大活动安保期间，为确保监所安全万无一失，唐贤权主动承担包含 5 名死刑犯在内的 45 名重点在押人员监室的管理。10 月 4 日，连续工作近 30 个小时的唐贤权突发剧烈头痛、视线模糊和下肢麻木，被紧急送医院救治，诊断为“左脑基底脑出血”，出血量近 20 毫升，在 ICU 抢救 3 天才脱离生命危险。醒来后，面对在场的同事，他下意识的第一句话就是“对不起，那起命案线索我没法跟进了”。在场的同事无不热泪盈眶。住院第二天，当徒弟胡波来医院看望他时，唐贤权马上催他离开：“胡波，赶紧回去，我监室情况你最熟悉。”唐贤权以无私的付出践行了人民警察誓言。从警 29 年来，唐贤权累计管理在押人员 6000 余名，从未发生任何安全责任事故。先后收到释放出所及已投送监狱人员寄来的感谢信 130 余封和锦旗 20 余面，刑满回归社会人员李某专程从老家辽宁赶来无锡市看守所向唐贤权赠送印有“真心感化、扶塑新生”的锦旗。

2020 年年初，面对来势汹汹的新冠肺炎疫情，大病初愈的唐贤权，视疫情为警情，婉拒领导照顾和同事关心，毅然第一批次参与监所疫情防控战时封闭勤务。面对大家的担忧，他坚定地回应：“我是老党员，有非典时期监所管理经验，还是我来吧！”他坚持承担接触“疫源”风险最大、疫情防控任务最重的新入所人员隔离监室的管理重任，第一时间对新入所人员询问旅居史、接触史，了解情况、熟悉案由，及时评估羁押风险、疫情防控风险等级。他每天 2 次身着密不透风的防护服、肩背 20 公斤的喷雾器对隔离监区、监室消毒除菌，每天早中晚 3 次对 110 余名新入所人员测量记录体温。整整 6 个多月，16 批次“封闭勤务、集中备勤”连续坚守，唐贤权始终如一、恪尽职守，用一名优秀共产党员的铮铮铁骨和责任担当给同事们做出了样子、当好了表率。

◆ 唐贤权巡视监室，动态掌握在押人员情况

2021 年 7 月底，江苏省内出现本土疫情，疫情防控形势更加严峻，全省公安监管场所迅速启动 AB 班封闭管理勤务。唐贤权不顾脑出血康复期血压高、血糖高等不适症状，再度投入这场没有硝烟的战役。“我经验丰富，况且我的身体已经康复，请组织放心，我保证完成任务。”连续两个多月，唐贤权一边喝着中药，一边日夜坚守，以监管民警的铮铮铁骨和无畏担当，为监所防疫阻击战筑起了最坚实的防线。

心系打击犯罪，勇做攻克隐案堡垒的“监所神探”

20 多年来，唐贤权视监所为战场、监室为阵地，想一切办法、尽一切所能，让一起起隐案浮出水面，让一个个罪犯受到严惩，让一名名死者得以安息。他先后累计协助破获命案 10 起、抓获网上逃犯56名、破获其他各类刑事案件860余起，2020年以来，就连续攻坚破获3起重大陈年命案隐案，成为江苏公安监管战线上赫赫有名的“监所神探”。

2018年10月28日，涉嫌抢劫杀人的犯罪嫌疑人陈某某（男，52岁）被刑事拘留羁押于无锡市看守所。入所首次谈话，唐贤权就敏锐地发现陈某某杀人碎尸的作案手法虽十分凶残，但语气异常镇定，眼神没有丝毫恐惧。作为一名有着深挖犯罪丰富经验的老监管，唐贤权仔细研究陈某某的案情，分析其是作案“老手”，身上一定还有隐案。随即，唐贤权定制了一套“若即若离、攻心突破、欲擒故纵”的深挖方案。在近2年的时间里，陈某某一直沉默寡言，唐贤权始终没有放弃，根据工作的进度和陈某某的监室调整、情绪变化，不断优化重组深挖方案，通过思想疏导、人性关怀和政策宣传，逐步打开了陈某某内心深处的“铁链疙瘩”。

2020年9月9日，长达近2年的转化工作起了“化学反应”。当天下午，唐贤权拿着其女儿亲笔写的规劝信，与陈某某说起法律道德伦理，陈某某突然痛哭流涕，开口忏悔自己的累累血债。他主动交代了2002年年底，在江苏省盐城东台市某村杀害张某并埋尸于自家承包田的重大隐案。2020年10月上旬，无锡市公安局刑侦部门在案发地挖出陈年尸骨，一起尘封18年的命案水落石出。工作至此，唐贤权并没有就此鸣金，他凭着高度的职业敏感，在常态化监所疫情防控期间，针对陈某某狡黠诡诈的眼神、欲言又止的表情和深夜辗转反侧不眠的情形，继续开展深挖攻坚，并于2020年11月底促使陈某某再次主动交代了1988年与邻村黄某发生纠纷后，用石头将其砸死并埋尸于老家屋后的犯罪事实，一起32年的隐案又得以告破。

“监所审讯工作，有时要一鼓作气、大火快煎，有时又要放慢节奏、小火慢炖，讲究的是恰到好处和刚柔并济。”谈起侦讯技巧，唐贤权总结了一套自己的工作方法。2020 年 12 月，一名 30 年前重大抢劫杀人案嫌疑人李某被羁押入所，该案时间跨度长，关键性证据缺乏，李某的口供成为破案的关键。“放我监室吧，我来！”听闻该嫌疑人反侦查意识很强，入所前拒不交代任何内容，唐贤权决定碰一碰这个“硬茬”。了解到李某患肺病和高血压，需要每日服药，唐贤权每天亲自给他端水喂药，并适时谈心谈话，拉拉家常。连续 3 个月后，在 2021 年 3 月的一天，唐贤权喂完药后，将李某家里寄来的一张全家福照片递给他，李某热泪盈眶，几度欲言又止。“就是现在了。”经验丰富的唐贤权顺势展开攻势，一举击垮其心理防线，李某如实交代了 30 年前抢劫杀人的细节，该案顺利告破。

心系使命传承，甘做赓续监管事业的“良师益友”

28 年的监管工作经历，唐贤权深深地感悟到，公安监管工作不能单打独斗，既需要团队的协作，更需要经验的传承。他数年如一日主动和青年民警建立“联勤联动联帮”小组，两下监室一起做、日常教育带着谈、协助破案帮着干、疫情防控携手战。在积极发挥传帮带作用的同时，唐贤权十分注意搜集积累每一次特殊对象的管理方法，每一项特别任务的成功经验，每一起案件侦破的心得体会。多年来，他先后撰写了《监室耳目使用五步法》《死刑犯日常管理注意要点》《犯罪线索挖掘中的注意事项》《疫情防控监所管理启示》

等工作法。省市专门挂牌设立“唐贤权工作室”，将他总结提炼的火眼金睛、声东击西、暗度陈仓、欲擒故纵“四步曲”工作法，作为无锡监管新警的必学教材，并在全省公安监管条线推广应用。

2013年新警胡波刚毕业就分配至看守所工作，踏进监所面对严格规范的工作要求、形形色色的在押人员，他既新奇又茫然，既焦虑又忐忑。唐贤权带着一头雾水的胡波，白天上班“手把手”教业务，晚上值班“面对面”传经验，胡波在很短时间内迅速掌握了监所管理的业务要求和操作程序。2018年，胡波已经成为骨干管教民警。2020年3月，在疫情防控的最关键期，市局抽调一批军转见习民警支援监所工作，刚刚转业就进入警营执行每批次连续“14+14”天的封闭执勤、隔离备勤，面对跟随来锡还未安置好工作的妻子、幼儿园还未确定的孩子、还未装修完工的房子等家庭困难，有的军转民警情绪低落、忧心忡忡，唐贤权看在眼里、记在心里，主动担当起秦勇等5名同志的带教“师傅”，一边带着他们熟悉业务、转换角色、迅速进入工作状态，一边联系家人和动员同事们的亲友，想方设法、尽己所能给有的军转民警解决了孩子入学、租房等后顾之忧。7月29日，市局召开新民警见习结业典礼，秦勇同志因在监所疫情防控中成功处置1起在押人员企图自伤自残警情、协助救治1名突发危重疾病在押人员，获评优秀见习军转民警。

八小时之内教业务，八小时之外教做人。工作之余，唐贤权常常向青年民警言传身教“讲社会公德、讲家庭美德、讲个人品德”的道理，以自己一身正气、清正廉洁的言行举止，影响着共事的每一个人、感染着周围的每一个人。与他同警组的周彬、陈宇等青年民警，潜移默化地以他为榜样，在严格文明规范管理的同时，多次拒收在押人员家属寄送的礼物，共同筑起一道监管廉洁防线。这些年，唐贤权手把手培养出的 12 名“徒弟”已成为无锡各监所的业务骨干，其中 2 名民警走上领导岗位，21 人次因深挖犯罪、疫情防控等监所管理工作成绩突出获记功嘉奖。

春风化雨，润物无声。唐贤权二十九年如一日，关键时刻挺身出、疫情防控打头阵、陈年隐案善侦破、监管薪火重传承，用责任、担当、奉献诠释了新时代人民警察“对党忠诚、服务人民、执法公正、纪律严明”的铮铮誓言。

江苏省公安厅供稿

张恒菖

张恒菖：平安路上的追梦人

张恒菖，汉族，1987 年 9 月出生，中共党员，2010 年参加公安工作，现任安徽省宿州市公安局交通警察支队一大队事故处理中队指导员。先后获评全国平安英雄，安徽好人、全省优秀人民警察、全省警务实战技能训练标兵，宿州市青年五四奖章、宿州市政法英模、宿州市向上向善好青年、宿州好人、宿州市十佳青年民警、宿州市十佳人民警察等，荣立个人二等功 1 次、三等功 3 次，获嘉奖 4 次。

见义勇为真英雄　舍己救人闪光辉

在人民群众遇到危难之时，张恒菖总是把生的希望留给群众，把死的危险留给自己，用英勇和无畏守护着人民群众的生命安全。

2021 年 5 月 19 日凌晨，张恒菖正在处理一起交通事故，突然发现一辆失控的越野车直接撞向两名群众，张恒菖不顾个人安危，毫不犹豫飞扑过去，用身体将二人推开，自己却重重地摔在地上。肇事车辆冲过两名群众刚刚站立的位置，撞到路边停放的车辆后才停下。张恒菖的胳膊、膝盖、腰部等多处因摔倒不同程度受伤，同事立即将他送往医院住院治疗。在住院治疗多天后，他不顾医生的反对毅然回到了工作岗位。

而就在此事的一个多月前，张恒菖跳入冰冷的深水塘中，往返 3 次将落水车辆中的两名被困群众从死神手里夺了回来。4 月 12 日夜间，张恒菖与同事从砀山县办理完案件返回宿州，途经 101 省道程庄镇路段时，发现前方一辆小轿车坠入路边深水塘，情况十分危急。尽管张恒菖不会游泳，但他套上救生圈，毫不犹豫地跳入七八米深的水塘中，往返 3 次，成功将两人救上岸。事后，被救群众的家属送来了锦旗，握着张恒菖的手说："太感谢您的救命之恩了，您真是大英雄，您救的可不是他们两个人，而是我们两个家庭啊！"

他从发现车辆行驶异常到飞扑救人，只有短暂的几秒钟，但他没有片刻犹豫，毅然伸出援手，不顾个人安危。面对群众危难，他挺身而出，不会游泳仅套着救生圈仍 3 次跳入冰冷的深水塘中去救人。他在危急时刻的英勇壮举，充分展现了人民警察"舍己为人"的人性光辉，用勇敢无畏的行动锻造出不朽的警魂，以实际行动践行"人民公安为人民"的初心和使命！

攻坚克难破疑案　迎难而上守正义

张恒菖一直扎根基层，多年的工作磨砺让他的性格中多了一份坚毅果敢，遇到疑难案件，他总是迎难而上，与案件“死磕”，在细微处寻找蛛丝马迹，不破案决不收兵，练就了一身敢打必胜的过硬本领，用行动守护着公平正义。

2016年3月的一个夜晚，在西二铺沈家附近发生一起交通事故，人员受伤严重，肇事车辆逃逸。接报后张恒菖立即带队赶赴现场，发现一名老太太躺在血泊中，已经昏迷不醒，后经医院抢救无效死亡。由于现场地处偏僻的乡村路段，没有监控录像，也没有目击证人，仅仅通过事故现场附近商店内的一名群众提供的线索，确定了事发时间。经过缜密分析，肇事车辆在逃逸的过程中，一定有与之同行或者相对方向擦肩而过的车辆，这些车辆上如果有行车记录仪，应该能发现肇事车辆的一些线索，经过仔细排查，事发前后有200多辆车经过，其中有行车记录仪的车辆有50多辆。张恒菖对这50多辆车逐一排查，终于在一辆出租车的行车记录仪中发现了肇事车辆的线索，经过五天五夜的蹲守，终于将肇事者抓获归案。

在长期侦办逃逸案件的过程中，张恒菖总结出一套“三心二意”工作法。“三心”是指热心、细心、耐心。热心就是要热爱这份工作，办案时要充满激情和活力；细心就是在办案时必须细致入微，每个细节都不放过，哪怕是现场的一根头发丝；耐心就是办案要持之以恒，坚持到底。“二意”是指群众意识、科技意识。群众意识就是指在办案时要发动群众，依靠群众，争取得到群众的支持；科技意识是指要利用视频资料、DNA、互联网等科技手段为侦查破案服务，以此加快破案的进程。从警以来，张恒菖累计接警1.5万余起，现场调解轻微交通事故1万余起，处理简易程序交通事故3000余起，一般交通事故 1000 余起，侦破各类逃逸案件 800 余起，抓获各类违法犯罪人员 1000 余人，并成功破获一批社会影响较大的疑难案件。

预防事故保平安　全心为民守初心

作为一名交通事故处理民警，每次出警看到血淋淋的事故现场，张恒菖的心情都十分沉重，他深知交通事故都会造成家庭悲剧。在这个看似平凡的岗位，张恒菖越发感受到一名交通警察的使命和担当。

为了更好地预防和控制事故的发生，不让悲剧重演，他每一次处理完交通事故后，都会认真总结，深入分析造成事故的原因，向有关部门和领导提出合理化的意见和建议。在处理事故中，他发现渣土车、搅拌车等工程车由于车身过高，在转弯时存在视觉盲区，经常因此发生重大交通事故，于是他积极推动运输企业加装 360 度全景监控；辖区拂晓大道与银河三路交叉口西北角，有一个电线杆占用大半个非机动车道，经常引发交通事故，于是他主动与供电局协调将其移除，大大减少了此类事故的发生。

工作中，张恒菖不放过每一个交通安全教育的机会，全力从源头上预防和减少道路交通事故的发生，只为每一位群众平安出行。他常走进校园，以喜闻乐见的方式让孩子们掌握交通安全防护知识；他经常走访企业，让客货运输企业员工深刻认识到违反交通法律法规的严重后果；他经常走村入户，让村民自觉做到守法规知礼让、文明安全出行。

“交通事故可防可控。我们多一份付出，就可能多为群众挽回一

◆ 张恒菖在检查车辆

些损失，甚至挽救一个鲜活的生命。”张恒菖是这么说的，也是这么做的。8 年来，他发现并提出 100 多条道路交通安全隐患整改意见并全部整改落实到位；他深入企业、校园、社区、乡村进行交通安全宣传 100 余次，有效预防了交通事故的发生。

为了大家舍小家　忠诚履职显担当

张恒菖从小就有一个英雄梦、警察梦，是父亲成就了他的梦想。而张恒菖还没来得及报答父亲的养育之恩，他年仅 53 岁的父亲就被确诊为恶性肿瘤。

张恒菖立即赶到上海陪父亲检查治疗，刚为父亲办理好住院，就接到了全省交通事故现场勘查比武竞赛的通知。一边是患有重病的父亲，一边是单位的工作需要，张恒菖左右为难。知子莫若父。

父亲察觉到张恒莒的心事后说：“儿子，我没事，你赶紧回去，工作重要。”他强忍泪水，毅然返回工作岗位，并带队积极组织训练，全身心备战比武。此后，父亲多次化疗，他都没能陪在身边。功夫不负有心人，经过激烈角逐，他带队在全省交通事故现场勘查比武竞赛中取得了优异的成绩，个人被授予省级“勘查能手”称号。他常记起父亲说过的话：“干好本职工作，就是对父母最大的孝顺。”比武竞赛一结束，他连夜坐高铁赶到上海，他要将比武的成绩告诉病重的父亲。而此时父亲浑身插满了管子，戴着氧气面罩，病情危重，生命已经进入了倒计时。当张恒莒把获奖证书展示给父亲看时，父亲艰难地睁开双眼，看着获奖证书，脸上露出一丝欣慰的笑容，在纸上歪歪斜斜地写下一个“女”字，就再也写不下去了，只是吃力地竖起大拇指。张恒莒向父亲点了点头，他知道父亲是让他好好工作，好好做人，争取更大的成绩。这是父亲在弥留之际留下的最后的遗言，几天之后父亲就离世了。那张写下半个“好”字的白纸，也成了父亲留给张恒莒最后的遗物，他一直珍藏着，时刻鞭策着自己。

因为热爱，所以执着。张恒莒始终用心、用情、用力，在保障辖区道路畅通、守护群众平安的道路上不懈追梦，时刻绽放着青春光芒！

安徽省公安厅供稿

陈家振

陈家振：坚守从警初心的“逐梦少年”

陈家振，汉族，1987 年 8 月出生，中共党员，2011 年 6 月参加公安工作，现任海南省海口市公安局龙华分局城西派出所四级警长，获嘉奖 5 次，并于 2015 年 2 月获评海南省垦区公安局优秀民警。

自 2017 年 6 月调至城西派出所工作以来，陈家振以强烈的责任感和使命感，一丝不苟、高质高效地完成各项工作任务，在担任值班民警工作的同时，兼任社区管段、场所管理、外事民警以及专业打击队等工作。参加工作以来，陈家振一直扎根基层，扎扎实实为人民群众办实事、做好事，解民忧、化民愁，用实际行动，忠诚践行从警的初心使命，得到了单位领导、同事以及辖区群众的广泛好评。

从郊区农场到繁华城区，他是派出所的“刑警中队长”

从孩童时期起，陈家振就立志成为一名人民警察。2010 年 7 月，陈家振从广东警官学院毕业，他的梦想和众多校友一样，身穿警察蓝，奔赴一线，维护正义，保护群众安全。2011 年 6 月，他成功考入海南垦区公安局。起初，陈家振被分配到了三亚城郊的一个农场分局，辖区小，案件少，工作难度整体不高，这对于一名新警来说欠缺了试手的机会，也少了积累经验的平台。然而就在这样的环境里，他将每一起案件都当成重要案件来办理，不断自我积累与学习，在不到两年的时间里，因成绩卓越，垦区公安将其提拔任用为三亚市公安局南田分局刑警中队中队长。有了刑警的平台之后，他的工作更是如鱼得水。任职期间，他通过刻苦学习法律法规和典型案例，逐渐形成了细致全面、精益求精的工作习惯，“啃得了硬骨头，也不怕脏活儿累活儿，有了重特大案件他甚至研究案件可以整夜不睡”，这是单位同事对陈家振的普遍评价。

2015 年 6 月，陈家振被调回海口市城区派出所工作，即将面对和处置的警情数量成倍增长，所管辖区的社会治安状况也截然不同。然而陈家振不忘刑警本色，将“工匠精神”融入了派出所日常工作，继续奋发有为、兢兢业业，在平凡的基层岗位上发光发热。他常说，执法办案不能有一丝马虎，只有前期的工作基础扎实，才能办出经得起考验的“铁案”。参加工作以来，陈家振共破获刑事案件 145 起，抓获犯罪嫌疑人 209 人；在 2020 年 10 月海口市公安机关开展

“控发案、多破案”百日攻坚行动期间，陈家振带领打击专业队成功破获各类案件 67 起，抓获犯罪嫌疑人 94 人，在海南“全省禁毒三年大会战”专项行动中，破获贩毒案件 32 起，抓获涉毒犯罪嫌疑人 63 人，依法处置吸毒人员 27 人。

学以致用施展所长，他管理着全市 1/2 的外籍留学生

随着辖区经济建设和生活环境的持续发展，近年来城西镇迁入了大量境外人员。据统计，目前城西辖区共有境外人员 415 人，其中，海南医学院留学生总数为 274 人，占全市 533 名留学生总数的 1/2 以上，给境外人员管理工作带来了巨大的挑战。陈家振大学所学的专业是治安学涉外警务方向，组织安排他兼任派出所的外事民警。自接手外管工作以来，陈家振主动作为，频繁深入校园及辖区各社区居委会加强沟通协调，不断完善管理机制，利用社区网格、小区物业、旅馆业等管理人员，打造了一支专职的外管队伍，通过“微信 +”互联网警务模式，落实境外人员 24 小时住宿登记制度。

面对“难沟通的老外”时，战友们第一时间都会想到陈家振。“有时候外国留学生装糊涂，自称听不懂中国话，面对自己的违法行为不以为意，认为中国法律拿他没有办法。然而当我们用他们的母语进行普法警告之后，蔑视中国法律的留学生越来越少，他们害怕的就是这些，如果我们警告了，他们仍然熟视无睹，那么等待他们的将是中国法律的制裁。”陈家振说。

在海南医学院国际教育管理学院的支持下，陈家振牵头建立和完善了该校的留学生管理制度，及时协调办理住宿登记、签证延期、排查走访等方面服务，快速处置涉外案事件，较好地维护了国际教育学院的校园秩序，受到该院师生的一致好评。近年来，陈家振带领 3 名外事协警 24 小时开展外管服务工作，共为境外人员办理住宿登记 1500 余人次，网上走访 1.53 万余人次，切实做到了“底数清、情况明、管得住、服务好”的外管工作目标。因外管工作成效显著，陈家振还受邀参加了全省外事民警交流培训，在培训会上作了经验介绍，为海南公安外管工作的发展和进步贡献了自己的力量。

2019 年 2 月，陈家振在日常工作中全英语交流，帮助留学生解决住宿登记问题，被群众无意间拍下视频并传到新浪微博，经网络大 V 点评和转发，引发广大网民的围观和点赞，点击量超百万次，大家都亲切地称他为“网红民警”。

安全防范无小事，他的身影忙碌穿梭在辖区各个场所

在辖区派出所工作，本就意味着“身兼多职”，要做更多、更杂的事情，要操更多的心。从进入派出所工作的那一刻起，陈家振就承担起了辖区“保安大队长”的角色。

他兼顾辖区行业场所管理服务工作，坚持带队到辖区重点单位、治安复杂部位以及各场所开展常态化清查工作，近 3 年来共开展清查行动 720 余次，下达责令改正通知 500 余份，排查和消除各类安全隐患 800 余处，有力维护了行业场所的生产经营秩序，为辖区经

济发展建设创造了良好稳定的社会环境。在派出所值班备勤期间，陈家振还认真落实派出所部署的“路长制”勤务工作，主动作为，有效提高了辖区街面的见警率和管事率。

◆ 陈家振在辖区开展常态化清查

2020年9月以来，城西派出所在市局和分局的大力支持下，于全市率先试点展开反电诈宣传工作，而陈家振作为城西镇中心区域府西警务段和海南医学院的管段民警，深知肩负的防范责任重大。为扎实做好反诈宣传工作，陈家振牺牲大部分休息时间，深入辖区联动开展反诈宣传工作，多次组织召开动员部署会议，利用反电诈宣传单、双语讲解、LED屏幕、警车广播、微信群、新媒体链接和法制宣传讲堂等方式，全面开展反诈宣传工作，切实做到“全面覆盖、不留死角”，有效提升了辖区群众的防范意识和反诈知识水平，使辖区电信诈骗的发案率大幅下降。在开展推进辖区群众安装“国家反诈中心”App 工作期间，陈家振通过积极开展走访宣传，有效引导和发动辖区群众下载安装 App 并实名认证，其推广下载安装的人员总数一直排名龙华分局第一名；在开展疫情防控工作期间，他带领值班组辅警深入开展排查走访工作，累计走访高风险区域来琼人员 103 人，发放宣传资料 200 余份，为抗疫斗争贡献了力量；在派出所行政管理工作中，他担当作为，2021 年以来共处置治安案件 71 起，查处违法人员 142 人，化解矛盾纠纷 103 起，为维护辖区社会大局稳定发挥了突出作用；在扫黑除恶工作中，他定期走访辖区囤砂点、建筑工地、建材市场、农贸市场等人流密集点位，广泛开展宣传工作，认真落实线索排查，有效提升了广大辖区群众的安全感和满意度。

对党忠诚不忘初心，他用行动践行人民警察的职责使命

在工作中，陈家振认真按照党支部的工作要求，积极参加组织生活，自觉加强政治理论学习，认真贯彻习近平新时代中国特色社会主义思想，并利用业余时间加强对法律法规的学习理解，不断增强“四个意识”、坚定“四个自信”、做到“两个维护”，争当模范、勇当先锋，严守各项纪律规定，时刻以一名合格党员的标准来要求自己的言行举止。生活中，他坚持严于律己、廉洁自律，始终保持干净纯洁的生活圈和交友圈，时刻牢记人民警察的初心使命，全心全意，努力学习，不断提升个人的综合素质，努力把本职工作做得更好。

从警以来，陈家振一直使用一支钢笔记录工作，十几本工作笔记写满了为民服务的点滴回忆。他常说，这支笔能够提醒他时刻牢记从警的初心，希望这支笔能一直用到退休，到时候，这将会是他人生中最宝贵的财富。

海南省公安厅供稿

廖福来

廖福来：124 名村民请回来的所长

廖福来，汉族，1984 年 10 月出生，中共党员，2011 年 4 月参加公安工作，现任江西省芦溪县公安局银河派出所所长。先后被评为江西省职工职业道德建设标兵、江西省优秀人民警察、萍乡市赣鄱先锋、萍乡市优秀共产党员，荣立个人三等功 4 次，获嘉奖 2 次。

廖福来十年如一日扎根在基层，把崇高的理想信念和道德品质追求融入日常的工作生活，融入为民服务，与辖区群众结下了深厚的情谊。在银河派出所担任社区民警 7 年后，由于成绩突出，组织提拔他到另外一个派出所担任负责人。辖区居民非常不舍，经常到银河所看看他调回来了没有，还有很多老人相约租车去看望这个离家的“儿子”，他们说，不管小廖你走到了哪里，我们都是你的家人，想家了就赶快回来。廖福来离开银河镇还不到 1 年，乡亲们再也等不了了，124 位居民代表联名写请愿信给县委政法委、公安局，要求组织把他调回来。当廖福来重回银河派出所的那一天，镇上的百姓奔走相告，仿佛过节一样。

热心办实事，他是群众放心的“办事员”

10年来，廖福来一直是辖区群众的“快递员”“邮寄员”“代办员”。辖区内有许多留守老人，他们行动迟缓，外出办事极不方便，有时老人的孩子在外需要家里人寄证件时，他们第一时间就会想到找廖福来，而他总说这只是举手之劳而已，能帮得到的就一定会帮。为辖区老人办理残疾证、为他们申请危房改造资金、为他们跑要医药费用，在镇民政所总是能看到他来来回回的身影。特别是每到年底，他都会到相关部门为困难群众申领补贴，确保他们能够舒心过年。2021年6月，廖福来积极联合芦溪县志愿者协会、萍乡市行健公益志愿者、北京大爱清尘总会，为辖区400余名农村尘肺病患者免费发放了价值约15万元的药品，帮助病患群众解决了燃眉之急。

在农村干了10年，廖福来自己都记不清楚做了多少小事，但是有些事情他始终在坚持。刚参加工作时，廖福来惊讶地发现，辖区失联的人员居然有12名之多，他们背后是12个幸福家庭的破裂，是几十名乡亲心中无法愈合的伤口。乌石村老文的儿子走失了12年，他总是隔三岔五打电话问：“小廖我儿子有没有消息了，我们把希望都放在你身上了。”紫溪村江秋生老人更是每个星期都往派出所跑，他说他不好老问廖所儿子的事，有时来所里就借口说是上厕所，顺便就找到廖所问儿子的事，他说儿子失联了10年，他10年来一直没有睡过好觉。从此，廖福来心中就多了一块大石头，再也放不下。这 10 年来，他每天上下班时，雷打不动地进系统查查数据，找找线索，打打电话，虽然往往是大海捞针，一无所获，但看着老百姓渴望的眼神，他的心又开始火热起来。功夫不负有心人，1 个、2 个……在他的努力下，截至 2021 年 12 月，已经有 5 个失联人员被找回来，5 个家庭破镜重圆。特别是江秋生，儿子找回来后，他高兴地跑到派出所说："廖所，现在我终于睡得着了，我要把房子重新装修下，我们全家人要好好地过日子。"

10 年来，他除了帮人找人，还帮天柱岗村民老李跑了 10 年医疗费用，帮孤儿双胞胎姐妹讨了 5 年学费，等等。他的手机里存着 3000 多个辖区居民电话、3000 多个辖区微信好友、6000 多个辖区抖音好友，老百姓经常打趣说："廖所你就是我们的一个咨询员，农产品带货员，经过你的微信朋友圈、抖音推送，我们的农产品都不够卖。"

耐心听民声，他是群众贴心的"倾听者"

辖区百姓也早已见惯了他走访巡逻的身影，而他也习惯了倾听群众们的各种述说。有时因为要办理案件，没有下辖区巡逻走访，百姓就会主动打电话来询问他，是不是身体不舒服、是不是调走了等关心的话语。10 年的基层工作，他每天要接到辖区群众至少 20 多个咨询或求助报警电话，累计达 7 万余个。辖区老百姓经常开玩笑说："廖所，你的手机就是我们的专属电话，我们有事就会想到你，就会打电话给你。"

◆ 廖福来与社区居民在一起

百姓们常说，虽然他不是我们村委会的干部，但只要我们有需求，他都会尽心尽力帮助解决。因为他总会把我们的困难和需求记在本上、放在心中，无论事大事小，事事有回应，件件有着落。就像 2021 年 6 月，在一次走访过程中，廖福来了解到有 5 户大学生家庭较困难，在享受相应政策和上学贷款后，在校生活费用还是一个大问题。经过多方联系奔走，终于找到 3 位爱心人士的捐助，有效减轻了孩子们的就学负担，使他们能够安心学业。像这样的事情他都说记不清楚做了多少，老百姓却一直记在心里。

在 10 年的时间里，他总共写完了 20 本记事本，用这 2000 多页纸记录下了他和群众的点点滴滴。每一本记事本都是他的心血，都是他的珍藏，里面记载的每一件事都是他和辖区群众的小故事，都是一份沉甸甸的鱼水情。“从没有见过这么负责的人，因为他负责，所以我信服他、尊敬他、支持他。”乌石村村民肖桂金如是说。夜间在辖区巡逻时，老百姓总是说："小廖，这么晚了不要下来巡逻了，你白天忙个不停，晚上要休息好，有什么事情我们会打电话给你，我们只要你平平安安，只要能天天看到你我们就非常幸福了。"简单的一句话，但在廖福来心中比什么都更宝贵。

用心创平安，他是群众安心的"守护人"

廖福来在长期的乡村接警执勤过程中，发现了一个规律：一旦有矛盾纠纷，如果有一些热心村民、党员或德高望重的群众出面帮忙协调，许多问题都可以迎刃而解。但由于没有一个社会组织将他们联结起来，导致这些民间的正能量未能汇聚在一起发挥更大的作用。回到银河派出所后，他一直致力于创新社会治理模式中，发动群众、组织群众，组建了"为民志愿者协会"，将一群热心公益的党员志愿者聚集在一起，为党委政府、派出所化解矛盾纠纷、法治宣传、治安巡逻、疫情防控提供助力。

新冠肺炎疫情防控期间，银河镇全面实行封镇封村，廖福来坚守在派出所 20 多个日日夜夜，并带领全所队员及"为民志愿者协会"全体党员志愿者共 300 余人，为辖区群众送物资、收快递、购买药物。在长辈眼里，他就如同自己的儿女；在后辈眼里，他就如同榜样。有一次，银河第二中学的老师给学生们布置的作业是"你的理想是什么"。很多同学在作业本上工工整整地写道："将来一定要成为像廖叔叔那样的人民警察。"

近年来，电信诈骗案件高发，辖区里不少人多年的积蓄短短几个小时被一转而空，该类案件破获难度大，追回损失更是难上加难。

廖福来看在眼里急在心里，带着民警挨个上门宣传，结果收效甚微。看到大街小巷的居民们没事都要刷抖音，廖福来灵机一动，向当地抖音“网红”取经学习，开通了“福来说警事”的账号，每天利用业余时间创作视频脚本、录制、视频剪辑，忙得不可开交。他制作的视频内容除了宣传反诈知识外，还涵盖了为群众寻找失联亲属、防盗抢知识宣传、派出所风采展示等方面，有趣有料寓教于乐，获得辖区群众热烈的追捧，人气也是节节攀升。

职位再高、奖杯再多也比不了群众对他的声声赞扬。走到哪里，廖福来都心系着 4 万多名乡亲。银河镇是他的家，群众就是他的根，在这里，廖福来每天带领全所民警严格公正执法，热情服务群众，主动开展安全防范，多元化解矛盾纠纷，用责任和担当坚决守护好千家万户的平安稳定。

江西省公安厅供稿

余行江

余行江：做守护群众安全的“瞭望者”

余行江，汉族，1983年4月出生，中共党员，2009年8月参加公安工作，现任重庆市公安局九龙坡区分局科技信息化科副科长。2020年，她主创的全国首个“瞭望者”高空抛物智能预警监测系统获重庆市公安机关改革创新大赛一等奖；2021年，获第三届渝警楷模、重庆好人、九龙坡区最美科技工作者等称号。

余行江作为重庆市公安局网络运维和大数据警务应用研制开发工作的先行者，她锚定“用公安科技为民生造福”的初心，精研业务，矢志攻关，先后参与开发“涉案财物归还系统”、“警务随行办公”App、“毒驾人员初筛检测”App、“复工复产企业人员信息申报平台”、“护校贴心帮”等一系列公安科技创新项目，在打击犯罪、科技赋能、疫情防控、复工复产、校园护航等领域作出了突出贡献。特别是为解决高空抛物这一悬在市民头顶上的公共安全风险，她牵头主创“瞭望者”高空抛物智能预警监测系统，致力于推动多部门联合建立高空抛物协同治理机制，彻底解决了此类疑难案事件追溯难、取证难、问责难的症结，被纳入重庆市公安局2021年“十件民生实事”在全市范围内推广，并被福建、江西、广东等多省嫁接引入。其先进事迹先后被中央电视台《今日说法》栏目“民之法典”专题节目及人民日报、新华社等主流媒体报道。

“从来如此，便没法吗？我偏要勉强！”

科信民警的工作不仅对专业知识有很高的要求，同时，在工作中更需要有敏锐的观察力和足够的耐心。2008年，尚在攻读信息工程研究生学位的余行江关注到了一起轰动全国的“天降叉棍案”——在九龙坡区渝州交易城的2号楼下，一根铁头叉棍从天而降，插进了路过市民袁某头顶，致其颅骨缺损十级伤残、左侧肢体七级伤残、终身残疾。随后的800余天，伤者一家开启了漫漫维权索赔路，警方也投入大量警力，进行艰难的查证侦办工作。然而，由于无法锁定叉棍飞行轨迹这一关键证据，无法认定谁是真正唯一的肇事者，法院二审宣判：2号楼47户户主共同赔偿伤者近26万元费用。

伤在百姓身上，痛在余行江心上。入警后，接触到越来越多类似的高空坠物伤人案事件，技术专业出身的余行江的内心，有一股气一直在慢慢膨胀，深深的责任感始终压抑着她。在当时，高空抛物追责难是“常例”，找不到事主是“常态”，但倔强的余行江不愿意接受这个“常例”“常态”，她暗下决心：“从来如此，便没法吗？

我偏要找到解决办法！”

谁也想不到，从立志到圆梦，余行江一共付出了 12 年的光阴！直到 2020 年，随着视频监控技术日趋成熟，已经是公安系统视频监控管理专家的余行江终于看到了希望。尽管此时全国还没有先例，但她认为，如能解决移动物体侦测抓拍问题，完全可以做出一套抓拍定位高空抛物系统。

在分局支持下，余行江组建了一支 5 人攻坚团队，与一家移动数据算法科技公司合作，开始了艰苦卓绝的建模测试和算法调整。数不清的熬更守夜，数不清的推倒重来，她甚至把行军床搬进办公室，演算累了，就躺下睡会儿，起来再继续战斗。她说：“当时就像着了魔，满脑子都是数据，眼睛一闭全是高高的楼和密密麻麻的窗户，这是长期紧盯模拟场景的后遗症。”

功夫不负有心人，半年后，余行江的研发迎来了胜利曙光：预警监测系统的初代产品正式问世。尽管时间已经过去很久，但余行江依然记得，在当年因高空坠物名噪一时的渝州交易城开展试点安装测试时那种忐忑不安的心情。不过，效果很快就显现出来：3 天后，渝州交易城 5 号楼区域，一支锅铲从天而降，被余行江安装的“神器”逮个正着：不仅飞出窗台瞬间被拍下，系统还通过重力、距离等数据算法，还原出飞行轨迹。

在确凿证据面前，肇事者无话可说，独自完成了相应赔偿。当年，大量警力投入，从调查取证到汇总卷宗，前后持续两年半时间没能“真正破案”；如今，借科技力量“瞭望者”，从事发到取证，从锁定到赔偿，不到 24 小时。

“瞭望者”正式诞生！

从“抓拍取证溯源”到“自动实时预警”

相比传统摄像机，余行江主导开发的“瞭望者”不仅更高清，前端还内置 AI 智能抛物检测算法，对楼体进行频率 50 毫秒 / 次的不间断检测，抓拍检测率达 98% 以上。

◆ 余行江调试“瞭望者”

公安工作一直在路上，科技创新也永不止步，余行江没有满足于“瞭望者”的投用，在她看来，最初的版本，实现了抓拍取证、事后追溯功能，但如果只用于取证，最多能算亡羊补牢。但是，悬在百姓头顶上的安全风险依然没有解除，这事儿就不算完！可是，从检测到预警，虽然只是两个字的差别，但真正落实到图纸上、落地在系统里，可能要付出难以想象的努力。“就像两座山，站在山顶对望，很近，但要跨过去，就相当于要从头开始。”追求完美的余行江决定再逼自己一把。

接下来，余行江带领团队继续闯关攻坚，目标从“事后追溯取证”升级为“主动预防监测”，并智能联网于社区防控管理一线。技术上难关重重，余行江和她的团队就四处求助专家，求援信发往全国各地，求助电话号码密密麻麻写满案头。有一次，为了收集系统检测的实景数据，余行江和战友彻夜守在测试楼栋下面，拿着检测器仰首望天，等到收工的时候，几个人的脖子都动不了了，“一个字，痛！”

3 个月后，“瞭望者”2.0 系统面世！与第一版相比，2.0 系统可以 24 小时巡视监管区域，一旦发生高空抛物，系统不仅会自动生成一张标记抛物时间、抛物位置等信息的全景轨迹图和一段 6 至 10 秒的关联抛物视频，还会将其归档为一条抛物记录，一方面存储于视频云平台，一方面将该信息推送至辖区派出所和相关物业负责人的移动终端。

“根据抛物记录，社区民警和物业人员将会立即上门核查、劝诫，同时采集抛物人特征信息，录入系统后台。”余行江表示，有了大量数据支撑，“瞭望者”系统会自动整理并分析点位频次、高发时段、抛物类型等，同步对接“警务云”形成风险预警模型，对公安查证、回溯、预警和化解矛盾提供强大技术支撑。

数据显示，自 2020 年 6 月以来，“瞭望者”已在九龙坡公共安全防范区域布设 23 套，对覆盖的重点区域、重点人群开展全天候保护。上线以来，抓拍并预警抛物行为 483 次（其中具有安全隐患的重型物体 24 次）、规劝习惯性抛物者 78 人次。一年后，系统安装区域的高空抛物事件发生率下降了 95.7%。

“瞭望者”2.0 系统试用成功的那一天，看着战友和围观群众的一片欢腾，余行江的感觉却是一阵眩晕。那种多年重负一朝卸下的感觉，让她脚下虚浮，“就想原地坐下来，哭一场也罢，笑一场也罢，或者就干脆啥也不做，听听风声看看云朵，都美好，都开心！”

从“公安科技创新”到“智慧警务服务”

从一名网络通信技术人员，成长为开发多个民生警务科创项目的技术骨干，科信民警余行江用了整整 12 年的时间。而在这 12 年里，余行江和自己的战友们始终锚定的两个字，就是“民生”。让警务服务生活，用科技造福民生，这么多年，她一直是这么信的，也一直是这么做的，而九龙坡分局“科研警花”一心为民勇克难关的“创新事业”，也得到了越来越多警营战友和辖区群众的认同和支持。

近年来，随着信息技术升级、智能化管理服务被广泛运用，余行江带领分局科信团队主动出击，聚焦公安主业、进行科技创新，运用“智慧警务”服务百姓民生：

针对基层办案——引入高清数字化摄像头、联网基层民警警务手机，让办案人员也能实时调看监控，不再来回折腾，极大提高了办案效率。

针对校园安全——依托全区视频工程建设成果，利用大数据、视频云、物联感知技术，创建出校园安全智能管控系统“护校贴心帮”，在特殊时段对特定群体实施特殊保护。有孩子离校失联，“护校贴心帮”只用 10 分钟便锁定其位置，“指引”民警迅速将其找到。

针对复工复产——火线研发出“九龙坡区复工复产企业人员信息申报平台”，经过平台大数据智能分析和公安部门的信息比对，帮助政府和企业对返岗人员进行筛查，助力快速复产复工。

“在信息化社会和大数据时代，以智慧信息和科技创新为武器，是对警力最大的解放和补充。”余行江表示，“但任何一项科技创新项目，都不会凭空出现，要让公安科技创新服务民生，必须走到群众身边去！”

“用‘智慧警务’服务百姓民生，作为一线科信民警，群众迫切关心的，就是我们需要重点研发的！”余行江如是说。

作为一名科信民警，余行江在没有硝烟的战场上，处处以身作则，严格要求自己，为老百姓办实事，做好事，解难事，想群众之所想，急群众之所急；她牢记嘱托，不忘初心，本着全心全意为人民服务的宗旨，一直坚守在公安科技创新的第一线。

重庆市公安局供稿

雷俊生

雷俊生：荧光下永不褪色的忠诚

雷俊生，汉族，1971 年 7 月出生，中共党员，1991 年参加公安工作，现任陕西省西安市新城分局长乐中路派出所刑侦技术民警，警务技术四级主任，痕迹检验副高级工程师，一级警督警衔。先后荣获“全国优秀人民警察”“全省优秀共产党员”“全省人民满意政法干警”“全省公安机关现场勘查能手”等，摘得全国公安机关“刑侦改革创新”奖章，并于 2021 年 4 月 30 日作为“全国公安机关成绩突出个人”被公安部、中华全国总工会予以通报表扬。曾荣立个人二等功 1 次。

参加工作 30 年，雷俊生几乎将所有的时间和精力都用来勘查现场和技术比对，积极探寻刑侦技术发展之路，即使因过度用眼导致左眼几近失明，依然无怨无悔地战斗在本职岗位上，成为令嫌犯胆战、群众信赖、战友钦佩的“鹰眼神探”。

执着敬业，务实担当，在一点一滴中彰显工匠精神

自参加工作以来，雷俊生对岗位无比珍惜，常年穿着他最爱的勘查服，哪怕下班时间也不例外。问及原因，他嘿嘿一笑，说："勘查服是我进行勘查工作的标配，哪怕是在家里，只要一发案，我就能即刻出发，绝不耽误时间。"

工作中，雷俊生争分夺秒，细致入微，甚至到了不顾自身安危的忘我境界。一次，辖区一小区接连发生高层入室盗窃案，当案件侦破陷入僵局时，雷俊生临危受命，提着勘查箱赶赴一户位于 30 层楼的住户家中。当他发现窗外有一处嫌疑人留下的痕迹时，就让随行的辅警拉住他的腰带，自己探出大半个身子，在没有任何防护措施的高空中艰难进行作业，提取到了关键痕迹，成功锁定了犯罪嫌疑人，串并侦破了 10 起高层入室盗窃案。

雷俊生之所以这样忘我工作，还源于他对警察这份职业的责任与担当。他说："我们身负群众期盼，唯有锲而不舍，才能不负重托。"一天，所里接到报警，一位老太太在路上被一名中年妇女搭讪骗走了 1.1 万元。这个中年妇女特别狡猾，作案没有留下任何痕迹，唯一的线索就是她抽过的一支烟。收到这一信息，雷俊生赶忙去追，在已经腐臭的垃圾中提取到了这个烟头，成功将犯罪嫌疑人抓获归案。后来，受害老人给雷俊生发来感谢短信："雷警官，你好！辛苦了，你真伟大，真是人民的好警察，抓住了这狡猾的骗子，真是大快人心，千言万语也形容不出此时的心情，感谢你，非常感谢你！"

雷俊生给老人回复道：“不客气，打击犯罪就是我们的职责。”这句话虽然略显官方，但却是他的心里话。这些年，再苦再累，雷俊生都没有忘记过自己的初心，没有忘记内心深处对“警察”二字的理解和追随。

谦虚求教，勇于创新，
他的心里永远装着刑侦技术

在刑事侦查这方天地里，雷俊生孜孜不倦，刻苦钻研。他平常不爱说话，但一提技术总是两眼放光。他的手机里存着许多技术专家的电话，哪怕对方在培训时仅见过一面，他也抓起电话张口就问。

2013 年，雷俊生听说分局有去中国刑警学院脱产学习的机会，他主动争取，一到学院就找教授答疑解惑，彻底将皮肤指纹提取技术了解了个透。为了实践这项技术，他甚至尝试在猪皮上做试验。别人说他太执着，可他说：“犯罪分子都在进步，咱们咋能放松？”

雷俊生酷爱发明创造勘查工具与材料，自制的 DNA 保存器、便捷式多用镊子、便宜好用的显影药水等，都是他的“心头宝”，效果堪比专业工具，多次办案都发挥了大用场。实践中，许多技术员都是用配发的粉末来显现指纹，可他总觉得效果不理想，就利用所学知识，自己琢磨尝试按比例配制药水。自行配制时因接触的化学品对身体有危害，一般没人愿意做，可雷俊生因陋就简，说干就干，还用塑料布、回形针、镊子、铁丝等物自制了简易熏显箱，使现场痕迹的显现效果和提取率大大提升。近年来，雷俊生的现场勘查提取率、样本比中率在全市名列前茅；与此同时，他在市局、分局支

持下，积极创新“传统刑事技术 + 人像比对技术 + 大数据”工作模式，开发出“商业街区治安智慧管控系统”，创造了“从接到报警到比中嫌疑人仅用 7 分钟”的经典战例。

实事求是，敢于较真，在坚持真理中彰显为民本色

在雷俊生心里，只要是工作上的事，他从不怕死磕，不怕麻烦，不怕得罪人。一个夏夜，一名群众满腹心事地走进派出所，向正在值班的雷俊生讲起了自己几天前开车把人“撞骨折”而赔付 9000 元医药费的遭遇，怀疑自己被“碰瓷”了。群众的倾诉，被雷俊生当成了事，当即作了询问笔录，又和这名群众到事发地点、医院走访调查，确认了这是一起街头诈骗案件，最终确定了犯罪嫌疑人。当有人问起此事时，雷俊生说：“群众找咱是信任咱，咱就要把群众的事当个事。”

熟悉雷俊生的人都知道，他以尊重科学事实为原则，严谨地作出每一份刑侦技术检验报告，在他心里，这是维护公平正义的不二准则。一天，辖区发生一起盗窃车内财物案，雷俊生和同事赶赴现场，通过提取车身上痕迹并上网比对，初步确定了嫌疑对象。为尽快追捕犯罪嫌疑人，办案民警向雷俊生索要比对结果，准备实施抓捕，可雷俊生说破天也不给，他说：“技术比对只是刑侦破案的辅助手段，在不能百分之百确定比对结果的排他性和唯一性时，我必须对自己的检验结果负责，如果一味盲从技术，后果将不堪设想！”一席话说得大家心服口服。

在实践的摸爬滚打中，雷俊生成长为大家一致称赞的刑侦技术专家，总结摸索出一整套多发性侵财类案件现场勘查经验，逐步形成了自己的工作法。2016 年 7 月，在全省刑事勘查新机制工作推进会上，雷俊生受邀作了经验介绍。2016 年 12 月，西安市公安机关首个以个人名义命名的“雷俊生刑事技术工作室”挂牌成立，省市公安主要领导先后到工作室调研指导，对他的工作成绩和敬业精神给予高度评价。

不忘初心，矢志不渝，用生命放飞梦想翅膀

刑事勘查身居幕后，是一项十分费眼的工作。无数次在案发现场和荧光灯下，雷俊生探寻犯罪痕迹的双眼布满了血丝，就在他全力以赴忘我工作时，身体的警报也骤然拉响。

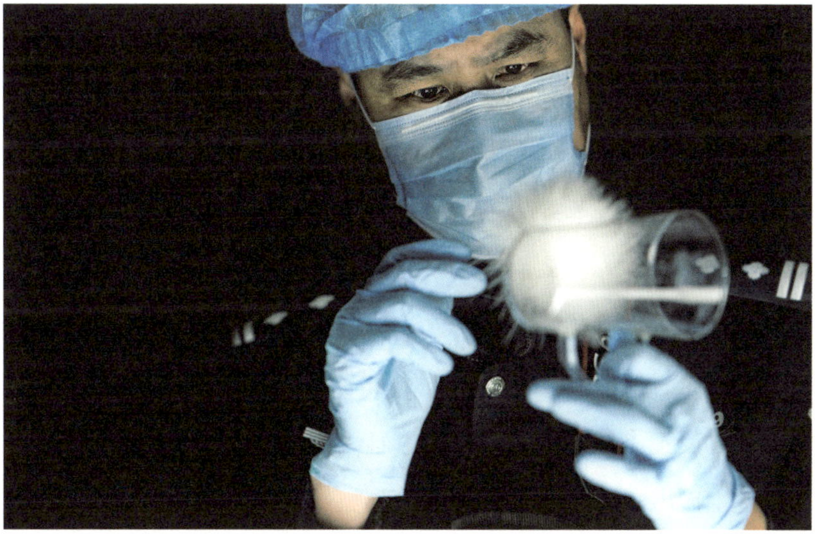

◆ 雷俊生一丝不苟地进行痕迹检验

由于常年在强光下工作，导致用眼过度，2010 年，雷俊生的左眼 3% 的视网膜脱落，但他对此没有充分重视，只进行了短期休整治疗后，很快又投入到工作中。2012 年，雷俊生的左眼再次疼痛，到医院一检查，又一次被确诊为左眼视网膜脱落，脱落程度已发展至 90%。由于没有及时检查和治疗，视网膜脱落后发生萎缩，错过了手术时机，只能用硅油填充。硅油填充后的左眼需要以脸部朝下的姿势充分休息，但每逢重要案件，他就顾不了太多，最终导致硅油滑漏，左眼眼睑发炎。2015 年 8 月，雷俊生接受了眼部手术，手术后，他的左眼几乎失明，在强光照射下才有微弱的光感。失去了一只眼睛的视力，雷俊生很后悔，可这份后悔并没有持续多久。术后半个月，他就询问医生能否回去上班，医生苦笑着说："我从来没有见过像你这么拼的人！"回到岗位后，雷俊生更是"好了伤疤忘了痛"，左眼失明，他就找来放大镜辅助勘查；视野变窄，他就花更长的时间来寻找痕迹；以前出警一小时就能勘完的现场，他就耐心地花费更多时间。看他不分昼夜地忙活，同事们都很心疼，领导还撵他回家强制性休息，可雷俊生转上一圈，时不时又转回到所里继续工作。副所长朱捷感叹道："老雷简直就是在用生命破译犯罪密码，让人不由得为之动容，肃然起敬！"

现在雷俊生每天要滴 6 次眼药水，定期要去医院复查。工作之余他开始带徒弟，传经验，努力让自己发挥出更大的光和热。雷俊生先后在全省刑事 DNA 技术研讨会和省市刑事技术员培训会上介绍经验，并受邀参加了全国刑侦技术研讨会，成为全国极少数受邀参会的基层派出所刑侦技术民警。

这就是雷俊生，一位平凡朴实的基层刑侦技术民警。在实践的摸爬滚打中，他逐步成长为在全省乃至全国都具有知名度的刑侦专家。他把人生最美的年华都献给了痴狂与热爱的公安事业，以实际行动为“追赶超越”作了最生动的时代注脚，用无言的担当唱响了新时代人民警察之歌。

陕西省公安厅供稿

赵新录

赵新录：可可西里“守护者”

赵新录，汉族，1975 年 4 月生，中共党员，1996 年参加公安工作，现任青海省公安厅森林（国家公园）警察总队可可西里森林公安局三级高级警长。荣获全国先进工作者、全国野生动物保护专项行动先进个人、全国自然保护区先进个人、全国道德模范提名奖、可可西里申报世界自然遗产先进个人、全省五一劳动奖章等。曾荣立个人三等功 1 次，受到个人嘉奖 1 次。

高原风雪雕刻赤胆忠魂

可可西里，是世界上除南北极之外最大的一片无人区，年均温为零下 10.0 摄氏度至 4.1 摄氏度，最低气温零下 46.2 摄氏度。平均海拔在 4800 米以上，空气含氧量不足平原地区一半。

就是在这样的地方，赵新录和他的战友们风餐露宿，爬冰卧雪，用生命守护生命、守护生态。1996年12月，退伍后的赵新录成为可可西里自然保护区的森林警察，从此，他的生命便与这片无人区紧紧连在一起。

为了更好地履行新的职责使命，赵新录努力实现从军人到警察的转变，他把学习作为一种责任和一种能力，扎扎实实地学习政治理论、方针政策和履行职责所必需的各种知识，筑牢政治忠诚，强化政治担当。他认真贯彻落实《中华人民共和国自然保护区条例》等自然保护区、自然遗产地管理规定，切实把学习的成果转化为解决问题、指导工作、推动生态保护工作发展的理想信念、精神状态、创新能力和工作实效。25年来，在艰苦而平凡的可可西里森林警察岗位上，满怀对事业的热爱，拼搏进取，在艰险和困境中展现出一名森林警察的赤胆忠魂。

三江水源滋养卫士精神

20世纪八九十年代，贪婪的淘金者进入可可西里，“软黄金”藏羚羊绒声名大噪，暴利驱使之下，高原大地满目疮痍，藏羚羊数量从20多万只一度锐减至不足2万只。25年里，赵新录和战友们克服常人无法想象的困难，抗高寒缺氧、斗“盗采盗猎”分子，凭着对党和人民的一腔忠诚，努力“护好无人区、办好每一案，保护生态环境和拯救野生动物”，行程80余万公里，巡山500多次，组织破获“7・14”特大盗猎藏羚羊案件，收缴716张藏羚羊皮；组织破获“11・20”“12・13”等多起特大盗猎案件和非法运输、买卖藏羚羊皮等野生动物产品案件；参与破获“5・9”“4・17”等盗猎、非法捕捉、倒卖和运输藏羚羊等珍稀野生动物及其产品的案件 107 起，其中重大、特大案件 22 起，抓获犯罪嫌疑人和违法人员 354 人，审判机关判处刑罚 42 人，收缴枪支 21 支，子弹 3 万多发，汽车 38 辆，藏羚羊皮 3909 张，其他各类野生动物产品、制品 300 多件。

坚守在这座千里无人烟的“孤岛”上，赵新录和他的战友们无数次救助过受伤和失去母亲的藏羚羊羔，救助过一个又一个在青藏公路上出车祸的伤员，帮助过一个又一个受困的自驾游客、骑行客。2021 年 4 月 25 日，一男子在可可西里索南达杰保护站附近的鸭子湖被困。接警后，赵新录第一时间带队出警，经过几个小时的搜索，成功营救了欲自残轻生的河南籍青年小陈，一边为其包扎伤口，一边联系 120 急救，一边紧急送往格尔木，一边耐心开导。像这样的救助行动，赵新录不知经历了多少次。

长年坚守在无人区，高原的大山长河锤炼出赵新录坚忍不拔的个性，滋养了他默默奉献的心灵、不怕艰难险阻和流血牺牲的英雄气概。

光荣岁月磨砺剑胆琴心

2016 年，三江源地区被确定为我国首个国家公园体制改革试点以来，赵新录按照习近平总书记关于“确保一江清水向东流”“四个扎扎实实”“三个最大”重大要求，树立绿水青山就是金山银山的理念，紧扣体制试点目标任务，坚持生态保护、民生改善、绿色发展、社会和谐稳定统筹推进，在天寒地冻、风雪弥漫的荒漠，在步步泥淖、处处河流的湿地，在保护生态环境、拯救濒危动物的前沿，在卓乃湖藏羚羊保护现场留下了一个又一个坚实的足迹。

赵新录，这个在荒山旷野中跋涉成长起来的森林警察，还兼任三江源国家公园管理局可可西里管理处索南达杰保护站站长，肩上的责任更重了。他与时俱进，把眼光投向三江源更广袤的大地。

赵新录坚守可可西里，家中小到换灯泡，大到维修下水道、扛米面上楼，一切事情全靠妻子。上有老下有小，自己也要工作，哪一头也不能丢下。有一次，孩子病了，妻子给赵新录打电话，可一直无法接通。孩子被病痛折磨的时候，妻子累得抬不起脚的时候，赵新录却在没有信号的可可西里腹地执行巡山任务。在妻子眼中，赵新录是一个工作狂，一个不回家的人，偶尔回家也待不了几天。

在儿子赵学之眼中，父亲是一个英雄。虽然他很忙，陪伴自己很少，但他从不怨父亲。高考结束后，赵学之跟着父亲来到可可西里索南达杰保护站，感受父亲工作的点点滴滴。填报志愿时，他毅然

◆ 赵新录喂养救助的小藏羚羊

决然选择了动物医学专业。赵学之说："爸爸非常喜欢小动物，我想将来要和爸爸一样，保护小动物，保护藏羚羊。"

平凡的生活培养硬汉柔情，光荣的岁月磨砺剑胆琴心。带着对家庭的歉疚，赵新录只要一回到家，就很勤快，也很温柔。

时代新风谱写英雄赞歌

2020 年 11 月，原省森林公安局及直属机构整体划转省公安厅领导管理，更名为省公安厅森林警察总队，成为我国第一个国家公园警察总队。从此，赵新录的事业又开启了新篇章。赵新录暗暗发誓，要心怀三江源，保护好三江源、保护好可可西里、守护好中华水塔，坚定不移维护国家生态安全。

森林公安工作不仅是巡逻、抗击或者救助，特殊时期还要面临特殊挑战。

参加工作至今，几乎每一个春节，他都主动申请值班，把与亲人团聚的机会留给年轻民警，用他的话说，我是站上的负责人，也是老大哥，理应负起责任。

2020 年春节前后，新冠肺炎疫情暴发。赵新录放弃休假，第一时间奔赴疫情防控一线，对本单位防疫工作进行全面部署，确保工作扎实推进；第一时间组织干部职工成立临时疫情防控工作领导小组，对聚集场所、垃圾堆放点、公共厕所进行消毒；开展 24 小时轮流值班；及时制定《索南达杰自然保护站新冠肺炎防控应急预案》，保障一切工作有条不紊。

索南达杰保护站作为可可西里的宣传窗口，还承担着各类宣传任务。一年 365 天，平均有 150 天都在接待和讲解工作，仅 2020 年，他带领站上的民辅警共接待各类游客 3.6 万人次，承担讲解任务 40 余次，践行了“人民公安为人民”的初心使命。

从 2003 年 5 月加入中国共产党的那天起，赵新录就严格要求自己，也为自己定下了一个原则：“凡事都要比别人做得好一点。”

赵新录在这片高寒大地上，和战友勠力同心，与岁月并肩，与时代同行，谱写了一曲平凡英雄之歌。

青海省公安厅供稿

梁维科

梁维科："闲事保长"

梁维科，汉族，1973 年 10 月出生，中共党员，1999 年参加公安工作，现任宁夏回族自治区青铜峡市公安局城关派出所南苑社区警务室社区民警、社区党委副书记。荣获平安中国建设先进个人、全区优秀社区民警称号，曾荣立个人三等功 1 次，受到嘉奖 7 次。2020 年，青铜峡市公安局党委决定，将南苑社区警务室命名为"老梁警务室"。

参加工作以来，梁维科一直坚守在社区岗位上，如今已有 22 个年头了。22 年来，他紧跟时代不断创新，用辛勤的付出赢得了群众的信任和支持，群众亲切地称他为"老梁"，他也实现了从"闲事保长"到"全能片警"的华丽转变。作为一名社区民警，在社区警务工作中他始终坚持以党建为引领，以深化新时代社区警务改革为契机，积极践行新时代"枫桥经验"，逐步探索总结出"老梁二三四"工作法，即网上网下"两个拓扑式"管理，创新建立"三治融合、四联互动”多元化矛盾纠纷调解新机制，不断夯实公安基层基础工作，努力实现共建、共治、共享的社区治理新格局。

铁脚板加好脾气，做为民服务的贴心人

自1999年大学毕业后，梁维科成为一名社区民警。刚上班那会儿，骑着一辆自行车走街串巷，和群众一根烟聊起家常，喝一杯水拉近关系，他凭着一双铁脚板，走遍了辖区的家家户户，真正做到了“行万里路、进千家门、知百家情”，全身心地融入辖区群众当中。“走一处、问一处，进一家、暖一户”，他用一双铁脚板筑起一道道安全防护墙，大家都开玩笑说他一直在路上。多年来，他人在社区、工作在警务室、心在警务区，用心用情为辖区老百姓服务，群众信任他，辖区老百姓都亲切地称他“老梁”。

梁维科始终坚持不管多晚、不管多忙，只要辖区居民在群里喊一声，他的回答永远都是“马上到”。老梁的电话、微信铃声不断，老梁的办公室里群众不断，从拾荒者到家庭困难的群众、个体老板……同事就开始开玩笑地叫他“闲事保长”，老梁的雅号也由此产生了。

“把辖区群众当亲戚处，对群众的事当自家事”，这就是老梁工作中一直都坚持的原则，也是一名普通社区民警的价值体现。2019年，梁维科帮助利民小区13号楼的行动不便的巩淡乃老人办理了户口，解决了医保报销。为表感谢，巩淡乃老人还专门来到警务室为他送来了一双绣花鞋垫，并感动地说：“我是一个外乡人，在这里再没其他亲人，没想到梁警官帮我解决了难题，我以后就把他当自家人看待了。”

22 年的社区警务工作中，梁维科为群众管过的闲事、办过的小事、帮过的小忙不计其数，他是群众心中的贴心人。金杯银杯不如老百姓的口碑。2020 年 11 月、2021 年 3 月先后有群众送给梁维科本人“热心为民、尽职尽责”和“风格高尚、热心助人”两面锦旗。

探索实践“两个拓扑式”管理，做社区平安的守护者

用大部分精力专注一件事，而且始终保持高昂的状态，梁维科的敬业精神让人佩服。一部手机，140 多个微信群，近万名群成员，3000 余人的通讯录；一身戎装，以青春为笔，以行动为墨，扎根社区，坚守如一；一所警务室，线上线下齐发力、解难题。

面对南苑社区老旧小区多、行业场所多、治安状况复杂的实际情况，老梁反复琢磨、积极探索，创新网上网下两个“拓扑式”服务管理模式，真正做到让数据多跑路，让群众少跑腿，零距离服务群众。老梁还创建了金字塔式层级化微信群组，将警务室“搬”到手机里，固定警务室变成了移动警务室；通过行业场所“微管控”、治安防范“微提醒”、民生服务“微互动”、矛盾纠纷“微调解”、管理业务“微咨询”等，将微警务做实，服务于群众，服务于社区警务管理工作。通过网上网下两个“拓扑式”有效应用，真正实现服务对象底数“清”、特殊人群帮教“勤”、矛盾纠纷化解“早”、民情信息反映“畅”、安全隐患整改“实”、违法行为控制“牢”、应急处置反应“快”等工作目标。

◆ 梁维科给幼儿园孩子们讲解安全防范知识

“做社区警务工作，没有什么分内分外，只要群众需要，我们就得尽力去办。”工作中，他是这么说的，也是这样做的。他将个人微信二维码和手机号码在小区的单元门口公布，努力做到“24小时手机不关机，微信时时不断网”，辖区群众一直把他当作自家人，“老梁警务室”就是居民家门口的“服务站”。平凡的小事一桩桩、一件件，累积的是同事和辖区群众对他的尊敬和依赖，也成就了老梁务实的社区警务路。

创新“三治融合”社区治理新格局，做社区治理的红管家

为了不断提升社区治理能力，梁维科践行新时代“枫桥经验”，依靠社区党委将综治、司法、警务、禁毒工作充分整合，建立社区

综治中心。利用担任社区党委副书记的优势，切实把夕阳红巡逻队、楼长巡防队、义务巡逻队等力量纳入社区警务室，充分发挥红色议事厅、协商议事中心作用，形成以社区党委为轴心、网格化管理为依托，辖区居民广泛参与的基层治理“同心圆”，攥指成拳，凝心聚力，使小区群众成为社区治理的主要参与者、最大受益者和最终评判者。让社区治理工作在德治、法治、自治的融合互动中焕发“倍数效应”，让小事不出网格，大事不出社区，“矛盾不上交、平安不出事、服务不缺位”。

2020 年 5 月，在当月的社区红色议事厅议事会上，有一位居民反映近期汉延东区出租房屋住户有“新面孔”，形迹可疑。会后，他立即对辖区发案情况进行研判，发现商城，汉延东、西区近期发生多起三车（摩托车、电动车、自行车）被盗案件。他马上组织张贴预警提示，并在微信群内提示社区居民加强自防。同时组织社区网格员、辅警、小区保安和我们组建的夕阳红巡逻队、楼长巡逻队等巡防力量加强巡逻。在所内巡逻民警配合下，在巡逻中将犯罪嫌疑人邵某抓获，破获“三车”被盗案件 10 起。这就让居民成为社区治安的真正参与者，老梁也成为老百姓身边的治安管家。

开创“四联互动”多元矛盾纠纷调解新机制，做辖区和谐的维护者

坚持组织建设走在工作前、预测工作走在预防前、预防工作走在调解前、调解工作走在激化前，是老梁警务室化解矛盾纠纷的秘方。梁维科创新建立了“四联互动”（即警律联调、警司联调、警行

联调、警民联调）多元化矛盾纠纷调解新机制，已经形成了由20名专业人员组成的调解“专家库”，当事人可根据自身需求实行“点单式”预约调解，将矛盾纠纷阻断在早、在小，消灭在萌芽状态，实现小事不出楼栋，大事不出社区。在党委领导下，梁维科又积极协调，由公、检、法、司轮流坐班，多部门联动共同参与，建成了“一站式”多元矛盾纠纷调解中心。他还利用线上线下多渠道收集各类问题，全面跟进，切实解决居民的操心事、烦心事、揪心事。

2021年春节前夕，梁维科得知宏远小区40号楼发生一起婚恋纠纷，男方酒后经常在小区闹事，并扬言要杀人。他立即组织人员入户走访调查。了解事实后，立即启动“四联互动”调解机制，邀请律师和司法人员对双方当事人进行思想疏导，经过3天的讲理说法，成功化解了一起婚恋纠纷，预防了一起由矛盾纠纷引发的民转刑案件。

22年的社区警务工作，梁维科对辖区人、事、地、物都牢记在心，对居民家中的大事小情都了如指掌，成了整个派出所的“社区通”“活地图”。他始终是领导的得力助手、同事的好榜样。在担任南苑社区社区民警的15年中，他共排查对辖区有影响的矛盾纠纷1200起，均已得到有效化解，其中他参与化解的有900余起。南苑社区没有因矛盾纠纷引发民转刑案件发生，没有命案发生。2020年以来，辖区发案数同比下降50%，与居民生活息息相关的“三车”被盗、电信诈骗等案件大幅下降。近3年来，辖区22个居民小区60%为零发案小区。

“雄关漫道真如铁，而今迈步从头越。”作为一名普通的社区民警，梁维科用扎实的工作作风和严谨的工作态度赢得了辖区群众的充分肯定。22 年来，他扎根基层、服务群众，用青春和热血书写人民警察的使命和担当，用智慧和气魄筑成一道保障人民群众的公共安全屏障，用真情和真爱为人民群众撑起一片平安和谐的天空。

宁夏回族自治区公安厅供稿

邓雄杰

邓雄杰：破解死亡密码
让证据发声的“硬核法医”

邓雄杰，汉族，1981 年 10 月出生，中共党员，2008 年 10 月参加公安工作，现任新疆生产建设兵团第十二师公安局刑侦支队警务技术三级主管。邓雄杰 2019 年入选“全国公安刑事技术青年人才库”，2021 年被公安部、中华全国总工会评为“全国公安机关成绩突出个人”，曾获兵团公安优秀刑事技术能手、兵团法学会优秀论文奖、第十二师“先进工作者”等。他专业技术精湛，先后发表国家级论文 8 篇，经过多年的学习和锤炼，他已经成为全兵团公安系统法医岗位中经验最丰富、业务最精专的领军人物。

忠诚担当，冲锋在刑侦工作最前线

2008 年年底，邓雄杰放弃了待遇优厚的骨科医生工作，怀着满腔热忱考入第十二师公安局，成为一名法医。作为兵三代，入警 13 年来，邓雄杰不畏艰险、主动担当、冲锋在前，始终战斗在维护兵团社会稳定及刑侦工作的第一线，长期与恶劣复杂的现场环境、疑难尸体打交道，常年奔波于案件现场、解剖室、殡仪馆，不论刮风下雨还是白天黑夜，他从未缺席。他挑战着常人难以承受的心理极限，始终坚持“科学、客观、公正”的原则，以实事求是的工作态度，科学严谨的工作作风对待各类刑事案件的现场勘查、物证提取及检验鉴定工作，及时为侦查工作提供有效破案线索，为案件的诉讼提供强有力的证据支持。

13 年来，邓雄杰勘查各类刑事、交通、治安现场 3200 余起，提取痕迹物证 4600 余份，勘验尸体现场 2300 余案，出具检验鉴定书及尸检报告 1900 余份。先后办理了一系列社会关注度高、舆情复杂的重特大案件现场勘查取证及检验鉴定工作，并为各类命案及非正常死亡案件的侦破提供正确方向，出具的各类法医检验鉴定文书为侦查、逮捕、起诉等工作起到了至关重要作用。在他所承担的全国“公安机关刑事技术实验室能力验证（盲测）”工作中，法医损伤与病理类检验能力均达到“满意”水平。2021 年，他被邀请为专家评委参加兵团公安机关案件评查工作，此项工作受到一致好评。

明察秋毫，维护法律公平正义

邓雄杰的工作不仅要完成辖区内刑事、交通、治安等各类案件现场勘查、尸体检验、物证提取等工作任务，还要完成各类伤情鉴定。在他的办公桌上摆满了病历资料、X 片、CT 片等影像资料。伤情检验、拍照、看 CT 片是邓雄杰每日必做的工作。

有一年 2 月，家住三坪农场五连的马某与他人发生一起纠纷，由于发案现场条件限制，仅有案发时两人笔录作为证据，孰是孰非，无从分辨。马某自述腿部被对方打伤，要求当地公安机关做法医鉴定并要求对方赔款。因对当地鉴定意见不服，马某多次到信访部门上访，引发了不良影响，上级指示将案件委托至第十二师公安局法医进行重新鉴定。

邓雄杰拿到原始的伤情鉴定资料后，详细阅读病历资料和 X 线片，并对伤者受伤部位做了细致的检查。曾经做过骨科医生，有着丰富经验的他敏锐地发现，原本不该出现骨化性肌炎的部位出现了相应病症，与损伤检验不相符。经过细致入微的反复查证，各项证据都指向了一个方向——医院诊断错误。在充分收集损伤与疾病的鉴别后，邓雄杰多次与伤者救治医院专家论证会沟通交流，最终推翻原医院损伤诊断，客观公正地作出了法医鉴定结论，最终圆满解决了由于错误诊断导致长达半年之久缠访闹访事件，还“嫌疑人”以清白，为“受害人”解疑惑，维护了社会公平正义。

他常常说：“只有心系群众，全心全意为人民服务，为人民群众排忧解难，才能赢得群众的信任和拥护。”在伤情鉴定工作中，他始终恪尽职守、遵守法律、客观公正，为社会主持公道和伸张正义提供准确可靠依据。

执着奉献，对工作无限热爱

法医是一个非常艰苦的职业，需要大量专业知识，整天和尸体、血腥、腐臭、蝇蛆打交道。在进行尸体解剖时一些死者的家属都会因为无法忍受强烈的尸臭味而不得不暂时离开，邓雄杰却一直坚守在解剖台前，认真、细致地为遗体翻身、拍照、解剖，提取牙齿、肋骨和携带物，一丝不苟地按照规定要求为每具尸体建立特征档案。对于那些“不完整”的遗体，他常常要多次进行比对，染发卷发、有无衣物或文身，是否装过假牙，是否四肢健全，一个特征接一个特征地反复查找。到了夏天，尸体腐烂程度加剧，有时，随着气温的升高，检验工作逐渐增大难度，一次性的防护服密不透风，经常是浑身被汗水浸透，他没有因此而省略任何一个工作程序。每检验一具遗体之前，他总要先给遗体梳头并用湿毛巾将死者的面部擦拭干净，解剖结束后总是会认真缝合、擦拭。“尊重遗体是对逝者的告慰，也是对生者的尊重。”对于这种常人难以忍受的工作，邓雄杰一干就是十几年。当被问及为什么会这么执着地从事法医工作时，他淡然一笑：“坚持下来靠热爱。”

舍生忘死，彰显刑警本色

由于第十二师公安局警力有限，刑侦工作分工没有那么细致，而是“一警多能”，警情发生后，他必须第一时间赶到现场，既要负责尸体解剖，还要参与现场勘查、痕迹检验等，这对于邓雄杰是个挑战，为了胜任此项工作，邓雄杰不放过任何学习的机会，一边自己翻阅书籍、查阅资料学习痕迹检验知识，一边虚心向其他民警求教。同时，他毫无保留地把自己知道的法医知识和工作经验传授给同事们。就这样，原本只能从事法医专业的邓雄杰成了人人竖起大拇指的刑侦技术多面手。

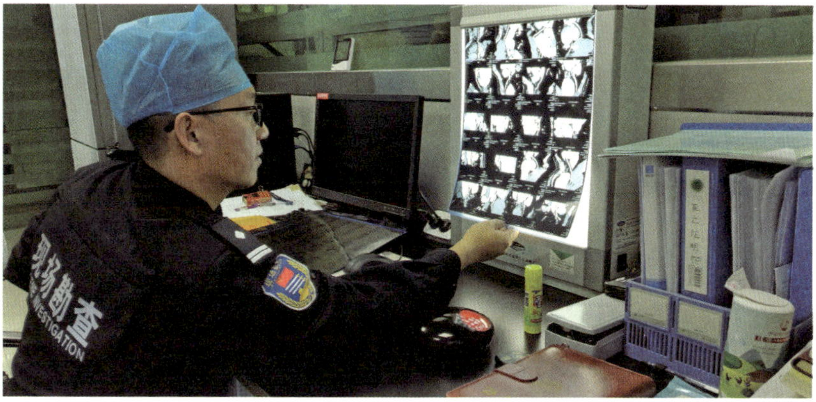

◆ 邓雄杰对物证进行检验鉴定

有一年 11 月，辖区一煤焦厂地下煤矿发生爆炸，有人员伤亡，接到警情后，邓雄杰立即赶往现场了解情况，当他了解到现场是爆破作业，7 名人员在爆破隐蔽时有 1 名工作人员身亡。因为都是熟练工人按照规程操作有序撤离隐蔽，却唯独一名工人丧生，有没有可能是效仿电影《盲井》中凶手的做法，谋杀后领取高额赔偿呢？为了查明案件真相，邓雄杰不顾自身安危，穿上防护装备爬入爆炸不久的 800 余米深地下采煤层，在满是烟雾缭绕及刺鼻气味的狭窄通道内匍匐在煤沫上，在黑暗危险的环境中凭双手将埋在煤沫内的安全帽找到，并顺利提取，他将安全帽拿回实验室后仔细分析，结合尸体检验情况，发现安全帽上的伤痕是一次性致命伤，并与死者头颅伤口完全吻合，有力排除了刑事案件，并为安全生产事故提供了有力的证据。

拨开迷雾，还原事实真相

2017 年的一个冬夜，邓雄杰像往常一样在值班，突然接到乌鲁木齐垦区紫金城小区一名女婴在家中病亡的警情。邓雄杰立刻驱车前往案发现场，经过对女婴尸检后，发现女婴左侧头面部有较为明显的损伤，死因为外力导致的颅脑损伤，并非家属报称的因病死亡，尸检结果与死者家属所述不一致，立刻引起了邓雄杰的警觉，但哪个亲生父母会谋害自己不满周岁的孩子呢？带着矛盾及疑问，他立刻控制女婴父亲，封锁现场，进一步解剖检验，当确定女婴为颅脑损伤死亡后，女婴父亲不得不承认因和妻子婚姻纠纷，气愤之下将哭闹的婴孩扔在椅子上，婴儿头部摔在椅子角上致颅骨骨折、颅内损伤死亡。女婴父亲为逃避法律责任谎报女婴因病死亡，最终还是没有逃脱法律的制裁。案件完结后，兵团公安局将此案例列为考核全兵团公安机关法医的典型试题，以此来考察法医的技术水平。

邓雄杰扎根新疆、热爱兵团，勇敢坦率、清正廉洁，始终保持对党忠诚、无私奉献、开拓进取的工作作风，用具体行动履行着职责与使命。他在最基层的公安机关，在最苦最累的法医岗位上，在党和人民需要的时候，能够挺身而出，迎难而上，夜以继日，顽强拼搏，坚守在维护人民生命安全和身体健康的第一线，践行着训词精神，彰显了党员民警在危难时刻的担当和对党对人民的忠诚。

新疆生产建设兵团公安局供稿

翟
进

翟进：坚守孤岛廿一年
鏖战国门显初心

翟进，汉族，1977年6月出生，中共党员，2001年4月参加公安工作，现任广州海关缉私局大铲缉私分局副局长。曾荣获广东省“五一劳动奖章”、“广州好人”、“广东好人”、缉私警察成立20周年“缉私先锋”等称号，荣立个人二等功2次。

翟进参加工作之初就主动申请前往广州海关关区最南端的大铲岛工作，连续21年坚守在最艰苦的水上缉私工作一线，在无风三尺浪的珠江口水域与狡猾的走私分子开展长期斗争。他爱岗敬业，英勇打私，以实际行动影响和带动身边同事，积极投身缉私事业，充分展现了一名缉私战线党员干部的先锋模范作用。任大铲缉私分局海上缉私二中队队长期间，率中队成员查获各类走私案件600多宗，案值近20亿元，其中包括“5·26”走私管制刀具、红酒、化妆品大案以及系列成品油、废旧电子产品走私大案等，有力地打击了走私分子的嚣张气焰。新冠肺炎疫情暴发以来，他身先士卒，持续战斗在抗疫打私一线，靠前指挥，严格督促队伍做好防范措施，加大打私力度，查获大批走私高值货物、精神类药物、易制毒化学品等，为国家挽回巨额经济损失；特别是深入贯彻习近平总书记对公安工作的重要指示批示精神，对冻品走私开展重点打击，先后查获 4000 多吨走私冻品，为保护人民生命健康安全、维护国泰民安作出了重要贡献。

扎根海岛守门人

翟进大学毕业后，通过公务员招录被分配到扼守珠江口咽喉的大铲岛从事水上缉私工作。当初的他与其他刚毕业的大学生一样，对水上缉私工作充满了好奇和热切向往。然而，岛上长年的闷热寂寞、狂风暴雨以及长期单调枯燥而又劳累的水上缉私生活，很快让大家认清了现实。在这岛上感受一下生活可以，或者咬咬牙熬个一两年，算是给人生增添一笔特殊的经历也还行，但要再多待几年，恐怕一般人都会受不了。

随着时间的流逝，身边的同龄人慢慢离开了这座铁打的营盘；其他的年轻人来了，又像候鸟一样渐次飞走。不知不觉，当初的年轻人中只剩下了翟进；不知不觉，翟进在岛上变成了“年轻的老同志”。他也知道能回到大都市更舒服，生活更加多姿多彩；特别是谈对象以后，年轻人更希望能回到城市陪在恋人身边。但他从来没有向组织提过交流申请，直到恋人变成妻子、变成孩子的母亲，他仍然留在岛上。

他自上岛的第一天起，就告诫自己，要听从组织安排，勤奋工作，干出一番事业。在年轻人里，他是最勤快、最好学、最不怕吃苦的一个。烈日下、风雨里，总能见到他孜孜不倦向老海缉人学习查船技能的身影。岁月酬勤，几年下来，他已成为同行中的佼佼者，查获的案件数也一直位居前列，成为年轻人学习的榜样，并渐渐走上基层领导岗位，成为带队一方、打击走私的领头人。

◆ 翟进开展海上缉私巡查

细细算来，自翟进第一天上岛至今，已过了21个年头。这21年里，他用自己的一腔忠诚与热血，守护国门，打击走私，做到了问心无愧。但一说起家庭，他却掩不住内心的愧疚之情。这么多年，他大多时间待在海上，很多时候甚至在家轮休期间，因为突然接到任务，半夜里又离家而去，家里的事情基本全靠妻子解决。他至今记得，女儿出生那晚，他正在茫茫夜色的大海上飞驰，妻子为了不让他分心，自个儿收拾行李躺进医院待产，等他完成任务赶到医院时，妻子也完成了生产，一个新生命出世了，夫妻俩笑容伴着泪水相拥无言。

打私战疫真英雄

水上缉私有其独具的特色与危险性，缉私人员除了需要具备水上缉私技能，还需有一腔坚决捍卫国家和人民利益的正气与胆识，与台风、走私的综合作战可见一斑。2017 年夏秋，短短 3 周，3 次台风接连刮过珠江口，雨骤风狂，浪大流急。翟进收到线索，某水域有人走私。面对超强台风和同事们的担忧，他凭着多年斗台风的经验，带着队员成功查获一宗成品油走私案。该案刚处理完，台风的风头就已杀到，他立即按照防台预案进行紧急部署，指挥队员克服疲惫，迅速将船艇、货物及嫌疑人转移到安全场所。台风刚过，他又收到新的案件线索，立即带人马赶赴案发地。在 3 次台风之间，他们不停往返，与兄弟科室紧密配合，辗转奔袭，一连查获 6 宗走私案件，每次都是擦着台风的边缘来去。连续几天边斗台风边打走私，给走私分子以沉重打击。

从事水上缉私工作，常会遇到一些突发危险。2019 年年初的一个深夜，海上一片漆黑，浓雾弥漫。尽管这种天气出海缉私危险系数很大，但翟进收到线报，某船偷载走私红油进境。他带着队员毅然出海，赶往珠江口某水域。经过搜索，终于发现涉嫌闯关走私红油的来往港澳小型监管船舶，当场查获走私红油 200 余吨。在押船返航途中，由于黑夜及浓雾天气，缉私艇突然被一艘渔船撞中。渔船船体高大，航速较快，没有开启任何灯光标识，几乎将缉私艇压倒侧卧在水面，并一直推行了十几米，艇内海水倒灌，情势十分危急。他被强大的冲击力撞倒在艇内，但他临危不惧，立即忍痛爬起，指挥驾驶员掌好方向，趁着两船稍微松脱的瞬间，利用海浪的反冲力，猛力加油摆脱了危险，成功化解了一次重大事故。类似的危险，他在工作中还遇到过好多次。但不管如何危险艰巨，他始终临危不惧，带队冲在最前面，给走私分子以迎头痛击，捍卫国家和人民利益。

2020 年年初，新冠肺炎疫情暴发，习近平总书记多次作出防控疫情、助推复工复产的重要指示批示，全国各条战线紧密团结在以习近平同志为核心的党中央周围，众志成城，开展战疫防疫、复工复产工作。翟进按照上级部署，在率队打击走私过程中坚决贯彻落实习近平总书记的重要指示批示精神和中央决策部署。任中队长期间，他坚持冲锋在前，严密监督海上动向，严厉开展打击野生动物走私及冻品走私行动，坚决斩断病毒传播进境的链条，严防病毒跨境输入传播。2020 年 7 月提任分局副局长后，他继续发扬实干精神和表率作用，深入一线指挥打私，研究布置专项工作，特别是对成品油、冻品走私开展重点打击，取得明显成效，共查扣走私成品油近 1.4 万吨，冻品 4000 多吨，各类走私船只一批。在打击走私、维护国家利益、助推复工复产的同时，切实履行好国门把关人、人民保护神的光荣职责。

关心群众如亲人

大铲分局地处孤岛，民警舍小家为国家，勤奋工作，默默奉献，长期难与家人团聚。参加工作以来，翟进只回过一次四川老家探亲，每年春节他都主动申请在岛值班，将回家团聚的宝贵机会尽量让给同事。对同事的困难，他时刻记在心上，将关心、暖心落在行动上。2016 年 3 月 16 日，中队吴昊同志病情加剧，急需血小板。他紧急张罗，汇报情况、联络病人家属、征集献血志愿者，忙前跑后，不到两小时就找到了 4 名志愿者前往广州血液中心进行捐献。忙完后，他留下两名同事在医院照顾病号，自己不顾疲倦，又立即赶回海岛执行打私任务。吴昊同志不幸因病去世后，他一直带领中队同事，坚持关心其遗属，做好暖心工作。直到现在，每年他都会登门看望吴昊同志的遗属，送上关心与慰问。他也非常热心公益事业与社会志愿服务，经常带领、鼓励属下同志积极参加志愿行动，其本人更是带头为灾区受灾群众、困难群众及重病同事捐款捐物。

对于别人的求助，他也非常上心。曾经有一位年迈的老乡跑来找他，希望能帮助其智障儿子在广州周边找一份合适的工作。他到处帮忙打听，最终在一家工厂帮老乡的儿子找到了一份工作。看到老乡的儿子能踏实工作，养活自己，他也感到由衷的开心。

大道至简，实干为要；创业维艰，奋斗以成。21 年的苦寂坚守、敢打敢拼，让翟进成为大铲岛上的一面旗帜，荣誉的背后，既凝聚着组织对他的深切关怀，也凝聚着群众对他的信任，同样也凝聚着他二十一年如一日对艰苦的水上缉私工作的执着热爱以及对党和人民的赤子情怀。他和同事们日夜奋战在缉私工作的最前沿，有力地打击了走私分子的嚣张气焰，以自己的实际行动为国家繁荣昌盛、社会和谐安定作出了应有的贡献。

广州海关缉私局供稿

廖
洁

廖洁：中国警花的最美绽放

廖洁，汉族，1985 年 7 月出生，中共党员，2011 年 9 月参加公安工作，重庆市公安局两江新区分局警令处民警，中国第八支赴南苏丹维和警队队员，第九支赴南苏丹维和警队队长。曾获重庆市最美渝警楷模、感动重庆十大人物。2021 年，获授联合国“和平勋章”。先后荣立个人二等功 1 次、三等功 1 次，获嘉奖 4 次。

2015 年 9 月，习近平主席在出席联合国维和峰会时，向世界深情介绍了中国维和女警和志虹。维和烈士和志虹“一根羽毛”的感人故事广为传颂，激励着更多的女警加入蓝盔方阵，为中国维和事业增添了一抹亮丽的色彩。她们将烈士的心愿化为涤荡心灵的精神力量，忠诚履行负责任大国对和平的庄严承诺。廖洁，就是这支蓝盔方阵的优秀代表。她心系和平，胸怀梦想，甘愿与艰苦为伍，与战火为伴，坚守南苏丹两年，把女儿柔情化成钢铁意志，用勇气、信念与智慧彰显中国精神、中国力量。

向险而行，她用责任守卫和平

2019 年 12 月 16 日，廖洁随中国第八支赴南苏丹维和警队来到南苏丹，这是世界上最年轻、最动荡、最不发达的国家之一。炽热贫瘠的土地，漫天飞舞的黄沙，破败不堪的街道，满街乞讨的贫民，无一不在诉说着战争给这个国家带来的深重灾难。

这里的一切都是残酷的，尤其对女性维和人员。初到任务区，廖洁因工作劳累、水土不服导致免疫力急剧下降，咳嗽、疱疹一并发作。整整一个半月，廖洁每晚都因咳嗽不止、全身痒痛而无法入睡。当时，由于物资未到，没有条件做饭，她想喝一碗粥都难以实现。

而这些还只是开始。维和警察的重要职责是守卫难民营，那里抢劫、暴乱时有发生，危险重重、枪声不断。有一次，已是夜半时分，廖洁临时接到任务，要和队友一起盘查嫌疑车辆。穿好防弹衣、戴上头盔，他们进入了当地武装力量的领地。由于是深夜，看不清人影，“啪啪”几声枪响，对方几名武装人员就冲了出来。“当时他们用枪对着我们，双方僵持不下，我们只好先退了出来。”尽管心中害怕，但廖洁还是迅速镇定下来，配合行动部门负责人，一起与对方进行谈判。“平时，我们与对方指挥官关系还不错，但到这个时候，就有很多复杂的关系要考量。”廖洁说，南苏丹各种地区武装力量此消彼长，只有充分了解情况，从中协调制衡，才能妥善处理事态。两年时间里，廖洁参加过不计其数的维和行动，每一次都面临着不可预知的风险与挑战。

国旗在身，当欣欣以向荣。廖洁的想法很朴素：穿着有五星红旗的警服，就不能给祖国和中国警察丢脸。2020 年 3 月，南苏丹疫情尚未暴发，作为朱巴战区后勤官，廖洁就积极研究学习国内疫情防控经验，在当地疫情蔓延前就起草了联南苏团朱巴战区防疫计划。该计划得到联南苏团高层充分肯定，向整个任务区推广。她也被任命为朱巴战区新冠病毒防范工作事务官，负责保障整个朱巴战区抗疫工作的防护、统计、隔离及协调工作。当疫情蔓延，大多数民事警察居家办公时，廖洁忙碌的身影却出现在任务区各个角落，奔走各部门协调物资，制订防控措施、监督情况落实，保证各项工作能顺利开展。疫情肆虐时期，南苏丹安全形势也愈发紧张。当地民众认为是联合国人员把新冠病毒带到了南苏丹，敌对情绪空前高涨。为了缓解当地民众与联合国之间的紧张态势，廖洁组织开展防疫培训，引导当地武装力量和民众科学认识疫情，促进了难民营转化计划的顺利实施。因防疫工作成绩突出，廖洁两次荣获战区嘉奖。

胸怀大爱，她用真情播洒阳光

维和事业，是爱的事业。廖洁常说，作为一名维和警察，只有带着满腔真诚，才能不断传递爱的火炬，照亮那些最需要阳光的地方。

在任务区，她注重与当地军警和社区的联系，主动了解他们的需求，用真情真爱打动他们、帮助他们。日常走访中，她发现当地警局办公室门锁损坏问题突出，就第一时间联系工程人员进行维修。

看到检查站外环境脏乱，她主动发起联合环保行动，改善周边环境，得到了积极响应。联合巡逻时，她发现当地警察连一台像样的巡逻车都没有。经过艰苦的协调工作，终于成功将一台联合国巡逻车正式移交给当地警局，保证了巡逻工作的正常开展。当廖洁把车钥匙交到当地警方负责人手中时，这位警官紧紧拉着廖洁的手不放，激动地说："永远不会忘记中国警察的真诚和责任心。"

维和女警还有一项特殊的任务——帮助当地的妇女儿童。作为任务区女警协会成员、朱巴战区保护妇女权益的负责人，廖洁始终关注着当地妇女生存状况，积极参加联合国为当地妇女争取权利的活动和集会。每次与当地妇女近距离接触，廖洁都主动倾听她们的声音，给出建议，积极为她们协调生活物资，鼓励她们制作手工制

◆ 廖洁和非洲孩子们在一起

品并协助联系售卖渠道，帮助她们树立自信。为保证当地妇女在难民营移交后得到妥善安排，她提出派女警到检查站工作，并建立专门的女警值班备勤室。当地妇女和女性警察都亲切地称廖洁为“中国妹妹”。

当地儿童的境况也不容忽视。长年战乱，内耗严重，南苏丹儿童营养极度不良，很多孩子都因战争失去了父母。廖洁和几名志愿者一直援助帮扶朱巴地区的一个孤儿院，除了捐赠钱物，她每次都会带上自己做的食物，或帮孩子们买些衣服、鞋子和足球，并且一定会留足时间和他们一起玩耍，让他们尽可能享受到同龄人的快乐。孤儿院有一个孩子，在亲眼看到父母被虐杀后，便不再开口说话，但每次看见廖洁和志愿者们，他总会主动跑过去亲近。廖洁说，这让我们觉得一切付出都是值得的。

牢记使命，她用奋斗续写豪情

生命不息、战斗不止，这是一名战士最高的品德，也是廖洁身上所闪耀着的奋斗精神。

2020 年年底，廖洁在联合国半年考评中连续两次获得比例仅为 2% 的“非常优秀”的评价，两次荣获战区嘉奖，并荣获国内感动重庆十大人物和重庆市最美渝警楷模称号。当时一年任期已满的廖洁，本可以带着这些荣誉凯旋祖国，与家人团聚。但她却主动申请延期半年，原因很简单：“因为好多事情已经上手了，我愿意继续做下去，竭尽所能地帮助当地人民，也为下一批警队到来做好前期准备。”半年后，在安排好第九支赴南苏丹维和警队的前期工作后，经过仔细思量，她再次选择延期半年，帮助警队扎稳脚跟，也为所热爱的维和事业作出更多贡献。

在廖洁的带领下，中国维和警察精神也在不断赓续传承。2008年，中国维和警察孙东兴自己出资在瓦屋修建派出所，搭建了中南友谊的桥梁。13 年过去了，面对早已破败不堪的所舍，廖洁决心予以修缮，让这一象征中南友谊的标志永葆新鲜。在极度落后的南苏丹，材料、施工都是难题。她主动向中国驻南苏丹大使馆寻求帮助。在大使馆的协调和帮助下，在南苏丹的中国企业天元公司被警队的想法深深打动，决定全力支持配合。2021 年 10 月 16 日，东兴派出所翻新工程顺利竣工，联南苏团专门刊文向各国维和警队宣传表扬中国警察的模范行为。孙东兴在得知这个消息后专门发来信息对警队所做的工作表示感谢。

“她最大的特点就是自己带头敢打敢拼，永远为警队着想，有任何困难都自己先顶上。”警队同志们这样称赞廖洁。在她的带领下，第九支中国赴南苏丹维和警队全体队员不负重托、不辱使命，刷新了中国维和警察派驻南苏丹以来进入总部和地区高级别岗位人数最高纪录。2021 年 10 月 26 日，联合国南苏丹特派团隆重举行授勋仪式，专门向中国警队队员授予“和平勋章”，以表彰他们在任务区作出的突出贡献。特派团代理警监在发言中，特别赞扬了中国警队派驻南苏丹的第一位女性警队长廖洁所作的贡献，并鼓励中国及其他出警国向任务区派驻更多优秀的女警。

“志之所趋，无远弗届，穷山距海，不能限也。”习近平总书记对广大青年的殷切期望，也正是廖洁维和历程的最好写照。

两年时间，廖洁用忠诚、坚守和热爱，让联合国记住了一名优秀的中国女性、一名勇敢的中国警察。她在战乱动荡中留下最美的姿态，在贫瘠大地上播撒爱的种子，让中国维和警察精神在南苏丹生根发芽，如簇簇非洲长春花，迎着阳光绽放人生最美的那抹红！

重庆市公安局供稿

刘峥

刘峥：护航冬奥的国门卫士

刘峥，汉族，1980 年 7 月出生，中共党员，2000 年参加公安工作，现任首都机场公安局治安二支队公共秩序管理大队副大队长。从警 21 年来先后荣立个人三等功 3 次，获嘉奖 8 次。

不忘初心坚定理想信念，
在刑侦战线经历血与火的考验

自 2000 年到首都机场公安局报到那天起，刘峥就从事刑警工作，这一干就是 12 个年头。刑侦战线见证了他青春岁月中最澎湃激昂的时刻，亦在波折与平静中记录着他的点滴磨砺与成长。刑警队是一支刀锋战队，与一群信念如磐、勇敢坚毅的战友们共同经历过种种惊险与挑战，拨开犯罪现场的迷雾，破解罪恶背后的谜团。刘峥从警的最初 12 年里，经历过荷枪实弹的破门缉凶、穷追不舍的围

追堵截、奋不顾身的飞身猛扑，亦经历过风霜雨雪里的鏖战蹲守、没日没夜的连轴审问、毫无头绪的线索核查。一次长达半月抓捕的蹲守让他记忆犹新，几个月通宵达旦的专案侦破让真相水落石出。上班的第一天，刘峥的师傅就告诉过他，做刑警就要粗线条，吃得了苦受得了累。12 年的刑侦岁月里，他像师傅说的一样，扎进山一样的垃圾堆里搜寻线索，趴在厕所里，伸手摸索嫌疑人藏在污水管中的关键物证，用一个月的时间复盘数以万计的警情记录，一条一条仔细甄别，凭借着一股子韧劲，生生扒出隐身多年的盗窃团伙。在从事刑侦工作的 12 年里，刘峥经常能遇到各种急难险重的任务，每一场硬仗都是考验，每一道难题都是历练，他被同事封为“出差王”，为了破案抓人，跑遍全国各地，每次出差抓人都笃定一个信念：不抓到绝不回来。2008 年公安部组织开展积案攻坚，刘峥带领探组队员先后深入多地，历时半年对尘封的故意杀人案重新开展了侦查工作，通过不断的走访，跟踪、蹲守、分析通话记录和银行流水等艰苦枯燥的工作，成功抓获了潜逃 10 年的 2 名案犯。在刑侦工作的这些年，通过大大小小的案件侦破，刘峥历练出了不怕吃苦、任劳任怨、持之以恒的工作作风。

慎终如始做新国门卫士，为新机场大治安体系添砖加瓦

刘峥从刑侦领域转入了治安领域工作，新的岗位赋予了他新的职责，同时，也激发了他新的斗志。他在原有工作经验的基础上，努力学习新的业务知识，在极短的时间内适应了治安工作，并在首

都机场重大安保社会面治安防控工作、辖区寄递物流行业监管工作中取得了成绩。

2018 年 6 月，刘峥响应局号召支援大兴机场治安管理工作，当时，治安二支队领导班子尚未配齐，支队总共只有民警 5 人，由于大兴机场还处于建设阶段，治安业务工作体系均没有构建，而且距离全面接收管辖、大兴机场开航的时间越来越临近了。面临这种压力，刘峥发扬示范引领的作用，从治安各项业务工作入手，组织其他同志一项一项地干了起来，从支队内部职责分工建立、民警廉政风险点位确定、队内各项规章制度建立，到第一版大兴机场社会面防控方案、大兴机场设卡堵截方案、大兴机场社会面巡控机制建立发布，再到寄递物流行业监管、遗失物管理，流浪乞讨人员、精神异常人员救助机制的确立及首个按照民航 7003 标准建设的警务工作站拔地而起，涉及治安方面业务体系从无到有日渐丰满起来。在业务体系搭建起来以后，刘峥又投入了首都机场公安局首套应急体系治安业务领域的起草制定工作，与同事一起完成了机场扰乱行为现场处置预案体系建设，结合预案发挥治安业务部门牵动指导作用，在大兴机场开航前组织多次民警实战演练，并统筹参演单位圆满完成大兴机场开航第七次压力测试即模拟大规模群体扰乱航站楼科目测试演练，为大兴机场开航前应急事件处置交上了满意的答卷。

在大兴机场 9 月 25 日开航前夕，治安二支队统筹负责社会面各项安保工作，由于任务繁重，刘峥主动请缨，挑选保障任务中的“硬骨头”。从 8 时到 20 时，在没有吃午饭和晚饭的情况下，一刻不停对某沿线建筑数百间房间逐一开门查看清理后进行封闭。23 时，

刘峥协调首都机场安保工作

一桶泡面下肚，新的任务又一直持续到第二天凌晨 4 时，那一天他的微信步数将近 6 万步，第二天 6 时开航仪式进入倒计时，根据方案和任务，支援大兴的警力到位，刘峥又投入到沿线部署警力的工作中。25 日中午，当电台传来保障结束的指令后，他紧张的心终于放松下来，大兴机场正式开航了。回想自己近一年来加班加点、挑灯夜战，不停的争论，方案一遍一遍修改完善，马不停蹄的奔走协调，他说，一切都值得。

刘峥常说，遇事不要怕，先要敢干，事都是从敢干到能干，从能干到会干的。在处理重大和突发敏感案事件中，刘峥总能靠前站位，全程跟进案件办理各个环节，积极有效沟通协调及时获得行动性和指向性信息，根据事态发展灵活应变，妥善处置。

砥砺奋进圆梦冬奥安保，在勤务调度岗位谱写奉献赞歌

2008年北京举办夏季奥运会，由于被临时抽调参与专案侦破工作，刘峥错过了奥运安保工作，当时，他为没能亲身参与奥运安保有些失落。也是自那时他就暗下决心，如果北京再举办奥运一定亲身参与安保工作。

2022年冬季奥运会和残奥会在京举办，首都机场公安局作为北京安保指挥中心机场安保分指挥部牵头单位、冬奥组委机场运行团队安保业务领域负责单位，参与北京冬奥和冬残奥运动员及各相关利益方抵离京安全保卫工作。局里抽调刘峥加入局冬奥办，筹备抵离安保各项工作。

首都机场作为本届冬奥和冬残奥入境口岸和唯一一个常态化运行的非竞赛场馆，在保障国内普通旅客出行和国际直航旅客入境的同时，既要安全、顺畅地保证涉奥利益相关方抵离，又要防范疫情防控输入性风险。

筹备阶段，刘峥积极同冬奥组委安保指挥中心、机场运行团队对接，在掌握安保疫情防控政策和疫情防控通用要求的基础上，认真梳理疫情常态化下冬奥安保工作要点和重点任务账单，分解出37项重点任务账单，拉列95项倒排期重点任务，推进任务进展；组织各参战业务单位完善16个安保专项方预案，细化35项安保工作措施；积极同机场运行团队安保业务领域对接，完成闭环管控措施下机场安保运行计划，组织开展针对机场抵离流线风险隐患排查工作，

协调团队设施建设模块，解决流线内封闭区域治安处置点搭建及相关技防设施配套建设工作，落地涉奥临建空间内家具白电需求，根据机场原有技防设施特点，组织各业务领域实地踏勘，进一步规划赛时整体场馆安防技防设施建设。

岗位设置和警力测算对于每一次重大安保任务都是十分重要且烦琐的工作，刘峥结合冬奥安保疫情防控闭环管控政策和机场抵离运行规划，本着节约用警、科学高效投入原则，一遍一遍地进行测算，积极为冬奥测试赛期间和冬奥赛时抵离流线安保排兵布阵。针对相约北京冬奥和冬残奥测试赛，高效完成了赛时安保指挥体系搭建，真正做到了科学组织、精准用警。

冬奥安保进入实战阶段后，刘峥积极投入到测试赛抵离安保现场指挥调度工作，根据涉奥航班规模合理划分出勤务等级，明确了相应的响应机制和安保措施。由于涉奥航班飞机班次多，入境出境交叉，航班时刻多为凌晨，且入境流程程序复杂，每次值守指挥岗的前一天，他都要从车队准确出发时刻、航班准确到岗时间、保障人数、行进路线等细节入手做足功课，将准确掌握的详细信息及时通报各上勤岗位。勤务当日，刘峥往往比抵离流线各岗位到岗要更早，通过“扁平化”指挥，有效沟通各赛区场馆安保团队警力确定准确出发时间，全面部署交通、社会面防控岗对沿线有效管控，精准投入封闭专区警力开展值守；针对现场保障时出现的各种特殊状况，他认真仔细记录，任务结束后组织参战单位复盘，通过复盘推演，总结提炼规律，制定解决方案，指导下一次任务执行。截至目前，他参与完成国际奥委会官员来访考察、北京冬奥火种航空运输、相约北京系列测试赛等一系列保障任务，累计保障涉冬奥航班 87 架次、人员 2388 人安全抵离首都机场。

21 年的从警经历，让刘峥从一名警校学员成长为基层骨干，时间见证了他的成长和进步。随着冬奥和冬残奥安保以冲刺速度步入撞线阶段，刘峥和他的战友们将以最鲜明的政治立场、最自觉的责任担当、最坚决的实际行动，持续推动冬奥安保各项工作，用行动彰显基层民警的坚守、责任与担当，用行动诠释共产党人的使命、理想与信念，擦亮“第一国门忠诚卫士”这张金色名片！

首都机场公安局供稿

2021 最美基层民警

ZUIMEI JICENG MINJING

视频·链接

用青春与奉献书写忠诚

——2021“最美基层民警”群像（上）

◎ 张天培

近日，中央宣传部、公安部向全社会发布 2021“最美基层民警”先进事迹。2021“最美基层民警”是全国公安队伍在维护安全稳定斗争实践中，在党史学习教育和队伍教育整顿革命性锻造中涌现出的基层先进典型。他们的事迹感人至深，催人奋进。

不惧生死　热血铸魂

“快回来！”呼喊声划破漆黑的长夜。

2021 年 10 月 3 日凌晨，山东省青岛市公安局交通警察支队同三高速公路大队二中队中队长李涌在执行巡查任务时，为解救涉嫌酒驾驾驶员，不顾个人安危上前劝阻，不慎坠落桥下，最终经抢救无效，不幸牺牲。

“全心全意为人民服务！”掷地有声的庄严承诺贯穿着李涌的从

警生涯。从警以来，他始终坚守在公安交通管理第一线。无论是面对交通事故、抢劫案件等突发情况，还是群众遇到任何困难，李涌始终顶得住、冲得上、打得赢，全力保护着人民群众的出行安全，牺牲后被追授“全国公安系统一级英雄模范”称号。

河南省新密市公安局副局长杨旭恒在洪水中逆流而上，用生命筑起一道冲不垮的“堤坝”。2021 年 7 月，新密市遭遇历史罕见的特大强降雨，杨旭恒所在的辖区河段周边道路冲毁严重、险情频发，大量群众被困，人民群众生命财产安全受到严重威胁。

险情就是命令。“我是党员，最熟悉辖区情况，我先上！”杨旭恒乘救援车赶到事发地附近，突然一阵洪流急浪将车冲进了河道，他和同行的村干部被卷入急流之中，连续的浪头和呛水，使他几次意识模糊，但凭借着惊人的毅力与信念、过硬的素质，在失联 10 余个小时之后，他和村干部一起脱险。

人民利益重如山。在这次灾情中，杨旭恒舍生忘死、奋勇拼搏，救助群众 51 人，展现了一名共产党员、一名人民警察的情怀与担当。

一年到头，贵州省黔南布依族苗族自治州都匀市公安局特巡警大队大队长王焱刚至少有 300 天在岗位上，每日至少巡查 20 公里。

王焱刚一直奋战在打击犯罪的第一线，直面生死。头上的 6 道疤痕，是他公安生涯的别样勋章。截至目前，王焱刚带领队伍成功处置突发事件 630 余起，破获 2450 余起案件，抓获各类违法犯罪嫌疑人 100 余人。他积极参与制定立体化治安防控措施，形成了一处发案、多点支援的格局，使街面“两抢一盗”等暴力侵财型犯罪活动得到了有效的遏制，用忠诚和汗水保护着一方平安。

扎根一线　警民情深

“必须要用心用情，和老百姓坐到一条板凳上，才能把社区警务工作做到群众的心坎上！”这是甘肃省武威市天祝藏族自治县公安局打柴沟派出所所长狄世俊拉近警民关系的“一条板凳工作法”。

在打柴沟镇，只要提起狄世俊，农牧民就会竖起大拇指。打柴沟镇常住人口多、出租房屋多、流动人口多，为了更好地了解辖区情况，狄世俊深入走访每家每户，在摸排化解矛盾纠纷中，他发现调解室里调解不成功的矛盾纠纷，去百姓家里或田间地头反而能成功化解。渐渐地，狄世俊每次出警都会带上一个小板凳，和农牧民一起坐着拉家常，大大拉近了警民距离。

风沙肆虐，他像胡杨一样扎根。新疆阿克苏地区沙雅县公安局哈德墩派出所教导员热合曼·艾海提从警以来，工作始终围绕着这片胡杨林转，从民警到副所长再到教导员，他的“土警察”称号一直流传至今。“有一次我们走访返程途中，沙尘像一面墙一样从东边刮来，到了驻地刚把门关上，就听见肆虐的沙尘敲打铁皮门的声音。”在这里，一年有 300 多天沙尘飞扬，不管屋内屋外，到处都是土。热合曼·艾海提就是在这样恶劣的条件下坚持一线走访。

谁家新添了人口、谁家盖了新房子……群众家中的点滴变化，像一本账一样装在热合曼·艾海提的心中。他扎根这片美丽的胡杨林，服务一方百姓，守护万家平安。

2020 年 10 月，浙江省杭州市公安局西湖区分局警务督察大队一级警长隋永辉接到群众求助，希望警方帮助找回失散多年的姐姐。

几经周折，2021 年 3 月，隋永辉利用周末休息时间，与求助人和志愿者一起赶到了疑似被拐地，通过两天实地走访，最终找到了与家人失散长达 22 年之久的周某兰。

力求天下无拐、万家团圆。配合公安部“团圆”行动，2021 年 1 月，隋永辉调至警务督察大队，专门成立“永辉工作室”负责开展寻亲等工作，目前已成功找回近 3 年失踪人口 154 人。“我将继续做好这份工作，帮助更多人找到回家的路，让寻亲之路不再遥远，让回家之路不再漫长。”隋永辉说。

“社区工作需要用心感悟，你与群众有多近，群众就和你有多亲。”翻开广西壮族自治区桂林市公安局社区民警于伍生的日记，里面记录着他与辖区百姓的警民情。于伍生转业从警以来，时刻牵挂社区百姓冷暖，时刻想着为百姓排忧解难，用 70 本“民情日记”记录了 3 万多户社区百姓的点点滴滴。

一支笔、一个笔记本、一台执法记录仪、一个手提袋是于伍生下社区的“标配”。从担任社区民警的第一天开始，他就把老百姓满不满意作为衡量自己工作的原则，踏实肯干、兢兢业业。于伍生不幸患上了重病，社区居民得知后，纷纷来帮助、鼓励他。“我会继续用自己的忠诚、奉献和热情，为人民服务，回报群众对我的关心和帮助。”病情稳定后仍坚守岗位的于伍生心怀感激地说。

精于钻研　技术强警

16 岁上大学，24 岁考取高级工程师资格，拥有国家实用新型专利 2 项、软件著作权 5 项……北京市公安局通州分局警务支援支队民警魏建力秉承改革创新、科技强警的时代梦想，全力投身首都公安科技建设，积极搭建城市管理“科技大脑”，精心打造基层一线“实战利剑”，为助推公安工作实现质量变革、效率变革、动力变革作出了突出贡献。

从事科技工作，不仅要有钻劲儿，更要有拼劲儿。2020 年春节，为了全力抗击新冠肺炎疫情，6 年没回家探望父母的魏建力，跨年当夜毅然将火车票换成了“请战书”。在他的号召下，单位成立了“科技防控疫情青年突击队”。民警们经过 100 多个日日夜夜的努力，每天工作 16 个小时以上，处理各种信息 1000 多万条，为疫情防控提供了有力支撑。

广东省广州市公安局荔湾区分局中南派出所所长邬松君从警 20 多年来，始终奋战在打击犯罪、保护人民的第一线，不仅骁勇善战、屡破大案，还大胆探索、勤于总结。邬松君提炼出的打击犯罪工作法，为辖区警情和立案数逐年大幅下降发挥了重要作用。

早些年，广州市一些城乡接合部“双抢”警情高发，为及时遏制犯罪，保护人民群众人身和财产安全，邬松君主动报名参加分局“打飞抢”专业队，重点打击“飞车贼”。2011 年，邬松君认真思考，总结 10 年打击“飞抢”的战斗经验、工作体会，提炼出犯罪工作法。通过不懈钻研、科学打击，邬松君与战友们遏制“飞抢”犯罪，推动广州市社会治安环境持续向好。

近年来，电信网络诈骗犯罪已成为群众反映强烈的突出犯罪。一手抓“立、勘、打”，一手抓“防、治、宣”，湖北省襄阳市襄州区公安局肖湾派出所副所长邱军被当地百姓称为“反诈猎手”。作为一名基层民警，他多年如一日地在平凡岗位上一心反诈，守护人民群众的“钱袋子”。

在追求精准打击电信网络诈骗犯罪的过程中，邱军不断思考如何才能最大限度减少群众损失。于是，他聚焦“强化预警劝阻”，研发出集落地、流转、反馈、督导功能于一体的微信小程序，构建了襄阳公安第一个反诈信息平台。截至目前，该微信小程序已成功阻止诈骗 2000 多次，有效止损 1.8 亿元。

《人民日报》2022 年 1 月 11 日

筑铜墙铁壁　护国泰民安

——2021“最美基层民警”群像（下）

◎ 亓玉昆

这是一支有着光荣传统和优良作风的队伍，这是一支英雄辈出、正气浩然的队伍。一直以来，广大公安民警守初心、担使命，挥汗水、洒热血，为山河锦绣、国泰民安筑起一道道铜墙铁壁。

近日，2021“最美基层民警”评选结果发布。他们长期扎根基层一线，牢记铮铮誓言，认真履职尽责。他们忠实践行了“对党忠诚、服务人民、执法公正、纪律严明”总要求，擦亮了“平安中国”的国家名片。

一往无前，坚决同违法犯罪作斗争

反诈11年，破获案件8000余起；年均出差8个月，追回经济损失3200余万元……天津市公安局西青分局打击犯罪侦查支队三大队大队长闫凤冰奋战在反诈一线，守护着群众的财产安全。

在一起以机票退改签方式进行诈骗的案件中，犯罪分子非常狡猾，闫凤冰判断犯罪嫌疑人所处地点后，随即赶去。一个多月的艰苦工作，严重的水土不服让他旧病复发，双脚水肿、起泡、脱皮，钻心地疼。靠着药物抑制住疼痛，闫凤冰锁定了这个有 5 名成员的诈骗团伙。最终，犯罪嫌疑人被依法严惩。

在网安战线，四川省成都市公安局高新区分局网络安全保卫大队大队长李振宇，攻坚克难、开拓创新，在破获全国最大制售假发票案、“4・19”特大跨省诈骗案、“5・15”制造传播病毒案等重特大网络违法犯罪案件中发挥了尖兵作用，有力维护了网络的平安和谐。

之前，国内某大型互联网企业因社交平台的网络漏洞被黑客攻击，案件始终未能破获。李振宇接手案件后，马上会同数据联盟共同商量对策，认真研究分析该公司存在的网络漏洞细节，在短时间内固定了扎实证据，将犯罪嫌疑人抓获归案。

从警 16 年，上海铁路公安局上海公安处虹桥站派出所副所长周荣亮始终战斗在铁路治安管理第一线，倾心守护万千旅客出行安全。此前，范某常年在虹桥站周边兜售假冒伪劣商品，滋扰旅客，扰乱车站治安秩序。周荣亮带领整治组民警连续几周加班加点，收集范某违法犯罪证据。后来，范某受到刑事处罚。当了解到范某家里经济拮据后，周荣亮又出钱出力，解决他们的生活困难，这让范某备受感动、认真悔过。

信仰弥坚，切实为人民群众谋福祉

“只要辖区能平安，我们苦点累点不算啥。”福建省厦门市公安局侨英派出所社区警务队队长林志兴一直记着师父陈清洲常说的这句话。沿着师父的足迹一路前行，他推出“近邻 110”服务，打造智慧“微警务室”，推动“5+1”综治新模式。

侨英街道叶厝社区居民小张，曾被楼上邻居的噪声所困扰，多次沟通都没有解决。抱着试一试的态度，他通过“近邻 110”小程序反映问题并上传了证据。林志兴在后台得知情况后，把这则消息推送给了社区的党员干部。经过派出所、社区等多方沟通，楼上邻居加装了隔音地垫，困扰小张许久的问题终于得到解决。

对群众诉求，河北省石家庄市公安局桥西分局吕建江综合警务服务站主任王永辉，传承“时代楷模”吕建江同志精神品质，一直坚持“多说一句，多做一点，多帮一点”。“老吕生前时常念叨，‘为老百姓办点实事，就是警察的价值所在’，我也想像他那样做有价值、有意义的事情。”王永辉说。

作为一名社区民警，吉林省吉林市公安局昌邑分局延江派出所民警程新安在二道江社区一干就是 34 年。他熟悉辖区的每一个角落，真正做到了“行万里路、串千家门、办百家事”。如今，即将退休的他依然标准不降、默默坚守。

为了方便群众，程新安把印有“居家过日子有困难与我联系”的警民联系卡发遍了大街小巷，从警 34 年来，累计发放 10 余万张。辖区 4000 余户居民，遇到大事小情，第一个想到的就是找“小程”商量商量。如今，“小程”已变成“老程”，但群众最常挂在嘴边的还是那句“到派出所找小程”。

同样扎根基层 34 年，湖南省湘潭市公安局监所管理支队监管医院民警柳四清，临危受命调入监管医院负责违法犯罪人员医疗工作。有人曾告诉他“这个活不好干”，他却说：“把累活难活推给别人，还算什么警察？”刚上任，他就碰到了难题。罪犯谭某吵监闹监，柳四清主动承担起安抚谭某的重任。通过一次次、一轮轮的交流，谭某终于平静了下来。在柳四清的示范带领和严格管理下，监管医院共治疗各类“特殊”违法犯罪人员940多人次，没有发生一起安全事故。

无私奉献，坚持在边疆一线固堡垒

兴边固边，国之大计。

在祖国西南边境一线，云南省瑞丽市公安局银河派出所所长雷冉，时刻把为国守门、为国把关的责任扛在肩上，“人民群众需要我们的时候，必须挺身而出。这既是人民警察至高无上的荣耀，更是不可推卸的使命担当”。他和同事每天穿着防护服、带着单警装备，24小时轮流巡逻，白天黑夜、烈日暴雨，边境上、国旗下，总有他们的身影。巡边途中，没有路的地方、穿丛林的时候，他总是走在最前面。就这样日复一日，用平均每天约10公里的足迹，丈量着祖国边境线。

黑龙江“神州北极”，2020年7月，大兴安岭边境管理支队北极边境派出所洛古河警务室驻村民警史先强，带着怀孕的妻子来到条件艰苦的洛古河警务室工作。冬季漠河地区最低温度零下40摄氏度，帽子围脖挂霜、衣服被冷气打透，他们秉持“驻守北极高寒区，为民服务无盲区；环境艰苦气温低，工作标准不降低”的信念，累计走访600余户、2000余人次，帮助群众解决实际困难22件，化解矛盾纠纷 14 起，检查旅店 210 余次，核查外来人员 430 余人次，开展边境巡逻 350 余次。村民们纷纷夸赞：“小史两口子很不错，有他们在我们很安心！”

在雪域高原，西藏自治区普兰县公安局一级警长多吉白玛，先后在交警、派出所、检查站、出入境、便民警务站等多个岗位工作，默默无闻、埋头苦干，践行了对党和人民事业的忠诚。

2017 年 4 月，多吉白玛刚刚担任岗莎村党总支书记，顾不上休息，马上向驻村工作队了解情况，着手工作。短短一周时间，他走访了全村 79 户、300 余人，详细了解村情民意，找到了问题症结。紧接着，他带领全村党员、群众发展集体经济，脱贫致富奔小康。2018 年，岗莎村实现整村脱贫。

伟大出自平凡，英雄来自人民。以“最美基层民警”为代表的人民警察，正谱写着一首首忠诚、为民、奉献的豪情壮歌。他们扎根基层、坚守一线、默默奉献，在新征程上奋楫扬帆再出发，以新的成绩迎接党的二十大胜利召开。

《人民日报》2022 年 1 月 11 日

《闪亮的名字——2021 最美基层民警》发布仪式，中央广播电视总台，2022 年 1 月 10 日